КЛАССИЧЕСКАЯ
КАББАЛА

Услышанное
Шамати

Лайтман Михаэль

Услышанное. Шамати—
kabbalah.info, 2021. — 384 с.

Laitman Michael

Uslishannoe. Shamati—
Laitman Kabbalah Publishers

kabbalah.info, 2021. — 384 pages.

ISBN 978-965-7065-77-8

Статьи, записанные со слов рава Йегуды Ашлага (Бааль Сулама) его сыном и учеником, равом Барухом Ашлагом (РАБАШ). Издание составлено под руководством Михаэля Лайтмана, ученика и ближайшего помощника рава Баруха Ашлага. Перевод с иврита Л. Дондыш.

Эта книга предназначена для духовного подъема человека и рассказывает о духовных понятиях, вне всякой связи с предметами и явлениями материального мира.

Поэтому, например, «Тора» — это высший свет, который человек привлекает, изучая каббалистические тексты и желая изменить себя, чтобы подняться на их уровень. Под понятием «заповеди» также не подразумевается выполнение механических действий, «заповеди» — это духовные действия, выполняемые посредством экрана (антиэгоистической силы).

«Исраэль» и «народы мира» — это свойства, желания человека. «Исраэль» — стремление к духовному, к раскрытию Творца. «Народы мира» — эгоистические желания.

Международная Академия каббалы выражает благодарность Минской группе за финансовую помощь в издании этой книги.

© М.Лайтман, 2021
ISBN 978-965-7065-77-8

ОГЛАВЛЕНИЕ

К читателю..13

1. Нет никого кроме Него.. 18
2. Шхина в изгнании.. 22
3. Суть духовного постижения................................ 23
4. Причина трудности аннулировать себя ради Творца................. 28
5. Лишма – это пробуждение свыше,
и почему нужно пробуждение снизу.................. 30
6. Помощь, которую оказывает Тора
в духовной работе... 34
7. Что означает в работе, когда привычка
становится второй натурой................................ 38
8. Разница между святой тенью и тенью клипот............... 39
9. Три причины, увеличивающие разум человека............ 41
10. Что означает «скрылся мой друг»
в духовной работе... 42
11. Радуйся в трепете.. 43
12. Главное в работе человека.................................. 44
13. Суть граната.. 44
14. Что такое величие Творца.................................. 45
15. Что означают «другие боги» в работе................ 46
16. День Творца и ночь Творца................................ 49
17. Нечистая сила называется «Царство без короны»............ 53
18. В потемках плачь, душа моя............................... 54
19. Почему Творец ненавидит тела
(желание насладиться ради себя)...................... 55
20. Лишма... 66
21. Время подъема.. 68
22. Тора «лишма».. 69
23. Любящие Творца, ненавидьте зло..................... 71

24. Спасает их от рук злодеев... 72
25. Исходящее из сердца... 74
26. Будущее человека зависит
    от его благодарности за прошлое... 75
27. Велик Творец, и только ничтожный узрит Его...................... 76
28. Не умру, а буду жить... 77
29. Когда посещают сомнения... 78
30. Главное – желать отдавать.. 78
31. В согласии с духом творений... 79
32. Судьба – это желание свыше... 80
33. Рок Йом Кипур и Амана... 81
34. Преимущество земли – во всем.. 90
35. О жизненной силе Святости... 97
36. Три тела в человеке... 102
37. Статья о Пуриме.. 104
38. Его богатство – трепет перед Творцом................................. 112
39. И сшили они листья смоковницы... 116
40. Какой должна быть вера в Учителя....................................... 118
41. Малая и большая вера... 120
42. ЭЛУЛЬ (Я к Любимому своему,
    а Любимый ко мне).. 121
43. Истина и вера.. 127
44. Разум и сердце... 129
45. Два состояния в Торе и работе... 130
46. Власть Израиля над клипот.. 131
47. Там, где ты находишь Его величие.. 132
48. Главная основа.. 133
49. Основное – это разум и сердце... 134
50. Два состояния... 134
51. Если обидел тебя грубиян... 137
52. Прегрешение не отменяет заповедь..................................... 138
53. Ограничение.. 141

54. Цель духовной работы.. 142
55. Где в Торе упомянут Аман.. 144
56. Тора называется «показывающей»................................ 144
57. Приблизь его к желанию Творца................................... 147
58. Радость – показатель хороших действий...................... 149
59. Посох и Змей... 150
60. Заповедь, вызванная грехом.. 155
61. Очень трудно около Творца.. 156
62. Падает и подстрекает, поднимается и обвиняет........... 158
63. Одалживайте, а Я верну... 159
64. От ло лишма приходят к лишма................................... 160
65. Открытое и скрытое... 162
66. Дарование Торы... 163
67. Отдаляйся от зла... 165
68. Связь человека со сфирот... 167
69. Вначале будет исправление всего мира...................... 171
70. Сильной рукой и изливающимся гневом..................... 172
71. Во тьме плачь, душа моя... 173
72. Уверенность – одеяние света...................................... 174
73. После Сокращения.. 176
74. Мир, год, душа... 177
75. Будущий мир и этот мир.. 178
76. Ко всякому жертвоприношению добавь соль............... 178
77. Душа человека учит... 179
78. Тора, Творец и Исраэль – одно целое......................... 179
79. Ацилут и БЕА.. 180
80. Спиной к спине... 181
81. Подъем МАН.. 182
82. Молитва, которая нужна всегда.................................. 183
83. «Вав» правая и «вав» левая....................................... 183
84. И изгнал Адама из рая, дабы не взял от Древа Жизни....... 185
85. Плод великолепного дерева.. 187

86. И построили нищие города.. 188
87. Шаббат Шкалим... 196
88. Вся работа – только на перепутье двух дорог...................... 199
89. Чтобы понять написанное в Зоар... 200
90. В Зоар, Берешит.. 200
91. Подмененный сын... 201
92. Смысл удачи.. 202
93. Плавники и чешуя... 203
94. Берегите души свои.. 204
95. Отсечение крайней плоти.. 205
96. «Отходы гумна и винодельни» – в духовной работе............. 206
97. «Отходы гумна и винодельни» – 2..................................... 210
98. Духовным называется вечное.. 212
99. Грешник или праведник – не сказано................................ 213
100. Письменная и устная Тора... 218
101. Победителю над розами... 219
102. И возьмите себе плод цитрусового дерева....................... 221
103. Благорасположенный сердцем... 223
104. Вредитель скрывался в потопе.. 224
105. Незаконнорожденный, ученик мудреца –
      предпочтительнее первосвященника, обывателя................ 224
106. 12 субботних хлебов.. 227
107. Два ангела.. 228
108. Если оставишь Меня на день, на два дня оставлю тебя...... 229
109. Два вида мяса... 234
110. Поле, благословенное Творцом....................................... 235
111. Выдох, голос, речь... 237
112. Три ангела.. 238
113. Молитва «Шмоне-Эсре»
      (Восемнадцать благословений)... 246
114. Суть молитвы.. 248
115. Неживое, растительное, животное, человек..................... 249

116. Заповеди не нуждаются в намерении..................................... 250
117. Приложил усилия и не нашел — не верь.............................. 250
118. Колени, преклонившиеся пред хозяином............................ 252
119. Ученик, учившийся в тайне.. 253
120. Почему не едят орехи в Новый Год.. 254
121. Подобна суднам торговым... 254
122. Объяснение к Шулхан Арух... 256
123. Отталкивает и предлагает Свою руку — одновременно....... 258
124. Суббота Сотворения мира — и шести тысячелетий............ 258
125. Наслаждающийся Субботой.. 260
126. Мудрец пришел в город.. 262
127. Разница между основным наполнением
 и добавлением света... 263
128. С головы той сочится роса на Зеир Анпин............................ 265
129. Шхина во прахе.. 267
130. Тверия мудрецов наших, как хорошо увидеть тебя............. 268
131. Приходящий очиститься.. 268
132. В поте лица твоего будешь есть хлеб...................................... 269
133. Свет Субботы.. 269
134. Пьянящее вино... 270
135. Чистого и праведного не убивай.. 270
136. Отличие между первыми и последними посланиями........ 270
137. Целафхад собирал хворост.. 271
138. Боязнь и страх, овладевающие иногда человеком.............. 272
139. Отличие шести дней творения от Субботы.......................... 273
140. Как люблю я Тору Твою.. 273
141. Праздник Песах.. 273
142. Основная борьба.. 274
143. Только на благо Израилю.. 274
144. Есть один народ... 275
145. Почему мудрость дается именно мудрецам......................... 276
146. Объяснение к Зоар... 278

147. Работа по получению и отдаче.. 278
148. Выбор между горьким и сладким, правдой и ложью........... 278
149. Почему нужно притягивать свет мудрости........................ 279
150. Воспевайте Творца, ибо великое сотворил Он................... 280
151. И увидел Исраэль египтян... 281
152. Подкуп слепит мудрецов.. 281
153. Мысль – это следствие желания...................................... 282
154. В мире не должно быть пустоты..................................... 283
155. Чистота тела... 284
156. Дабы не взял от Древа жизни... 284
157. Я сплю, но бодрствует сердце мое.................................. 285
158. Почему в Песах не принято есть в гостях....................... 287
159. И было спустя много времени.. 288
160. Скромность в заповедях.. 289
161. Дарование Торы.. 289
162. Почему говорят «Укрепись!» по окончании
     учебного раздела.. 291
163. О чем говорили авторы Зоар... 292
164. Отличие материального от духовного............................ 293
165. Просьба Элиши к Элияу.. 293
166. Два уровня в постижении... 293
167. Почему так называется «Суббота Раскаяния»................ 295
168. Обычаи Израиля.. 295
169. Совершенный праведник... 296
170. Да не будет в кармане твоем камня большого............... 297
171. Зоар, Эмор... 297
172. Препятствия и помехи.. 300
173. Почему говорят «Лехаим!»... 300
174. Скрытие.. 301
175. Если слишком долог будет для тебя путь....................... 302
176. Выпивая вино после окончания праздничного дня......... 304
177. По поводу искупления... 304

178. Трое участвуют в создании человека 305
179. Три линии 305
180. Как написано в Зоар, Эмор 308
181. Почет 309
182. Моше и Шломо 309
183. Машиах 310
184. Отличие веры от разума 310
185. Когда к простому человеку приходит Суббота 311
186. Сделай Субботы буднями
и станешь независимым от всех 311
187. Выбор — в большем усилии 312
188. Работа возможна, если есть два пути 312
189. Действие, созидающее мысль 313
190. Всякое действие оставляет след 314
191. Время падения 316
192. Суть судьбы (жребия) 317
193. Одна Стена служит им обоим 319
194. Семь полных дней 321
195. Удостойтесь духовного развития 323
196. Присасывание эгоизма 324
197. Книга, автор, рассказ 324
198. Свобода 325
199. В каждом из Исраэль 325
200. Ослабление экрана 326
201. Духовное и материальное 326
202. В поте лица твоего будешь есть хлеб свой 327
203. Высокомерие унижает человека 328
204. Цель духовной работы 329
205. Мудрость возглашает на улице 330
206. Вера и наслаждение 331
207. Смысл получения ради отдачи 331
208. Смысл усилий 333

209. Три условия молитвы... 333
210. Красивый порок в тебе... 334
211. Как стоящий перед Царем.................................... 334
212. Объятие справа и объятие слева.......................... 335
213. Раскрытие желания.. 336
214. Известный в городских воротах........................... 337
215. Суть веры... 339
216. Правое и левое... 339
217. Если не я себе, кто поможет мне?........................ 340
218. Тора и Творец — одно... 341
219. Смысл самопожертвования................................. 342
220. Смысл страданий... 343
221. Общественное владение..................................... 343
222. Часть, отдаваемая нечистой силе,
 чтобы оставила святость...................................... 343
223. Одеяние - дерюга - ложь - орех........................... 345
224. Женская основа и мужская основа...................... 345
225. Поднять себя.. 346
226. Письменная и устная Тора.................................. 346
227. Вознаграждение за выполнение заповеди —
 сама заповедь.. 347
228. Рыба прежде мяса.. 347
229. Карманы Амана.. 348
230. Велик Творец, и только ничтожный узрит Его..... 349
231. Исправление желания насладиться..................... 350
232. Завершение усилий.. 351
233. Прощение, покаяние и искупление..................... 351
234. Тот, кто оставляет слова Торы
 и пускается в разговоры....................................... 353
235. Смотря в книгу заново.. 354
236. Ненавистники проклинают меня весь день........ 354

237. Ведь не может человек увидеть Меня
и остаться в живых... 355
238. Счастлив человек, не забывающий Тебя
и прилагающий усилия ради Тебя........................... 355
239. Различие между светом праздника Шавуот
и Субботней дневной молитвы.................................. 356
240. Призови ищущих Тебя,
требующих раскрытия Твоего лика.......................... 357
241. Призывайте Его, пока Он близко............................... 359
242. Порадовать нищего в праздничный день................ 361
243. Почему проверяют тень в ночь Ошана Раба........... 361

Бааль Сулам (1884-1954).. 363
РАБАШ.. 367
Михаэль Лайтман... 368
МЕЖДУНАРОДНАЯ АКАДЕМИЯ КАББАЛЫ...................... 369

К читателю

Перед вами самая дорогая книга в мире. Ведь она в состоянии привести человека к цели его жизни.

Это тетрадь моего Учителя, рава Баруха Шалома Ашлага (Рабаша), старшего сына великого каббалиста – Йегуды Ашлага (Бааль Сулама). Когда я сопровождал его в поездках, в качестве его помощника, секретаря, водителя, ученика, он всегда брал с собой эту тетрадь. Она была написана им еще в то время, когда он учился путям духовной работы и методике приближения к Творцу, раскрытия Высшей силы — что, собственно, и составляет суть науки Каббала. Все это было заключено внутри этих статей, записанных им со слов своего отца и Учителя, Бааль Сулама. Он никогда не расставался с этой тетрадью и постоянно читал ее.

Перед тем как оставить этот мир, он передал мне эту тетрадь и сказал: «Возьми ее себе и занимайся по ней». Это случилось поздним вечером, в больнице, и когда я услышал от него эти слова, то почувствовал, что, видимо, приближается что-то ужасное. И действительно, на следующее утро он скончался.

Тетрадь осталась у меня, и поскольку я не получил от него указаний, что с ней делать, я долго думал и, в итоге, решил ее опубликовать. Ведь мы вступили в новую эпоху, когда обязана раскрыться наука Каббала и привести весь мир к исправлению. Согласно тому, что говорят все каббалисты – это наша обязанность, и должно случиться в эти дни. И значит, эти статьи должны быть доступны каждому человеку.

В этих статьях описаны все внутренние состояния, проходимые человеком на пути раскрытия Творца. Мы с вами живем в мире, в котором нам видна лишь крохотная часть реальности. А еще одна – огромная, скрытая часть реальности находится здесь рядом с нами, и мы должны развить в себе дополнительный орган ощущения, который называется «душа», «шестое чувство», чтобы внутри него ощутить эту Высшую реальность, Высшую силу. И эта тетрадь рассказывает о всех проходимых на этом пути состояниях, шаг за шагом, объясняя человеку, как он должен выяснять внутри себя все эти обстоятельства и все составляющие, чтобы через них начать чувствовать новый мир.

Бывают такие специальные картины в трехмерном изображении, которые можно увидеть только расфокусировав свое зрение. Когда фокус исчезает, ты начинаешь видеть, что происходит внутри этой картины. И то же самое здесь. Когда человек перестает фокусироваться на материальный мир, занимаясь по особой методике, называемой наука Каббала — методике восприятия этой более внутренней реальности, то, как только этот фокус исчезает, сквозь эту материальную картину он начинает видеть духовный мир.

Статьи «Шамати» объясняют последовательно и методично все состояния, которые необходимо пройти человеку, для того чтобы дополнительно к нашему обычному ощущению этого мира, постичь еще один мир — духовный. Для этого и предназначена наука Каббала, которая определяется как «методика раскрытия Творца творениям» — то есть человеку в этом мире.

Наука Каббала скрывалась тысячи лет, тайно передаваясь от учителя к ученику, чтобы дойти до наших дней и начать раскрываться миру. Бааль Сулам, рав Кук и другие каббалисты говорили, что мы уже достигли конца своего изгнания и должны прийти к освобождению. А различие между словами «изгнание» и «освобождение» состоит лишь в одной букве «алеф», означающей Творца (Алуфо шель олам). То есть, выходя от изгнания к освобождению, мы остаемся в том же самом мире, только добавляем к нему раскрытие Высшей силы, наполняющей этот мир. И тогда мы начинаем понимать, что происходит и почему, и как действует вся природа. Мы начинаем видеть безграничную реальность, бесконечное и вечное течение жизни. Поэтому нет ничего важнее этой книги, которая призвана привести человека к такому высочайшему уровню существования.

Эта книга предназначена и для того, кто давно занимается, и для самых начинающих учеников — для всех! Неважно, сколько человек понимает в ней или не понимает. В ней заключено столько скрытого света, что он изменяет человека, читающего эту книгу. Свет раскрывает его сердце и развивает

К читателю

в нем новый — духовный орган ощущений, через который человек раскроет духовный мир.

Поэтому, когда мой учитель оставил этот мир, передав эту тетрадь лишь мне одному, меня охватил страх — как возможно, чтобы такое бесценное сокровище, настолько важное миру, осталось в тайне?! Я мучился сомнениями, пока не решил, что не могу прятать ее — мир должен начать меняться! Ведь эту миссию я получил от своего Учителя, который хотел, чтобы наука Каббала пришла в мир и раскрылась, чтобы люди начали изучать ее по статьям Бааль Сулама. Поэтому я понял, что обязан раскрыть эту книгу миру.

Рабаш записывал все, что слышал от своего отца, слово в слово, и так он заполнил эту тетрадь. Эти статьи — свет без кли (без сосуда, который может принять этот свет). Это — раскрытия и постижения, сделанные Бааль Суламом, и читатель согласно своим келим все время видит эти статьи по-новому, иначе. Каждый раз, человеку, читающему какую-то статью, кажется, что это не та статья, которую он читал прежде. Она пробуждает его, изменяет, каждый раз вдруг раскрывает в нем какие-то новые пласты, и он начинает чувствовать и думать по-новому — и в разуме, и в сердце. Он становится совершенно другим человеком.

Это волшебная книга — она привлекает к человеку высший свет, и человек все время меняется. Этот свет постоянно высвечивает в нем разные места — новые мысли и желания, и человек непрерывно меняется. Он чувствует, как книга меняет его, и понимает, что ему нужно изменить в себе с помощью этой книги, чтобы еще немного продвинуться в своем духовном развитии.

Книга — это раскрытие. Каббалистическая книга — это не книга для развлекательного чтения. Когда мы читаем в книге о своих более высоких, продвинутых состояниях, желая в них подняться, оттуда приходит к нам сила, которая вытаскивает нас наверх. Книга — это словно вытягивающая нас сила.

Книга говорит обо мне только на такой ступени, которая чуть выше той, где я сейчас нахожусь, и которую в данный момент ощущаю. Она специально построена так, чтобы раскрыть мне чуть-чуть больше, чем мое текущее состояние. И когда я читаю ее, я, собственно, читаю о себе — но «о себе + 1» — то есть о своей следующей ступени. И получается, что я своим желанием достичь этой ступени, пробуждаю силу, находящуюся на той высшей ступени, и она вытягивает меня, помогая мне подняться.

Тот же самый принцип действует и в нашем мире. Если я хочу изучить что-то новое, то есть узнать о том, что находится немного выше меня, то благодаря моему желанию к познанию, я, в итоге, достигаю этого знания. Разница лишь в том, что тогда я постигаю в своем материальном разуме и сердце. Когда же мы изучаем каббалистическую книгу, мы обязаны изменить себя. Это чтение меняет нас, ведь духовное должно прийти в новые келим — в мысли и желания, которых у нас прежде не было, а не в материальные, земные мысли и желания этого мира. Человек должен получить новое кли, новое ощущение, называемое душой. И эта книга строит в тебе душу — кли для раскрытия духовного, в котором ты начинаешь ощущать высшую реальность.

Эта книга — духовное действие, которое человек должен выполнить сам и на самом себе. Давайте посмотрим, как книга ведет нас на этот путь, статья за статьей.

«Нет никого, кроме Него» — здесь говорится о Высшей силе, единственной, которая действует и управляет всем мирозданием.

«Суть духовного постижения» — рассказ о том, что есть Творец и творение, и целая система отношений между ними. Человек должен раскрыть эту систему отношений, и с ее помощью он раскроет Высшую силу, Творца.

«Причина трудности аннулировать себя ради Творца» — почему так трудно раскрыть Высшую силу, раскрыть духовное? Почему человеку так тяжело это сделать? Ведь человек должен развить в себе этот дополнительный орган чувств, которым он сможет ощутить духовное. Духовное невозможно ощутить нашими материальными органами чувств — зрением, слухом, вкусом, обонянием или осязанием. Это невозможно, ведь духовное находится за пределами восприятия всех животных, телесных органов чувств. И поэтому нам необходим новый орган ощущения.

«Лишма — это пробуждение свыше» — почему нам необходимо пробудить эту духовную силу? Почему она не приходит ко мне сама по себе? Какое влияние я должен оказать, чтобы самому измениться, и чтобы ее воздействие на меня изменилось — для того чтобы мы, наконец, встретились друг с другом.

Какова «Помощь, которую оказывает Тора в духовной работе»? На что я могу опереться в этом пути?

«Что означает в работе, когда привычка становится второй натурой» — какие привычки я получаю на духовном пути, становящиеся моей второй природой, которую я могу использовать, и с ее помощью продвигаться дальше?

«Разница между святой тенью и тенью клипот» — разница между моим духовным постижением, то, что называется «святостью», Высшей слой, и моей собственной эгоистической природой, которая называется «нечистой силой», клипой, «нечистотой», эгоистическим желанием.

И так далее... Каждая статья, которую мы начинаем читать, все больше и больше корректируя нас со всех сторон, вводит нас в правильное русло, на такой путь, где оставаясь в этом мире, мы можем раскрыть духовный мир.

Каждый, кто читает эту книгу, — читает ее вместе с Рабашем, Бааль Суламом и вместе со всеми каббалистами, которые существовали до них во всех поколениях и передавали мудрость Каббалы, из уст в уста, от учителя к ученику, пока она не дошла до Рабаша, великого каббалиста, и от него — к нам, через эту книгу, которая раскрывается сейчас всем. Эта книга — наставник на пути духовного развития человека.

Михаэль Лайтман

1. Нет никого кроме Него

Услышано в первый день недели Итро (6 Февраля 1944 г.)

Сказано: «Нет никого кроме Него», что означает, что нет никакой другой силы в мире, у которой была бы возможность что-то сделать против Творца. А то, что человек видит, что есть в мире вещи и силы, отрицающие существование Высших сил, так причина в том, что таково желание Творца. И это метод исправления, называемый «левая рука отталкивает, а правая приближает» — и то, что левая отталкивает, входит в рамки исправления. Это значит, что в мире существуют вещи, которые с самого начала приходят с намерением сбить человека с прямого пути и отбросить его от святости.

А польза этих отталкиваний в том, что с их помощью человек получает потребность и полное желание, чтобы Творец помог ему, так как иначе он видит, что пропадет. Мало того, что не продвигается в работе, — но видит, что идет назад, то есть даже «ради себя» нет у него силы исполнять Тору и заповеди. И только истинным преодолением всех препятствий верой выше знания может он исполнять Тору и заповеди. Но не всегда есть у него сила преодоления верой выше знания, то есть он вынужден свернуть с пути Творца даже с намерением «ради себя».

И всегда у него разломанного больше устоявшего, падений намного больше, чем подъемов, и не видит он конца этим состояниям, думая, что навсегда останется вне святости, так как видит, что трудно ему исполнить даже самое малое духовное действие, — только преодолением верой выше знания. Но не всегда он способен преодолеть, и чем же это закончится?

И тогда он приходит к решению, что нет никого, кто может помочь ему — только сам Творец. А потому рождается в нем настоящее требование к Творцу, чтобы Он открыл ему глаза и сердце и действительно приблизил к слиянию с Ним навеки. Получается, что все отталкивания, которые он ощущал, исходили от Творца, а не оттого, что он был плох и не было у него силы для преодоления.

И только тому, кто действительно хочет приблизиться к Творцу, дают помощь свыше, не позволяя ему удовлетвориться малым и остаться на ступени маленького, неразумного ребенка, чтобы не было у него возможности сказать, что, слава Богу, есть у него Тора и заповеди, и добрые дела — так чего еще ему не хватает?

И только, если на самом деле есть у человека истинное желание, такой человек получает помощь свыше и всегда показывают ему, насколько он плох в нынешнем состоянии, то есть посылают ему мысли и рассуждения, направленные против духовной работы. А все для того, чтобы он увидел, что нет у него полноты единения с Творцом.

И как бы он ни старался себя превозмочь, всегда видит, что находится в состоянии далеком от святости, по сравнению с другими работающими, которые ощущают себя в полной связи с Творцом. У него же всегда есть жалобы и претензии, и не может оправдать поведения Творца по отношению к нему. И это причиняет ему боль — почему он не находится в согласии с Творцом? Пока не приходит к ощущению, что нет в нем действительно никакой святости. И даже если получает иногда некое пробуждение свыше, оживляющее его на какое-то время, тотчас же падает обратно в состояние низости. Однако именно это вынуждает его наконец осознать, что только Творец может помочь и приблизить его по-настоящему.

Человек всегда должен стараться идти по пути слияния с Творцом, чтобы все его мысли были о Нем. И даже если находится в самом ужасном состоянии, когда не может быть падения большего, чем это, — не должен выходить из-под власти

Творца, говоря, что есть иная власть, не дающая ему войти в святость, и в ее силах творить добро или зло. Это означает, что нельзя думать, будто есть власть у нечистых сил, и это они не дают человеку совершать добрые дела и идти дорогой Творца — а наоборот, помнить, что все сделано Творцом.

И как писал Бааль Шем Тов: «Тот, кто говорит, что есть в мире другая сила, то есть клипот, находится на ступени служения другим богам». И не своим неверием в Творца он совершает преступление — а тем, что думает, будто есть иная власть и сила, кроме Творца. Именно в этом — его преступление. Больше того, если он считает, что у человека есть собственная власть, то есть говорит, что вчера он сам не хотел идти путем Творца, — это тоже называется совершением преступления неверия. Ведь он не верит, что только Творец — властелин мира.

Однако, если совершил какое-то нарушение, то, конечно же, ему приходится раскаиваться и сожалеть о том, что преступил закон. Но должен также понять, о чем он сожалеет и раскаивается — то есть в чем он видит причину своего преступления? Именно об этом он и должен сожалеть.

И тогда человек должен раскаяться и сказать, что преступил из-за того, что Творец отбросил его от святости в грязное, отхожее место, место отбросов. Другими словами, Творец дал человеку желание развлечься и подышать воздухом зловонного места. (И можно сказать, цитируя книги, что иногда человек приходит в этот мир в воплощении свиньи. И нужно пояснить сказанное так: человек получает желание наслаждаться тем, что уже признал отходами, но теперь вновь хочет получить от них подпитку.)

А если человек чувствует, что сейчас он находится на подъеме и немного ощущает вкус к работе, то не должен говорить: «Сейчас я нахожусь в таком состоянии, когда понимаю, что стоит быть работником Творца». Он должен знать, что сейчас он нашел милость в глазах Творца, поэтому Творец приближает его, и от этого он чувствует вкус в работе. И должен остерегаться, чтобы никогда не выйти из-под власти святости, говоря, что есть еще кто-то, который действует, кроме Творца.

(Однако из этого следует, что найти милость в глазах Творца или наоборот — зависит не от самого человека, а только от Творца. И почему сейчас он приятен Творцу, а потом нет — не во власти человека с его внешним разумом понять это.)

И сожалея о том, что Творец не приближает его к Себе, должен также остерегаться, чтобы не переживать о самом себе, о своем отдалении от Творца. Ведь тогда будет заботиться о получении собственной выгоды — а получающий отделен от Творца. Тогда как должен сожалеть об изгнании Шхины, то есть о том, что он причиняет страдания Шхине.

И для примера нужно представить себе картину, что в каком бы маленьком органе ни была у человека боль, она всегда в основном ощущается в разуме и в сердце, ведь сердце и разум — это суть человека. И, конечно, нельзя сравнивать силу ощущения отдельного органа с силой ощущения организма человека в целом, в котором, в основном, и ощущается боль.

Так и боль, которую ощущает человек из-за того, что он далек от Творца. Ведь человек — это только отдельный орган святой Шхины, поскольку святая Шхина — это общность душ Израиля. И потому ощущение частной боли несопоставимо с ощущением общей боли, то есть Шхина страдает от того, что ее органы отделены от нее, и что она не может дать питание всем своим органам.

(И надо напомнить, что об этом сказано мудрецами: «В то время как человек сожалеет, что говорит Шхина? — Позор голове моей, позор от десницы моей»). И поскольку не относит сожаление об удаленности на свой счет, этим спасается от попадания во власть желания получать для себя — в свойство, отделяющее от святости.

Точно так же, когда человек чувствует, что он немного приближен к святости, и есть у него радость от того, что удостоился благоволения Творца, — и тогда возложена на него обязанность сказать, что главное в его радости то, что есть сейчас радость наверху, у святой Шхины, оттого что была у нее возможность приблизить его к себе, ее отдельный орган, и она не должна отторгать его наружу.

И от того что человек удостоился доставить радость Шхине, есть радость и у него самого. И все это идет на тот же счет, ведь если есть радость у частного — это только часть той радости, которая есть у общего. И с помощью этих расчетов он теряет свою обособленность и не попадает во власть нечистых сил, желающих получать для своей пользы.

Тем не менее, желание получать наслаждение является необходимостью, поскольку в этом — весь человек. Ведь все, что есть в человеке, кроме этого желания, не принадлежит творению, а относится к Творцу. Но это желание насладиться должно быть исправленным, альтруистическим, ради отдачи. То есть оно должно получать наслаждение и радость только потому, что есть наслаждение на небесах, оттого что наслаждается творение, ведь в том и заключалась цель творения, чтобы насладить создания. И это называется радостью Шхины в Высшем мире.

И поэтому возложена на человека обязанность прислушиваться к советам — как он может доставить наслаждение Творцу, и, конечно же, если у него будет наслаждение, будет оно и у Творца. Потому он всегда должен стремиться находиться в чертогах Творца, и тогда будет у него возможность развлекаться в Его сокровищницах, чем, конечно же, доставит наслаждение и Творцу. Таким образом, все его устремления должны быть только во имя небес.

2. Шхина в изгнании

Услышано в 1942 г.

Книга Зоар говорит: «Он — Шохен, а Она — Шхина» и необходимо объяснить сказанное.

Известно, что в Высшем свете не происходит никаких изменений, как написано: «Я свое АВАЯ не менял». А все имена и названия возникают только от ощущения света в келим, являющихся желанием насладиться, включенным в Малхут — корень творения. И оттуда все нисходит до нашего мира, к творениям.

И все эти стадии, начиная с Малхут, являющейся корнем создания миров, и заканчивая творениями — называются именем Шхина. А все исправление состоит в том, что Высший свет засветит в них во всем совершенстве, и этот свет, освещающий келим, называется Шохен, а все келим в общем называются Шхина. Свет Шохен — заполняет Шхину, и называется свет Шохен, потому что обитает (ивр. шохен) внутри келим, а совокупность всех келим называется Шхина.

Пока не засияет в них свет в окончательном совершенстве — до тех пор называется это «временем исправления», в которое мы производим исправления, позволяя свету полностью наполнить все творение. А до того будет считаться Шхина «в изгнании», ведь нет еще совершенства в Высших мирах.

И в нашем, самом низшем из миров, Высший свет должен наполнить желание насладиться, чье исправление называется «получением во имя отдачи». Но пока эгоистическое желание полно низменными и бессмысленными страстями, и нет в нем места для раскрытия величия Творца. А сердце, вместо того чтобы быть вместилищем Высшего света, стало местом отбросов и нечистот, то есть полностью погрязло в низменных желаниях.

И это называется «Шхина во прахе», то есть унижена она так, что втоптана в прах. Ведь все и каждый пренебрегают святостью, и нет у них никакого стремления и желания поднять Ее из праха — а выбирают низменные ценности. И этим доставляют страдания Шхине, ведь не дают ей места в своем сердце, которое бы стало обителью света Творца.

3. Суть духовного постижения

Мы различаем множество ступеней и множество определений в мирах. И необходимо знать, что все миры с их множеством ступеней существуют только относительно душ, которые получают от миров, согласно правилу: «То, что не постигнем — не сможем назвать по имени». Потому что слово «имя» указывает на постижение, подобно человеку, дающему какое-то название лишь после того, как постиг называемую вещь и в соответствии со своим постижением.

А потому, вся действительность делится, с точки зрения духовного постижения, на 3 части:

1. «Ацмуто», суть Творца.
2. Бесконечность.
3. Души.

1. О сути Творца мы вообще не говорим, поскольку корень и место творений начинаются с замысла творения, в котором они заключены, и смысл этого скрыт в словах: «Результат действия заложен в его изначальном замысле».

2. Бесконечность представляет собой замысел творения, скрытый в словах: «Его желание — насладить свои творения» на уровне бесконечности, что называется Бесконечностью (Эйн Соф). И это связь, которая существует между Ацмуто и душами. Связь эта понимается нами как тайна желания насладить творения.

Бесконечность — это начало всего и называется «свет без кли», но оттуда берет свое начало корень творений, то есть связь, которая есть между Творцом и творениями, называемая Его желанием насладить свои создания. И это желание начинается в мире Бесконечности и нисходит до мира «Асия».

3. Души, получающие благо, заключенное в Его желании насладить.

«Бесконечность» называется так, поскольку это связь Ацмуто с душами, понимаемая нами как тайна Его желания насладить свои творения. Кроме этой связи мы ничего не постигаем, а потому ни о чем более говорить не можем. Там — начало всего. И это называется «свет без кли», но оттуда берет свое начало корень творений, то есть связь, которая есть между Творцом и творениями, называемая Его желанием насладить свои создания. И это желание начинается в мире Бесконечности и нисходит до мира «Асия».

А все миры относительно самих себя определяются как «свет без кли», и о них мы не говорим. Они определяются как Его сущность, и нет в них никакого постижения. И не удивляйся, что мы различаем там множество свойств — ведь это потому, что свойства эти заключены там в потенциале, в качестве сил.

А затем, когда придут души, обнаружатся эти свойства в душах, получающих Высшие света соответственно тому, что исправили и привели в порядок таким образом, дабы была у душ возможность получить их, каждый – соответственно своей силе и подготовке. И тогда раскрываются эти свойства в действии. Но в то время, когда души не постигают Высший свет, тогда все само по себе считается Его сущностью.

А относительно душ, получающих от миров, определяются миры как «Бесконечность», поскольку эта связь, которая есть между мирами и душами, то есть то, что миры отдают душам, исходит из Замысла творения и представляет собой взаимоотношения Ацмуто с душами. И связь эта называется «Бесконечность», как и упомянуто выше. И когда мы молимся и просим Творца, чтобы помог нам и дал нам то, что мы просим, то имеем в виду Бесконечность, ведь там корень творений, желающий дать им благо и наслаждение, называемый «Его желание насладить свои творения».

Молитва – она к Творцу, сотворившему нас, имя которому: «Желание насладить творения». И Он называется Бесконечностью, поскольку речь идет о состоянии до сокращения. И даже после сокращения не произошло в Нем никаких изменений. Нет изменений в свете, и всегда Он называется этим именем.

А все множество имен – оно лишь относительно получающих. Поэтому Первое имя, раскрывающееся в словах «корень творений», называется Бесконечностью. И раскрытие этого имени остается без каких бы то ни было изменений. Все же сокращения и множество изменений происходят лишь относительно получающих. Тогда как Он всегда светит первым именем, определяемым как «Его бесконечное желание насладить свои творения». И потому мы молимся Творцу, называемому «Бесконечность», который светит без сокращения и конца. А то, что затем создается окончание, – это исправления для получающих, дабы смогли получить Его свет.

Высший свет заключает в себе два понятия: постигающий и постигаемое. И все, что мы говорим о Высшем свете – это лишь впечатление постигающего от постигаемого.

Однако каждый из них сам по себе, то есть только постигающий или только постигаемое, не называются Бесконечностью. Постигаемое называется Ацмуто, а постигающий называется «души» — нечто новое, являющееся частью целого. А новое в том, что отпечатано в нем желание насладиться. И с этой точки зрения творение называется «нечто из ничего» (еш ми аин).

Сами по себе все миры определяются как простое единство, в них самих нет никаких изменений, что является смыслом сказанного: «Я Своего Имени АВАЯ не менял». То есть в самом Творце не различают сфирот и ступеней. Ведь даже самые утонченные названия не выражают сути самого света, поскольку это относится к Его сущности, которая совершенно непостигаема. А когда речь идет о сфирот и всех различаемых особенностях — так это лишь с точки зрения того, что человек постигает в Нем. Потому как Творец пожелал, чтобы мы постигли и поняли свет изобилия (шефа), в чем суть Его желания насладить свои творения.

А чтобы мы смогли постичь то, что Он пожелал, постигли и поняли тайну Его желания насладить свои творения, Творец сотворил и дал нам такие органы чувств, которые, воспринимая высший свет, различают в нем множество ощущений. Потому что наш общий орган чувств называется «желание получить наслаждение» и оно различает в получаемом множество частей и оттенков, подъемы и падения, наполнение светом и его исчезновение.

И поскольку желание насладиться называется «творение» и «нечто новое», то именно с того места, где в этом желании начинается осознание, появляется возможность описания восприятия в мере ощущения. Это уже означает взаимоотношения высшего света и желания, и называется «свет и кли» — наслаждение и желание. Тогда как о свете вне кли невозможно ничего сказать, ведь свет без постигающего относится к Ацмуто, к сути Творца, о которой запрещено говорить, поскольку она непостигаема. А как же можно говорить о непостигаемом?

И отсюда поймем, что, когда мы молимся Творцу, чтобы послал нам освобождение, излечение и тому подобное, нужно различать здесь две категории:

1. Творец.
2. То, что от Него исходит.

О первом, определяемом Ацмуто, запрещено говорить, как сказано выше. Второе — исходящее от Него определяется как свет, входящий в наше кли, то есть в наше желание наполниться. Это называется Бесконечностью. И это — связь, которая есть у Творца с творениями, выражение Его желания насладить сотворенных. Так что желание насладиться относится к наполняющему его свету, в итоге достигающему желания.

И в то время, когда желание насладиться наполняется облачающимся в него светом, тогда этот свет называется Бесконечностью. Он достигает получающих через многие скрытия, что позволяет низшему получить этот свет. И потому все постижения и изменения происходят только в самом получающем, то есть в мере его восприятия получаемого наполнения. Однако необходимо уточнить, о чем идет речь. Когда говорится о свойствах в мирах, то речь идет о потенциальных свойствах, и только в ощущениях получающего они воплощаются на деле.

Духовное постижение — это то, где постигающий и постигаемое появляются вместе одновременно, так как без постигающего — нет никакой формы и у постигаемого, ведь некому воспринять эту форму.

Потому эта ступень определяется как Ацмуто, и совершенно невозможно говорить об этом. Ведь как можно сказать, что постигаемое примет какую-либо форму само по себе вне наших ощущений?

Поэтому нам не о чем говорить, кроме как о своих ощущениях, насколько мы возбуждаемся от воздействия наполняющего нас света, который вызван Его желанием насладить свои творения и на деле доходит до получающих.

Это подобно тому, как нами воспринимается стол, который ощущается твердым в наших органах осязания, а в зрительном восприятии оценивается нами в определенных размерах. Но все это — только в наших ощущениях. И это вовсе не означает, что стол будет восприниматься таким же в ощущениях творения с иными органами ощущений, например, в ощущениях ангела. Он, разумеется, будет воспринимать стол в иной, по сравнению с воспринимаемой нами, форме — согласно своим органам ощущений. Поэтому мы не можем говорить о том, как стол выглядит в ощущениях ангела, ведь мы ничего не знаем о его органах ощущений.

И потому, как не можем мы постичь сути Творца, так не можем мы говорить и о том, какую форму имеют миры относительно Творца. Мы постигаем в мирах лишь постигаемое в своих ощущениях, потому что таково желание Творца, чтобы таким образом мы постигли высшие миры.

Поэтому сказано: «Нет изменения в свете». А все изменения — лишь в келим, то есть в наших ощущениях. Все измеряется и оценивается нами только относительно нашего восприятия. Поэтому, если много людей смотрят на один духовный объект, все равно каждый постигает его иначе, согласно своему индивидуальному представлению и ощущению. И потому каждый видит иную форму. А также и для самого человека этот духовный объект может изменяться вследствие изменения состояния человека — его подъемов и падений. Сам же свет является простым и не имеет никакой формы, а все изменения происходят лишь в постигающих.

И да будет желание, чтобы мы удостоились получить Его свет и идти путями Творца, и работать на Него не ради получения вознаграждения, а ради Его наслаждения, и поднять Шхину из праха, и удостоиться слияния с Творцом, чтобы раскрылся Творец своим творениям.

4. Причина трудности аннулировать себя ради Творца

Услышано 12 Шевата (6 февраля 1944 г.)

Необходимо знать, что причина трудности, которую испытывает человек, желая аннулировать себя ради Творца, чтобы совершенно не заботиться о себе, состоит в том, что человек ощущает, будто весь мир остался на своем месте, а он исчезает из этого мира и оставляет свою семью и друзей во имя аннулирования себя

Причина трудности аннулировать себя ради Творца

ради Творца. Причина трудности проста и называется «отсутствие веры». То есть он не видит перед кем и ради кого он должен аннулировать себя, не ощущая существования Творца. Это и вызывает трудность.

Но как только ощутит Творца, тотчас же его душа возжелает соединиться с корнем, включиться в него и аннулировать себя, как свеча перед факелом, без малейшего рассуждения, потому что это произойдет в нем естественным образом.

Поэтому главное, чего необходимо достичь человеку — ощущения Творца, чтобы почувствовать, что Его величием полон мир. И в достижении этого ощущения должно проявиться все усилие человека в его духовной работе, то есть в осознании того, что единственное, что отсутствует у человека — вера в Творца. И пусть не думает он ни о чем другом, кроме главного вознаграждения, которое хотел бы получить за свою работу — удостоиться веры в Творца.

И нужно знать, что нет разницы между большим свечением и маленьким, которые человек постигает. Ведь в свете никогда не происходит никаких изменений. Но все изменения в ощущении исходят от изменения келим, получающих высший свет. Как написано: «Я свое АВАЯ не менял».

Поэтому, если человек способен увеличить свои келим (желания), в той же мере он увеличивает количество света, вошедшего в них. Вопрос: чем же можно увеличить келим? Тем, что человек восхваляет и возвеличивает Творца в своих глазах, ощущает благодарность за то, что Творец приблизил его к Себе, дал возможность хоть немного ощутить Себя и подумать, насколько важна для него связь с Творцом. И чем большую значимость придает этому человек, тем больше становятся его келим и тем большее свечение он в них ощущает.

Но поскольку человек всегда ощущает только внутри своих желаний, он никогда не в состоянии точно оценить настоящий уровень связи между ним и Творцом. Однако в той мере, насколько ценит ее — настолько постигает ее возвышенность и значимость. И таким образом может удостоиться, что останется свет в его келим навсегда.

5. Лишма — это пробуждение свыше, и почему нужно пробуждение снизу

Услышано в 1945 г.

Как удостоиться свойства лишма (ради Творца) — человек не в силах понять. Потому что неспособен человеческий разум осознать, как может произойти в нашем мире такое событие. Ведь всё происходящее даёт человеку понять, что вся работа в Торе, заповедях, и вознаграждение обязано быть ради себя, ведь иначе не сможет сделать ни одного движения. А потому лишма — это свет свыше. И только тот, кто ощущает его, может понять. Поэтому сказано: «Попробуйте и убедитесь, как прекрасен Творец».

А если так, то необходимо понять, для чего же человек должен прилагать всевозможные усилия и выполнять всевозможные советы, стараясь достичь лишма? Ведь не помогут ему никакие советы, и если Творец не даст ему иную природу, называемую желанием отдавать, то не помогут человеку никакие усилия, чтобы достичь свойства лишма.

Ответ заключается в сказанном мудрецами: «Не тебе закончить эту работу, но и не волен ты отказаться от нее». То есть на человеке лежит обязанность приложить максимальное усилие снизу (итарута дэлетата), что называется молитвой. Потому что молитвой называется недостаток, без ощущения которого невозможно наполнение. А когда есть в человеке потребность в свойстве лишма, то приходит к нему наполнение свыше, приходит к нему свыше ответ на молитву, то есть он получает желаемое наполнение. Получается, что работа человека ради получения от Творца свойства лишма необходима только для обретения недостатка и кли — наполнение же никогда не зависит от человека, а является подарком Творца.

Но молитва должна быть полной, то есть из глубины сердца, когда человек совершенно уверен в том, что нет в мире никого, кто бы мог помочь ему, кроме Самого Творца. Но как узнать человеку, что никто в мире не может ему помочь, кроме лично самого Творца? Это знание человек может получить, только если приложил все возможные усилия на какие способен, и убедился, что уже ничто не поможет ему. Поэтому обязан человек выполнять любые возможные действия, чтобы удостоиться свойства отдачи Творцу. Только тогда он станет способен на молитву о помощи из самой глубины сердца — и тогда Творец слышит его молитву.

Но когда человек старается достичь свойства отдачи, он должен стремиться весь работать только на отдачу и ничего не получать для себя. Только в таком случае человек обнаруживает, что нет в нем ни одного желания согласного работать на отдачу. Отсюда он приходит к окончательному выводу, что у него нет иного выхода, как умолить Творца помочь ему, чтобы его желания подчинились во всем Творцу без каких-либо условий. Поскольку человек видит, что не в его силах убедить свое тело аннулировать свое Я. Выходит, что когда человек обнаруживает, что ему нечего надеяться на то, чтобы его желания добровольно согласились на отдачу ради Творца, именно тогда его молитва может быть из глубины сердца — и тогда лишь она принимается Творцом.

Необходимо знать, что обретая свойство отдачи, человек умертвляет свой эгоизм. Ведь эгоизм — это желание насладиться, и обретенное желание отдавать аннулирует желание получать, не оставляя ему возможности действовать, что означает умерщвление эгоизма, поскольку упраздняет его использование. А неиспользованный эгоизм определяется как мертвый.

А если человек даст себе отчет, что может быть главным в этой жизни, ради чего стоило бы трудиться, то обнаружит, что не так уж тяжело подчинить себя Творцу, по двум причинам:

1. В любом случае, желает он или не желает, — обязан прилагать усилия в этом мире. А что остается ему в конце от всех этих его усилий?

2. Тогда как работающий на отдачу получает огромное наслаждение даже во время работы.

И можно привести пример, данный великим каббалистом из Дубны, для пояснения фразы: «Не Меня призывал ты, Яаков, ибо тяготился ты Мной, Исраэль». Сказал он, что похоже это на притчу о богаче, который выходя из поезда с небольшим чемоданом, ставит его туда, куда все пассажиры ставят свою поклажу. А носильщики берут поклажу и доставляют ее в гостиницу, где останавливаются богатые купцы. Носильщик подумал, что маленький чемоданчик пассажир, конечно же, возьмет с собой, и для этого не нужен носильщик, и поэтому взял большой сверток. А богач хотел уплатить ему небольшую сумму, которую привык платить. Носильщик же не захотел принимать ее и сказал: «Я принес на гостиничный склад огромный сверток и очень устал. Я с трудом тащил твою ношу — а ты хочешь дать мне за это такую ничтожную плату?»

Мораль в том, что если человек приходит и говорит, что прилагал большие усилия, исполняя духовную работу, то Творец отвечает ему: «Не Меня призывал ты, Яаков!» То есть «не мою ношу ты взял! Эта ноша принадлежит кому-то другому. Если ты говоришь, что был вынужден прилагать много усилий, исполняя духовную работу, то, конечно же, ты работал на другого хозяина. Поэтому к нему и иди за оплатой», «Ибо тяготился ты Мной, Исраэль».

Работающий же на Творца не должен прилагать никаких усилий, а наоборот, ощущает наслаждение и воодушевление. Тогда как работающий на другие цели не может обратиться к Творцу с требованиями, почему Творец не дает ему воодушевления в его работе. Ведь он работает не ради Творца, так почему же Творец должен платить ему за его работу? То есть человек может обратиться с претензиями только к тем, на кого работает, чтобы они наполнили его наслаждением и жизненной силой.

А поскольку работа в состоянии ло лишма бывает направлена на много различных целей, то человек может требовать от цели, ради которой работал, чтобы эта цель дала ему вознаграждение, то есть наслаждение и жизненные силы. И об этом сказано: «Пусть подобны им будут создавшие их и всякий полагающийся на них!» (Псалом 115).

Но мы видим, что даже когда человек принимает на себя работу ради Творца без всяких иных намерений, он все равно не ощущает никакого воодушевления, которое бы обязало его принять на себя работу ради Творца, а принимает на себя эту ношу только верой выше знания, то есть через силу, вопреки своему желанию. И тогда возникает вопрос: «Почему же человек ощущает такую тяжесть и сопротивление в этой работе, что его тело постоянно желает освободиться от этой работы, не ощущая от нее никакого воодушевления?» И если человек работает в скромности, даже когда нет у него иной цели, как только работать ради отдачи, то почему же Творец не дает ему почувствовать вкус и воодушевление в его работе?

А дело в том, что скрытие наслаждений является большой помощью, без которой человеку невозможно было бы исправиться. Ведь если бы с решением начать духовную работу, человек немедленно начинал ощущать свет духовного наслаждения, все его эгоистические желания также были бы согласны с этой работой, то есть человек был бы согласен с ней, потому что получает наслаждение и воодушевление.

А если так, то не было бы никакой возможности у человека достичь свойства отдачи (лишма), ведь был бы обязан работать на свой эгоизм, поскольку ощущал бы в духовной работе наслаждение во много раз большее, чем в любых земных занятиях. А потому был бы обречен навечно погрязнуть в работе ради себя (ло лишма), постоянно получая удовлетворение от своих усилий. А если человек получает удовлетворение, он не в состоянии ничего изменить, ведь не способен работать без вознаграждения. Поэтому, если бы человек получал удовлетворение в работе ради себя, обязан был бы остаться в ней навечно.

Это подобно тому, как люди преследуют вора, а он бежит первым и кричит: «Держи вора!» И невозможно определить, кто истинный вор, чтобы схватить его и вернуть украденное хозяину. Но если вор, то есть эгоизм, не ощущает наслаждения в нашей работе по принятию на себя свойства отдачи, то, когда человек работает в вере выше разума и заставляет себя, его эгоизм привыкает к этой работе против эгоистического желания насладиться, и возникает в человеке возможность перейти к такому виду работы, где его целью станет услаждение Творца, поскольку основное, что требуется от человека, — это чтобы вследствие своих усилий, он достиг слияния с Творцом, то есть достиг совпадения свойств, и все его действия также были на отдачу.

О таком состоянии сказано: «Вот тогда усладишься Творцом!», где «вот тогда» означает, что в начале работы не может человек ощущать никаких наслаждений, а наоборот, вся его работа совершается в усилии вопреки желанию тела. Но после того, как приучил себя работать на отдачу без всякой связи с вознаграждением, а верит, что от его усилий есть наслаждение Творцу — тогда то и возникает в человеке ощущение Творца. Человек должен верить в то, что Творец принимает любые его усилия, независимо от того, как их оценивает человек. Творец смотрит только на намерения человека, и от этого есть услаждение Творцу, вследствие чего человек удостаивается высших наслаждений.

А потому уже в начале своей работы человек должен ощущать наслаждение, поскольку работает на Творца, ведь усилия, произведенные через силу, готовят человека к истинной духовной работе ради Творца. И у человека возникает возможность наслаждаться своими усилиями ради Творца также в период скрытия.

6. Помощь, которую оказывает Тора в духовной работе

Услышано в 1944 г.

Когда человек изучает Тору, и хочет достичь того, чтобы все его действия были ради отдачи, он должен стараться, чтобы Тора всегда служила ему опорой. И помощь Торы — это питающие человека силы: любовь и трепет, и возвышенное состояние духа, и бодрость и тому подобное. И все это он должен найти в Торе, то есть Тора должна дать ему такой результат.

А когда человек изучает Тору и не получает такого результата, то это не означает, что он изучает Тору, поскольку под Торой подразумевается свет, содержащийся в Торе. И в сказанном мудрецами: «Я создал злое начало и создал Тору для его исправления», — имеется в виду свет, заключенный в ней, поскольку свет, содержащийся в Торе, возвращает к Источнику.

И еще нужно знать, что Тора делится на две части:
1. Тора.
2. Заповедь.

И невозможно понять истинный смысл этих двух частей, пока человек не удостоится идти путем Творца в тайне сказанного: «Творец — для трепещущих перед Ним». Когда человек лишь готовится войти во дворец Творца, невозможно понять пути истины, но пример привести можно, чтобы человек, даже когда находится в периоде подготовки, смог что-нибудь понять. Как сказано мудрецами: «Заповедь спасает и защищает, когда исполняют ее, а Тора спасает и защищает и когда занимаются ею, и когда не занимаются».

Дело в том, что исполнение заповеди означает наличие света, которого достиг человек. А заповедь может служить человеку лишь в то время, когда у него есть свет, и от этого он пребывает в радости. Это называется заповедью. То есть человек еще не удостоился Торы, и лишь свет дает ему духовную жизненную силу.

Тогда как Тора означает путь, который он постиг, и который может служить ему даже тогда, когда он не занимается Торой, то есть даже в то время, когда нет у него света. И это потому, что только свечение уходит от него, а путь, который он постиг в работе, может служить ему, даже если исчезло свечение.

Но вместе с тем, нужно знать, что заповедь, в то время, когда ее исполняют, более важна, чем Тора, когда ею не занимаются. То есть, когда человек получает свет, это означает, что он исполняет заповедь, а потому заповедь, когда есть у человека свет, более важна, чем Тора, когда нет у него света, то есть когда Тора не является для него жизнью.

С одной стороны, Тора важна, поскольку путь, который он постиг в Торе, может служить ему. Но если нет в нем жизни, называемой светом, а в заповеди он получает жизнь, называемую светом, — с этой точки зрения заповедь более важна, чем Тора.

Поэтому, когда нет в человеке жизни, он называется грешником, так как сейчас он не может сказать, что Творец управляет миром по-доброму. И поскольку он обвиняет Творца, то называется грешником, ведь сейчас он ощущает, что нет в нем жизни, и нечему радоваться, и нет основания сказать, что сейчас он благодарен Творцу за то, что Он дает ему благо и наслаждение.

И нечего ожидать, что он будет верить, будто Творец управляет остальными добром, поскольку пути Торы воспринимаются нами в ощущениях органов. Если бы человек на самом деле верил, что товарищу управление Творца раскрыто как доброе, эта вера принесла бы ему радость и наслаждение, оттого что он верит, что Творец управляет миром добром.

А если человек не ощущает себя хорошо от того, что другой чувствует себя хорошо, если это не приносит ему радость и жизнь, то какая польза говорить, что товарищем Творец управляет по-доброму, ведь главное — это то, что ощущает человек на собственном теле: или ему хорошо, или ему плохо. И с его точки зрения, товарищу хорошо — лишь тогда, когда он сам наслаждается тем, что товарищу хорошо.

То есть, мы изучаем на ощущениях тела, что не важна причина, важно лишь — ощущает ли он себя хорошо. Если он ощущает себя хорошо, человек говорит, что Творец добр и несет добро, а если ощущает себя плохо, он не может сказать, что Творец управляет им по-доброму.

А потому, если он наслаждается именно тем, что хорошо его товарищу, и получает от этого хорошее настроение и радость, то он может сказать, что Творец — добрый правитель. А если нет у него радости, и он чувствует, что ему плохо, то как он может сказать, что Творец добр и несет добро?

Поэтому, если человек находится в состоянии, когда не ощущает жизни и радости, — то нет у него уже и любви к Творцу. Он не может оправдать Его и находиться в радости, как подобает тому, кто удостоился служить великому царю.

И вообще, мы должны знать, что Высший свет находится в абсолютном покое, а все многообразие имен Творца — за счет низших. То есть все имена, данные Высшему свету, исходят из постижения низших. Иными словами, как человек постигает свет, то есть как он ощущает его, так и называет.

И если человек не ощущает, что Творец что-нибудь дает ему, то, какое имя он может дать Творцу, если ничего от Него не получает? Но когда человек верит в Творца, то говорит, что каждое переживаемое им состояние дано ему Творцом, и согласно своему ощущению он и дает имя Творцу.

То есть, если человек ощущает, что ему хорошо в том состоянии, в котором он находится, то он говорит, что Творец называется Добрым и Несущим добро, поскольку так он ощущает, чувствуя, что получает от Творца благо. И тогда человек называется праведником, поскольку оправдывает своего Создателя (Творца).

А если человек в том состоянии, в котором он находится, ощущает себя плохо, то он не может сказать, что Творец посылает ему благо, и потому называется грешником, поскольку обвиняет своего Создателя.

Но не бывает промежуточного состояния, такого, чтобы человек сказал, что в своем состоянии ощущает, что ему хорошо и плохо одновременно. Ему может быть или хорошо, или плохо.

И сказано мудрецами, что «мир создан либо для законченных грешников, либо для абсолютных праведников». И это потому, что не возможно человеку одновременно чувствовать себя и хорошо, и плохо.

А то, что мудрецы говорят, будто есть промежуточное состояние, так это потому, что у творений существует понятие времени, и промежуточное состояние находится между двумя временами, следующими одно за другим: подъемом и падением, — когда человек то праведник, то грешник. Однако не может быть, чтобы человек чувствовал себя и хорошо, и плохо в одно и то же время.

Из сказанного следует, что Тора более важна, чем заповедь в то время, когда не занимаются ни Торой, ни заповедями, то есть когда нет у человека жизни. Тогда Тора, в которой нет жизни, более важна, чем заповедь, в которой нет жизни. Ведь от заповеди, в которой нет жизни, он не может получить ничего, тогда как от Торы все же остается у него путь в работе, который он получил, когда занимался Торой. И даже если ушла жизнь, у него остается путь, которым он может воспользоваться.

Но есть времена, когда заповедь более важна, чем Тора. Это происходит тогда, когда есть жизнь в заповеди, а в Торе нет. Поэтому в то время, когда человек не занимается Торой и заповедями, то есть когда нет у него радости и жизни в работе, тогда нет для него другого совета — только молитва. Но во время молитвы он должен знать, что он грешник, поскольку не чувствует сейчас благо и наслаждение, существующие в мире. И даже если он считает, что может поверить, будто Творец дает ему лишь благо, но не все мысли человека и то, что он делает на самом деле, находятся в рамках работы.

Человек находится в рамках работы, когда мысль приводит к действию, то есть к ощущению в органах. Тогда органы должны ощутить, что Творец добр и несет добро, и получить от этого жизнь и радость. А если нет у него жизни, что толку от его расчетов, ведь его органы сейчас не любят Творца из-за того, что Он дает им благо?

Поэтому человек должен знать, что если нет у него радости и жизни в работе, это признак того, что он грешник, поскольку не ощущает хорошего. И все его мысли не истинны, если они не ведут к действию — к ощущению в органах, вследствие чего человек полюбит Творца за то, что Он наслаждает творения.

7. Что означает в работе, когда привычка становится второй натурой

Услышано в 1943 г.

Когда человек приучает себя к какой-то вещи, эта вещь становится для него привычной, а любая привычка может стать второй натурой человека. Поэтому нет ничего такого, в чем бы человек не мог ощутить вкуса реальности. И даже если оставался совершенно бесчувственным к какой-то вещи, но благодаря привычке начинает ее ощущать.

И следует знать, что существует разница в ощущениях Творца и творения. У творений есть ощущающий и ощущаемое, постигающий и постигаемое — есть воспринимающий некую реальность. Тогда как реальность в отсутствие ощущающего относится только к самому Творцу. И реальность Творца непостигаема. Человек же любую реальность воспринимает через ощущение. И реальность истинна для него в той мере, в которой он чувствует ее, ощущает ее вкус. Это и является для него истиной. Если ощущает в действительности горький вкус, то есть в каком-то состоянии чувствует себя плохо и страдает от этого, то в духовной работе такой человек называется грешником, потому что обвиняет Творца, который добр и творит лишь добро. Но согласно ощущению человека, он получает от Творца противоположное, то есть плохое.

И сказано мудрецами: «Мир создан только для законченных грешников или для абсолютных праведников». Это означает, что или он ощущает себя хорошо в существующей действительности, и тогда оправдывает Творца и называется праведником, или ощущает плохое, и тогда он — грешник. И выходит, что все измеряется в соответствии с ощущениями человека. К Творцу же все эти ощущения не относятся, как сказано в Песне Единства: «Так будет навечно — да не будет в Тебе ни убавления, ни прибавления». Все скрытия и изменения относятся только к получающим и зависят от постижения человека.

8. Разница между святой тенью и тенью клипот

Услышано в месяце Тамуз (Июль 1944 г.)

Сказано: «Пока не повеял день, и не побежали тени...» (Песнь Песней, глава 2). И необходимо понять, что такое «тени» в духовной работе и почему есть две тени. А дело в том, что когда человек не ощущает суть управления Творца, не понимая, что Он управляет миром добром и во благо, его состояние определяется как тьма, образовавшаяся от тени, скрывающей солнце. И словно физическая тень, закрывающая солнце, не способна никак повлиять на него и оставляет солнце светить во всю свою силу — так и человек, не ощущающий управления Творца, никак не может изменить происходящее наверху. И свыше все остается неизменным, как написано: «Я Свое АВАЯ не менял».

Все же изменения происходят только в получающих. И в этой тени, то есть в этом скрытии, можно выделить два вида. Первый, это когда у человека еще есть возможность справиться с этой тьмой и скрытием, оправдать Творца и помолиться Ему, чтобы Он раскрыл человеку глаза и дал ему понять, что все скрытия приходят к нему со стороны Творца, то есть Творец проделывает с ним это для того, чтобы он мог просить Творца о помощи и возжелал слиться с Творцом. Ведь только с помощью страданий, получаемых от Творца, он захочет избавиться от них и сделает все, что в его силах. И потому, получая сейчас от Творца скрытие и страдания, он, конечно же, воспользуется известным средством и умножит свою молитву, прося Творца помочь ему и спасти из состояния, в которое он попал. И значит, в этом состоянии он все еще верит Творцу и в Его управление.

А второй вид заключается в том, что он уже не может укрепиться в вере и сказать, что все ощущаемые им страдания и удары исходят от Творца, чтобы дать ему подняться на следующую ступень. И тогда, не дай Бог, может он войти в состояние неверия, потому что не может поверить в управление Творца и, естественно, не сможет молиться Творцу и просить Его о помощи. Выходит, что бывает два вида теней, и в этом смысле сказано: «и побежали тени», то есть исчезли тени из мира.

Тень клипы означает: «Другой бог бесплоден и не приносит плодов». Тогда как о святой тени сказано: «Тени Его жаждал я и в ней сидел, и плод Его был мне сладок». То есть все скрытия и страдания приходят к человеку по желанию Творца, для того чтобы вышел из них верой выше знаний. И если есть у него сила сказать, что все это Творец подстраивает ему для его же пользы, ведь только так он сможет начать работать ради отдачи, а не ради себя — тогда приходит к человеку понимание и он верит, что Творец наслаждается именно от такой работы, полностью построенной на вере выше знания. И уже больше не просит человек Творца, чтобы ушли тени из этого мира, а говорит: «Я вижу, что Творец желает, чтобы я работал для Него именно так — верой выше знания». И тогда, что бы он ни делал, скажет: «Конечно же Творец наслаждается от такой работы! И значит не важно мне, что я работаю в скрытии Творца». Ведь желает он работать ради отдачи, то есть для радости Творца. А потому не ощущает никакой ущербности в этой работе, когда бы чувствовал, что Творец скрывается от него и не получает наслаждения от его работы. Напротив, человек согласен с управлением Творца — то есть согласен всем сердцем и душой с тем ощущением реальности Творца, которое хотел Творец дать ему во время этой работы. Ведь не смотрит на то, чем сам мог бы насладиться — а ищет, чем может насладить Творца. И получается, что такая тень приносит ему жизнь.

И об этом сказано: «Тени Его жаждал я», то есть желает человек достичь такого состояния, когда способен на какое-то преодоление верой выше знания. А если не старается сделать это в условиях скрытия, когда еще есть у него возможность молиться, прося Творца приблизить его — а он упускает такую возможность, то посылают ему двойное скрытие, при котором не может он даже молиться. И все это — по причине греха, ведь не собрал он все свои силы, чтобы обратиться с молитвой к Творцу, а потому опустился до такой низости. Но когда дойдет до такого состояния, то сжалятся над ним свыше и еще раз пошлют ему сверху пробуждение — и снова начнет он тот же круг с самого начала. Пока наконец не укрепится в вере, и тогда слышит Творец его молитву, и приближает его к себе, возвращая его к источнику.

9. Три причины, увеличивающие разум человека

Услышано в месяце Элуль (Август 1942 г.)

Книга Зоар объясняет нам слова мудрецов: «Три причины увеличивают разум человека: красивая женщина, красивый дом и красивые келим». Красивая женщина — это святая Шхина. Красивый дом — это его сердце. Желания человека называются келим. И стоит пояснить, что не может святая Шхина раскрыть свою подлинную красоту и привлекательность, пока не обретет человек красивые келим — желания, исходящие из сердца. То есть должен он прежде очистить свое сердце, чтобы стало оно красивым домом. А красивым оно называется, когда освобождается от намерения «ради себя» и действует только ради отдачи, от чего человек обретает красивые келим. И тогда его желания, называемые келим, не только очистятся от эгоизма, но и будут светлы в своем свойстве отдачи.

Но если нет у человека красивого дома, говорит Творец: «Не можем Я и он находиться вместе», — потому что должно быть подобие света и кли. Поэтому, когда человек принимает на себя веру как очищение в его сердце и разуме, он удостаивается красивой женщины: Шхина раскрывается ему как красота и привлекательность. И это увеличивает разум человека, ведь ощущая наслаждение и радость от раскрытия Шхины в своих желаниях, он наполняет свои келим — и это называется увеличением разума.

А достигают этого через зависть и страсть к наслаждениям и почестям, которые, как сказано, выводят человека из этого мира.

Зависть — к Шхине, приобретая зависть к Творцу.

Почести — желание оказать больший почет Творцу.

Страсть к наслаждениям — как сказано: «Желания смиренных слышишь Ты»...

10. Что означает «скрылся мой друг» в духовной работе

Услышано в месяце Тамуз (Июль 1944 г.)

Необходимо знать, что когда человек начинает продвигаться, желая достичь состояния, в котором все его действия будут ради Творца, он начинает испытывать подъемы и падения. И бывает, что падение настолько велико, что появляются мысли убежать от Торы и заповедей, то есть приходят мысли, что он не желает находиться под властью святости. И тогда человек должен верить, что на самом деле все наоборот, то есть это святость избегает его. И дело в том, что как только человек хочет нанести вред святости, она опережает его и первой удаляется от него. И если человек верит в это и справляется с состоянием, когда святость избегает его, то побег (барах) обращается в благословение (бирех) Творца, как сказано: «Благослови, Творец, его силу, и возжелай дела рук его».

11. Радуйся в трепете[1]

Услышано в 1948 г.

Радость — это проявление любви, которая суть бытия. И похоже это на человека, строящего себе дом и не создающего никаких недостатков в стенах дома. А значит нет у него никакой возможности войти в дом, ведь нет пустот в стенах дома, через которые мог бы в него войти. И потому необходимо создавать пустоты, с помощью которых человек войдет в дом.

Поэтому там, где есть любовь, нужно также позаботиться о страхе, ведь страх — и есть та пустота. То есть должен он пробуждать в себе страх — а вдруг не сможет обрести намерение ради отдачи? И только когда вместе любовь и страх — тогда есть совершенство, а иначе одно желает подавить другое. Поэтому нужно стараться, чтобы оба они были одновременно — в этом смысл того, что необходимы любовь и трепет. Любовь называется жизнью, тогда как страх называется недостатком и пустым пространством. И только оба вместе

---

[1] Псалом 2, п.11

являют они совершенство. И называется это «двумя ногами», ведь только когда есть у человека две ноги — он может идти.

12. Главное в работе человека

Услышано на трапезе во второй день Рош-Ашана

(16 Сентября 1947 г.)

Главное в работе человека — обрести и ощутить вкус к отдаче Творцу. Ведь все, что человек делает ради себя самого — отдаляет его от Творца, ведя к различию их свойств. Когда же он совершает какое-то действие ради Творца, даже если оно самое небольшое — все равно называется «заповедью».

Поэтому главное, человеку нужно стараться обрести силу, позволяющую ощутить вкус к отдаче. А для этого он должен потерять желание к получению ради себя. И тогда постепенно постигнет вкус отдачи.

13. Суть граната

Услышано на трапезе во второй вечер Рош-Ашана

(15 Сентября 1947 г.)

Мудрецы говорили, что даже пустота в человеке заполнена заповедями, как зернышками, наполняющими гранат. А «гранат» (римон) происходит от слова «величие», «возвышение» (ромемут), что означает «выше знания». И тогда «даже пустота в тебе заполнена заповедями», а мера наполнения соответствует способности идти выше знаний — и это называется возвышением. Опустошенность же относится к безжизненному месту. (Как сказано: «Подвешена земля в пустоте».)

И чем больше возвышается человек над знанием, тем больше заполняется это опустошенное место. То есть пустоту заполняют возвышением, идя верой выше знания.

Нужно просить Творца дать нам силы для возвышения. Ведь создана пустота и дана человеку не для того, чтобы ощущал свою опустошенность, а чтобы заполнил ее величием Творца и все принял верой выше знания. О чем сказано: «И сделал Творец так, чтобы трепетали пред Ним».

Все пустые мысли, приходящие к человеку, даются лишь для того, чтобы он понял необходимость принять на себя веру выше знаний. Но для этого нужна помощь Творца, и должен человек просить Его, чтобы дал ему силу идти выше знания. И именно тогда человек вознуждается в помощи Творца, ведь его внешний разум всегда будет подсказывать ему обратное. И нет другого выхода, как просить Творца об этом, ведь сказано, что эгоизм человека побеждает его всякий раз, и без помощи Творца сам человек не способен его превозмочь. И лишь тогда человек понимает, что никто не может помочь ему, кроме Творца, то есть «сделал Творец так, чтобы трепетали пред Ним». Трепет же означает веру, ведь только тогда человек нуждается в спасении Творца.

14. Что такое величие Творца

Услышано в 1948 г.

Возвеличить Творца — означает, что нужно просить у Него, чтобы дал силу идти верой выше знания. И есть два объяснения возвеличивания Творца:

1) Не наполняться знаниями, разумом, с помощью которого человек сможет ответить на свои вопросы, а желать, чтобы Творец ответил на его вопросы. И это называется возвеличиванием Творца, поскольку любой разум дается свыше, а не исходит от человека. А все, что человек может объяснить сам — он объясняет с помощью внешнего разума. Другими словами,

эгоистическое желание понимает, что стоит соблюдать Тору и заповеди, в то время как вера выше знания обязывает человека работать, то есть идти вопреки знаниям эгоистического желания.

2) Возвеличиванием Творца является то, что Творец становится необходим человеку, чтобы получить ответы на свои вопросы.

Поэтому:

1) Человек должен идти верой выше знаний, тогда он видит, что опустошен и тогда вознуждается в Творце.

2) Только Творец может дать человеку эту силу — идти верой выше знаний.

То есть то, что дает Творец, и называется величием Творца.

15. Что означают «другие боги» в работе

Услышано 24 Ава (3 Августа 1945 г.)

Написано: «Не создавай других богов пред ликом Моим», — и Зоар поясняет, что нужны «камни для взвешивания ее». И спрашивает об этом: «Как с помощью камней взвешивают работу, чтобы тем самым узнать свое состояние на пути Творца?» И отвечает: ведь известно, что в то время, когда человек начинает работать больше, чем привык, тело начинает брыкаться и всеми силами противиться этой работе, поскольку отдача для тела — ярмо и тяжкое бремя, и оно не может вынести этой работы. А противодействие тела выражается в человеке появлением посторонних мыслей, и он начинает задавать известный вопрос: «Кто и что?» (Кто такой Творец ваш? Что дает вам эта работа?) И по поводу этих вопросов человек говорит, что конечно же все эти вопросы посылает ему ситра ахра (нечистые силы), чтобы помешать в работе.

Если же человек говорит, что они приходят от нечистых сил, то нарушает написанное: «Не создавайте других богов пред ликом Моим».

Что означают «другие боги» в работе

А смысл в том, что человек должен верить, что вопросы эти приходят от святой Шхины, потому что «нет никого, кроме Него». И святая Шхина раскрывает человеку его истинное положение, показывая, идет ли он по пути Творца с помощью того, что посылает ему эти вопросы, называемые посторонними мыслями. То есть с помощью этих посторонних мыслей она видит, как он отвечает на эти вопросы, которые считаются посторонними мыслями. И все это человек должен знать, понимая свое истинное состояние в работе, чтобы знал, что делать.

И это похоже на историю о том, как один приятель захотел узнать, насколько его друг любит его. Конечно же, лицом к лицу друг скроет себя из-за стыда, поэтому человек подослал кого-то, кто будет злословить тому о его друге, и тогда он увидит реакцию своего приятеля в то время, когда тот далек от своего друга. И тогда человек сможет узнать правду, в какой мере друг любит его.

А смысл в том, что когда святая Шхина показывает человеку свое лицо, то есть Творец дает человеку жизнь и радость, в таком состоянии человек постесняется сказать, что же он думает по поводу того, чтобы работать ради отдачи и ничего не получать для себя. Тогда как не перед ее лицом, то есть когда жизнь и радость остывают, что означает «не перед ее лицом», тогда человек может видеть свое истинное положение с точки зрения отдачи. И если человек верит, что «нет никого, кроме Него», как написано, а все посторонние мысли посылает ему Творец, то есть лишь Он действует, то, конечно же, уже знает, что делать и как ответить на эти трудные вопросы. И это выглядит так, будто она посылает ему посланцев увидеть, как он злословит о ней, о своем Царстве Небес. Так это можно объяснить.

И человек может понять, что все исходит от Творца, ведь известно, что эти посторонние мысли, которыми тело давит на человека, не приходят к человеку в то время, когда он не занимается работой. Эти давящие мысли, которые приходят к человеку в настолько явственном ощущении, что просто роятся в его мозгу, появляются как раз после необычайно большого продвижения в Торе и работе.

И это называется «камни для ее взвешивания». То есть камни эти падают ему в мозг, когда он хочет понять ответ на эти вопросы, ведь он собирается теперь взвесить и оценить цель своей работы — а действительно ли стоит работать ради отдачи и работать, отдавая душу свою и всего себя так, чтобы его единственным желанием была лишь надежда, что если и приобретать что-то в этом мире, так только с целью работы ради доставления удовольствия Творцу, а не ради чего-то материального.

И тогда начинается острый спор, когда он видит, что, одна сторона перетягивает, то другая (дословно: «и здесь лицо, и там»). И об этом предупреждает сказанное: «Не создавайте других богов пред ликом Моим», чтобы не сказали, что другие боги дали вам камни взвесить с их помощью вашу работу, а «пред ликом Моим», то есть человек должен знать, что это «Мой лик». И это для того, чтобы человек увидел истинную форму основы и фундамента, на котором строится здание его работы.

И основная тяжесть, которая есть в работе, возникает из-за того, что эти два высказывания противоречат друг другу.

1. Ведь, с одной стороны, человек должен стараться, чтобы вся его работа была направлена на достижение слияния с Творцом, чтобы каждое его желание было лишь доставить удовольствие Творцу, и ничего для собственной пользы.

2. С другой стороны, мы видим, что это не основная цель, ведь Цель творения заключалась не в том, чтобы творения отдавали Творцу, поскольку Он не испытывает никакого недостатка и не нуждается в том, чтобы творения давали Ему что-либо — а напротив, Цель творения определена желанием Творца насладить творения, то есть чтобы творения получили от Творца наслаждение и благо.

И две эти вещи противоречат друг другу, будучи далекими, как говорится, словно полюс от полюса, ведь, с одной стороны, человек должен отдавать, а с другой стороны, человек должен получать. Иными словами, с точки зрения исправления творения, надо достичь слияния, которое определяется равенством свойств, чтобы все его действия были только ради отдачи, после чего можно выполнить Цель творения — получать от Творца наслаждение и благо.

Поэтому, когда человек воспитал в себе привычку идти путем отдачи, то разумеется нет у него келим получения. А в то время как идет путем получения — нет у него келим отдачи. Однако с помощью «камней для взвешивания ее» он обретает и те, и другие келим вместе. Так как после претензий и разбирательства, которые возникли у него во время работы, после того, как преодолел свой эгоизм и принял власть Творца над собой, достигнув отдачи и в сердце, и в разуме, теперь, когда он собирается притянуть высший свет, есть у него уже твердая основа в том, что все должно быть лишь ради отдачи. Поэтому, даже если получает какое-то свечение, тут же получает его ради отдачи.

И это потому, что вся основа его работы построена исключительно на отдаче, и это называется получением ради отдачи.

16. День Творца и ночь Творца

Услышано в 1941 г. в Иерусалиме

Сказано: «Горе вам, жаждущим дня Творца! Зачем он вам? Ведь это тьма для вас, а не свет!» (Амос 5) И приводят мудрецы в объяснение притчу о петухе и летучей мыши, которые ждали света солнца. Спросил петух летучую мышь: «Я жду свет солнца, потому что он мой — а тебе зачем свет?» (Санедрин 98, 2) Поскольку, если нет у летучей мыши глаз, чтобы видеть — что даст ей солнечный свет? Ведь, наоборот, того, кто лишен глаз, свет солнца погружает в еще большую тьму.

И постарайся понять эту притчу — как можно видеть глазами в свете Творца, названном «днем Творца»? И почему рассказана история о летучей мыши, лишенной глаз и остающейся в темноте? А также, что такое «день Творца» и «ночь Творца», и в чем разница между ними? Понятно, что для человека день — это когда восходит солнце. А день Творца? Как узнать его?

И узнай его по «раскрытию солнца»! Как свет солнца, восходящего над землей, мы называем «день», а его отсутствие называем «тьма», так и в духовном, днем называется раскрытие Творца, а тьмой — Его скрытие. То есть, когда есть раскрытие Творца, и все становится ясно как день — это называется днем, о чем сказано: «В свете дня поднимется убийца, убьет нищего и обездоленного, а ночью обратится вором». И потому ночью обратится он вором, что при свете дня становится ясно как день, что за душами пришел он, что убийца он — и значит можно спасти его душу. Так мы видим, что днем Творца называется состояние, в котором все ясно как день.

День Творца означает абсолютную ясность, что управление Творца, Его управление миром, происходит лишь добром и на благо творений. Например, когда человек просит Творца и немедленно находит ответ, получая желаемое, и во всех своих начинаниях успешен — это и называется днем Творца. Тогда как тьмой или ночью называется скрытие Творца, что вызывает в человеке сомнения в управлении добром и с целью добра и появление чуждых духовному мыслей. Скрытие управления, ведущее к появлению у человека всех этих посторонних мыслей и мнений, и называется тьмой или ночью, когда человек ощущает, что весь мир покрыла тьма.

И этим объясняется сказанное: «Горе вам, жаждущим дня Творца! Зачем он вам? Ведь это тьма для вас, а не свет!»

Если человек действительно ждет дня Творца, он ожидает возможности идти «верой выше знания», чтобы его вера была настолько сильна, будто он видит и понимает со всей ясностью и очевидностью, что Творец управляет миром добром и с целью добра. Но не желает человек явно увидеть, как Творец управляет миром добром с целью добра, потому что видеть — означает перестать верить, ведь вера может быть только там, где она не совпадает с разумом, а человек поступает против разума — это и называется верой выше знания.

Таким образом, человек верит в то, что управление Творца миром — доброе и с доброй целью. И хотя явно этого не ощущает, он не просит Творца дать ему увидеть разумом это доброе управление, а хочет остаться с верой выше знания. И просит он Творца дать ему такую большую силу веры, как будто он воочию видит своим разумом доброе управление Творца, настолько, чтобы не было различия между верой и знанием. Такое состояние называется у желающих слияния с Творцом — «день Творца».

Если же человек ощутит это доброе управление как явное знание, то это ощущение, высший свет, наполнит его эгоистические желания, которые отдаляют его от Творца. А человек не хочет этого, ведь тогда выиграют его эгоистические желания, противоположные святости, которая против желания получать ради себя. Он же желает слияния с Творцом, которое возможно только при подобии свойств.

Но чтобы было у человека желание к слиянию с Творцом, ведь он создан с совершенно противоположными свойствами, с желаниями получать наслаждение только ради себя, необходимо достичь прямо противоположного своей природе. Но как же это возможно?

Поэтому человек должен приложить немало усилий, чтобы достичь второй природы, желания отдавать. А уже с желанием отдавать он в состоянии получать высший свет и не навредить. Ведь все нарушения исходят только из желания насладиться высшим светом ради себя, то есть даже когда он совершает что-то ради отдачи, где-то в глубине таится мысль, что он получит что-нибудь взамен своей отдачи. Одним словом, не в силах человек совершить ни одного действия, если не получит за него какого-то вознаграждения. Он должен наслаждаться, и любое наслаждение, получаемое им ради себя, обязательно отдалит его от Источника жизни, и прервется его слияние с Творцом. Ведь слияние определяется равенством свойств, а потому невозможно собственными силами совершить чистую отдачу без примеси получения.

Поэтому для получения силы отдачи и обретения иной природы нужно, чтобы была у человека сила достичь подобия Творцу, когда бы стал он таким, как Творец, который дает и ничего не получает взамен, ни в чем не ощущая недостатка. Ведь Он отдает не потому, что чувствует потребность в отдаче. Не дай Бог думать, что Он будет ощущать недостаток от того, что некому отдавать — а надо воспринимать это как игру. То есть не потому Он отдает, что Ему это необходимо, а потому, что все это как игра.

Как ответили мудрецы на вопрос одной знатной матроны: «Что делал Творец после того, как сотворил мир?», — «Сидел и играл с китом, ведь кит и создан для того, чтобы играть с ним». И означает кит соединение и слияние. То есть соединение Творца и творений — это лишь игра, а не желание и необходимость. А разница между игрой и желанием в том, что все исходящее из желания является необходимостью, и если не получают желаемого, ощущают его недостаток, в то время как в игре, даже если не достигают чего-то, не считается, что этого не хватает. Как говорится, не беда, если не получил то, на что рассчитывал, не столь важно, ведь желание получить это было лишь игрой, а не всерьез.

Выходит, что цель совершенства в том, чтобы работа его была абсолютной отдачей и не было у него никакого желания получить какое-либо наслаждение за свою работу. А это высокая ступень, поскольку так поступает сам Творец. И день Творца называется совершенством, как сказано: «Померкнут утром звезды, ожидают они свет, но исчезнут». Ведь свет является совершенством.

А когда достигает человек другой природы, то есть желания отдавать, которое дает ему Творец взамен его первой природы — желания получать наслаждение, тогда с этим желанием отдачи способен человек работать на Творца в совершенстве, и это называется днем Творца.

Поэтому тот, кто еще не удостоился другой природы, дающей возможность работать на Творца отдавая, но надеется, что удостоится отдачи, и уже приложил усилия и сделал все, что в его силах, чтобы получить в награду эту силу, — тот называется ожидающим дня Творца, то есть ожидающим, чтобы его свойства стали подобны свойствам Творца. И когда наступает день Творца — он в великой радости от того, что освободился от власти желания получать ради себя, которое отделяло его от Творца, и сейчас он сливается с Творцом, а это расценивается им как достижение вершины.

Тогда как тот, вся работа которого — лишь для получения ради себя, наоборот, радуется лишь тогда, когда думает, что получит какое-то вознаграждение за свою работу. Когда же видит, что его эгоизм не получает никакого вознаграждения, становится грустным и безрадостным, и иногда даже возвращается к тому, от чего уже отказался, говоря, что если бы знал заранее, то не отказывался бы. И тогда, если скажут ему, что его вознаграждением за занятия Торой и заповедями будет день Творца, то есть что получит он силу отдачи – то ответит он, что это темнота, а не свет. Ведь известие это приносит ему ощущение тьмы.

17. Нечистая сила называется «Царство без короны»

Услышано в 1941 г. в Иерусалиме

«Корона» означает Кетер. А Кетер – это Создатель и Корень, с которым связана святость своим подобием свойств. И как наш корень, Творец все отдает творениям, так и свойство святости в человеке все отдает Творцу.

Тогда как в нечистых силах человека все намерения только «ради себя», и потому не связаны с корнем, с Кетером. Поэтому сказано, что нечистая сила не имеет Кетера, так как отделена от него.

И отсюда можно понять сказанное в Талмуде (Санедрин, 29): «Всякий добавляющий, уменьшает» – ведь добавляет к расчету и этим уменьшает.

Известно, что расчет ведется только в Малхут (царство), и лишь она определяет высоту уровня ступени, достигаемую за счет ее отраженного света. Малхут называется «желание насладиться ради себя». А когда Малхут аннулирует свое эгоистическое желание, то есть не хочет для себя ничего, как только отдавать Творцу, сделавшись подобной корню, все желание которого лишь в отдаче – тогда Малхут, называемая «Я» (ани – буквы: алеф-нун-йуд), превращает себя в «ничто» (эйн – буквы: алеф-йуд-нун). И лишь так она получает в себя свет Кетер, выстраивая себя из двенадцати парцуфим святости.

Если же она желает получать себе, то обращается «дурным глазом». То есть вместо того, чтобы обратиться в «ничто» (эйн), отменив себя перед Корнем, Кетером, становится «глазом» (аин), свойство которого — все видеть и знать. И это называется «добавить», ведь хочет добавить знание к вере и работать согласно своему разуму, говоря, что стоит работать на основе знания и тогда эгоизм не воспротивится такой работе. И этим добавлением приводит к «уменьшению», ведь отделяется от Кетера, от желания отдавать, то есть от корня из-за отличия свойств. И поэтому называется нечистая сила Царством без короны (Малхут без Кетера), то есть Малхут теряет связь с Кетером и остается лишь с одиннадцатью парцуфим — без Кетера.

И в этом смысл сказанного: «99 умирают от дурного глаза», потому что нет у них связи с Кетером, а их Малхут жаждет наслаждений ради себя, не желая отменить себя перед Корнем, перед Кетером. И не хотят они обратить «Я», которым называется желание насладиться, — в «ничто», отменив свой эгоизм. А вместо этого желают добавить знания, что называется «дурным глазом». И потому падают со своей ступени, потеряв связь с корнем, о чем сказано: «Гордящийся собой не может быть вместе с Творцом».

Ведь гордец считает, что существует две власти. А если бы отменил себя перед Творцом в стремлении отдавать Ему, подобно желанию корня, была бы тогда лишь одна власть Творца. А все, что получает человек в мире — только для того, чтобы отдавать Творцу.

Поэтому сказано: «Весь мир создан только для меня, а я создан, чтобы отдавать Творцу». И потому обязан я пройти все духовные ступени, чтобы суметь все отдать Творцу и служить Создателю.

18. В потемках плачь, душа моя

Услышано в 1940 г. в Иерусалиме

Когда нисходит на человека скрытие духовного, и он входит в такое состояние, что не ощущает никакого вкуса в духовной работе, никак не способен представить себе и ощутить любовь и трепет, и не в состоянии ничего сделать с намерением отдачи — нет у него иного выхода, как только плакать и взывать к Творцу, чтобы сжалился над ним и снял затемнение с его глаз и сердца.

В духовной работе плач — необычайно важное состояние. Сказано мудрецами: «Все врата к Творцу закрыты, кроме ворот слез». И недоумевает мир: «Если врата слез открыты — зачем вообще остальные ворота?»

Подобно тому, как человек просит кого-то другого о чем-то очень для себя важном, и когда видит, что тот остается непреклонен и бесполезно дальше просить, то разражается слезами. Поэтому сказано: «Все врата закрыты, кроме ворот слез». Только, когда все ворота закрываются, становится видно, что врата слез открыты.

А пока не ясно, что закрыты врата молитвы — не видно, что открыты врата слез, а значит заперты, ведь человек думает, что есть еще какой-то выход из его состояния. И лишь когда закрываются все остальные ворота, тогда открываются врата слез.

Поэтому сказано «В потемках плачь душа моя»: когда человек достигает полных духовных потемок, тогда только его душа начинает плакать, потому что нет иного выхода. Поэтому сказано: «Все, что в твоих силах сделать, делай!».

19. Почему Творец ненавидит тела (желание насладиться ради себя)

Услышано в 1943 г. в Иерусалиме

Книга Зоар говорит, что Творец ненавидит тела, то есть желание насладиться ради себя, которое называется «тело». Но ведь Творец создал мир во славу Себе, как сказано: «Каждого, названного именем Моим, во славу Мою сотворил Я, создал и сделал» (Исайя), и поэтому тело требует, чтобы все было лишь для него, то есть ради его пользы. Творец же говорит наоборот —

что все должно быть ради Творца. А потому сказали мудрецы, что не может Творец оставаться в одном месте с себялюбцем.

Получается, главное, что отделяет человека от слияния с Творцом — это его эгоистическое желание. И это раскрывается, когда приходит «грешник», то есть желание насладиться ради себя, и спрашивает: «Почему ты хочешь работать на Творца?» И можно подумать, что это вопрос человека, желающего понять своим разумом. Однако это не правда, потому что он не спрашивает, для кого человек работает, что было бы разумным вопросом, который возникнет у любого, обладающего разумом.

Но вопрос грешника — это вопрос телесный, ведь он спрашивает: «А для чего тебе эта работа?», то есть какую выгоду ты получишь от усилий, которые прикладываешь? Если ты не работаешь для своей пользы, так что от этого получит твое тело, называемое желанием насладиться ради себя?

И поскольку это претензии тела, то нечего ему возражать, а просто «дать ему в зубы», ведь сказано о нем, что «даже если бы был там (во время исправления), все равно бы не спасся», поскольку для эгоистического желания не будет исправления даже во времена избавления. Ведь при избавлении весь выигрыш достанется келим отдачи, а не келим получения.

А желание насладиться ради себя должно всегда оставаться неудовлетворенным, ведь его наполнение означало бы подлинную смерть — поскольку мир создан Им только во славу Творцу, но с желанием насладить сотворенных, а не Себя. И именно когда человек говорит, что создан, чтобы прославить Творца — то в этих келим раскрывается замысел творения насладить сотворенных.

Поэтому человек должен всегда проверять себя: какова цель его работы? Приносят ли все его действия удовольствие Творцу, ведь человек желает стать подобным Ему, чтобы «все его действия были только ради Творца». И работает он лишь с целью доставить наслаждение Творцу, своему Создателю.

А своему эгоистическому желанию он должен сказать: «Я уже решил не получать никакого наслаждения для твоего удовольствия, ведь твое желание разделяет меня с Творцом из-за различия свойств, создающего разрыв и удаление от Творца.

И не должен человек терять надежду, хотя и не в силах освободиться от власти своего эгоизма, а потому постоянно находится то на подъеме, то в падении. Но все же верит, что придет день и удостоится того, что свет Творца откроет ему глаза и даст силу преодоления, чтобы смог работать только ради Творца. О чем написано: «Одного прошу я у Творца, лишь одного ищу» (Псалом 27) «Одного» — то есть святую Шхину, «чтобы пребывать мне в доме Творца все дни жизни моей». Ведь домом Творца называется святая Шхина.

И пойми, о чем сказано: «И возьмите вы себе (плод этрога и т.д.) в первый день отсчета времен года, и веселитесь». Какая же радость в том, что начинается отсчет времен года? Но мы должны знать, насколько важны наши усилия, приводящие к контакту человека с Творцом, когда человек чувствует, как необходим ему Творец. Ведь смотря на все свои усилия, он видит, что кроме Творца, нет никого в этом мире, кто бы мог спасти его из того состояния, в которое он попал, не в силах сбежать оттуда. И это означает, что есть у него прочная связь с Творцом, когда лишь о Творце все его мысли, в надежде, что Творец поможет ему — иначе видит, что пропадет.

Если же удостаивается личного управления над ним Творца и видит, что все делает Творец, как написано: «Лишь Он один совершает и будет совершать все действия», то человеку как бы нечего к ним добавить, и нет тут места молитве, чтобы Творец помог ему, поскольку человек видит, что и без его молитвы все делает Творец. А потому нет у него возможности совершать добрые дела, так как видит, что и без него все будет сделано Творцом. А если так, то не нужен ему Творец, который бы помог ему что-то сделать. Но тогда нет у человека никакого контакта с Творцом, ведь не нуждается в Нем настолько, что если Творец не поможет ему — то он пропадет.

Получается, что он потерял связь с Творцом, которая была, когда человек прилагал усилия. И подобно это человеку, находящемуся между жизнью и смертью, который просит товарища спасти его со смертного одра. Как же он в таком случае просит? Конечно же изо всех своих сил он просит товарища, чтобы сжалился над ним и спас его от смерти. И не забудет о молитве ни на мгновение, ведь видит, что иначе потеряет свою жизнь.

Если же человек просит товарища о вещах второстепенных, то не молит так преданно и настойчиво, чтобы выполнил его просьбу, не отвлекаясь ни на мгновение. Выходит, что если речь не идет о спасении души, то просящий не слишком-то сильно прилепляется к дающему. Поэтому, когда человек чувствует, что должен просить Творца спасти его от смерти, то есть из состояния, которое называется «грешники при жизни своей считаются мертвыми», тогда возникает прочный контакт человека с Творцом. Потому работа праведника — вознуждаться в помощи Творца, иначе чувствует, что пропал. И это то, о чем мечтают праведники — о возможности работать, чтобы возникла у них тесная связь с Творцом.

И если Творец дает им возможность работы, то велика радость праведников — а потому рады, что начинается новый отсчет времен года, поскольку появляется у них место для работы. Ведь теперь они нуждаются в Творце и могут достичь с Ним тесной связи — тогда как не положено приходить во дворец Царя без надобности.

И об этом написано: «И возьмите вы себе» — именно «вы себе», ведь «все в руках небес, кроме страха перед небесами». То есть Творец может дать свет и изобилие — поскольку есть у Него свет! Но не в Его власти тьма и неудовлетворенность ощущаемая человеком.

Однако лишь из ощущения недостатка рождается трепет пред небесами. А место недостатка называется желанием насладиться и только в нем есть над чем работать человеку, ведь оно сопротивляется, и тело спрашивает: «Что дает тебе эта работа?!» И нечего человеку ответить на его вопрос, а должен принять на себя бремя власти Творца выше своего разума — «как вол под ярмом и осел под поклажей» без всяких возражений. То есть «сказал Он — и выполним Его желание». И это то, что называется «вы себе» — то есть эта работа относится именно к вам, а не ко Мне, ведь к ней обязывает человека его желание насладиться.

Если же Творец дает ему какое-то свечение свыше, то его эгоизм склоняется, и человек отменяет себя словно свеча перед факелом. И тогда уже нет у него возможности приложить усилия, ведь ему не нужно через силу принимать власть Творца, словно «вол под ярмом и осел под поклажей». Как написано: «Любящие Творца — возненавидьте зло!», поскольку лишь из средоточия зла рождается любовь к Творцу. То есть насколько сильно он ненавидит зло, видя как его эгоизм мешает ему достичь цели — в этой мере и нуждается в любви к Творцу. А если не ощущает в себе зла, то не способен заслужить любовь к Творцу — ведь она совсем ему не нужна, поскольку и так уже чувствует удовлетворение от своей работы.

Поэтому нечего человеку сетовать, что вынужден работать над своим эгоизмом, когда тот мешает человеку в работе, и конечно бы ему хотелось, чтобы эгоизм исчез из тела и не донимал его своими вопросами, не мешая ему исполнять Тору и заповеди.

Но обязан человек верить, что это свыше указывают его эгоизму создавать ему помехи в работе, ведь таким образом Творец дает ему силу раскрыть свое желание насладиться. И именно когда пробуждается его эгоизм, возникает у него возможность работать над укреплением связи с Творцом, чтобы помог человеку обратить желание наслаждаться в намерение ради отдачи.

И должен человек верить, что этим доставляет удовольствие Творцу, когда просит приблизить его к слиянию с Творцом, означающему подобие свойств и отмену эгоизма, чтобы работать на отдачу. И об этом сказал Творец: «Победили Меня сыны Мои». То есть Я дал вам желание насладиться, а вы просите Меня дать вместо него желание отдавать.

А из этого пойми притчу, приведенную в Гмаре: однажды рабби Пинхас Бен Яир отправился выкупать пленных. И преградил ему путь ручей по имени «Гинай». Сказал ему рабби Пинхас: «Расступи свои воды и дай мне пройти». Ответил ему ручей: «Ты идешь выполнить желание своего Господина, а я своего. Ты может быть выполнишь, а может и нет — я же непременно выполню».

И объясняется, что сказал рабби Пинхас ручью, олицетворяющему эгоистическое желание, чтобы дал ему пройти через него и дойти до ступени, где исполнит желание Творца, то есть будет действовать только ради отдачи, доставляя наслаждение своему Создателю. А ручей, то есть эгоизм, ответил ему, что раз уж Творец создал его с такой природой, стремящейся получать удовольствие и наслаждения, то не хочет он изменять свою природу, данную ему Творцом. И начал рабби Пинхас Бен Яир воевать с ним, стремясь обратить его в желание отдачи — а это означает войну с творением, которое создано Творцом с эгоистической природой, желающей насладиться. И в этом — все созданное Творцом творение, называемое сотворенным «из ничего».

И знай, что когда во время работы эгоизм подступает к человеку с возражениями, бессмысленно вступать с ним в любые споры и не помогут никакие разумные доводы, ведь человеку кажется, что его претензии справедливы, и никогда не сможет победить свое зло. А просто, как написано: «Дай ему в зубы» — то есть действуй, а не спорь. И значит, нужно собрать как можно больше сил и действовать принуждением, в чем тайный смысл сказанного: «Принуждают его, пока не скажет — желаю я!» Ведь в мере больших стараний привычка становится второй натурой.

И главное для человека, стараться обрести сильное желание достичь отдачи и превозмочь свой эгоизм. А сила желания измеряется количеством задержек и остановок — то есть по тому, сколько времени проходит между одним преодолением и другим, когда человек вдруг прерывается посредине и испытывает падение. И это падение может задержать его на мгновение или на час, или на день, или на месяц. А потом он снова начинает работать над преодолением своего эгоизма и старается достичь отдачи.

А сильным желанием называется такое, когда прерывание не отнимает у него много времени, и он тут же снова пробуждается к работе. И подобно это человеку, желающему разбить большой камень и берущему большой молот. И стучит он по камню целый день, нанося множество ударов, но все они слабые. То есть не бьет по камню с размаха, а медленно и неспешно опускает свой огромный молот. И тогда он начинает жаловаться, что эта работа не для него, и конечно нужен богатырь, чтобы разбить эту глыбу. И заявляет, что не родился настолько сильным, чтобы суметь одолеть такой камень.

Но если человек поднимает этот огромный молот и сильно бьет по камню с размаха — не медленно и понемногу, а вложив все свои силы, то тут же поддается камень и рассыпается под молотом.

И об этом сказано: «Как сильный молот разбивает скалу». Так же и в духовной работе, чтобы ввести получающее кли в святость — хотя и есть у нас сильный молот, то есть слова Торы, дающие нам добрые советы, но если действовать им не быстро и настойчиво, а с большими перерывами, то человек сбегает с поля битвы и говорит, что не рожден для этого, а здесь нужен тот, кто родился с особыми способностями к этой работе.

Однако должен человек верить, что каждый может достичь цели и надо лишь стараться всякий раз прикладывать все большие силы для преодоления, и тогда сможет быстро разбить свой камень.

А также знай: чтобы усилия человека привели его к контакту с Творцом, нужно выполнить одно очень трудное условие — принимать эти усилия как высочайшую ценность, то есть считать для себя самым важным. Если же человек не ценит свои усилия, то не сможет работать в радости, то есть радоваться тому, что сейчас достиг связи с Творцом.

Именно это символизирует этрог, как написано о нем — «плод великолепного дерева», чистота которого должна быть превыше запаха.

Известно, что есть три качества: 1) великолепный вид 2) запах 3) вкус.

Вкус означает, что света проходят сверху вниз, то есть ниже рта, где находится нёбо и ощущается вкус, то есть света попадают в получающие келим.

Запах означает, что света идут снизу вверх, попадая в отдающие келим, в таинстве: «получает, но не отдает» ниже нёба и горла, что означает: «и вдохнут в него дух трепета пред Творцом» (Исайя), как сказано о Машиахе. Известно, что запах относится к носу.

Великолепие — это красота, которая превыше носа, то есть не имеющая запаха. Значит, нет там ни вкуса, ни запаха — а что же тогда в нем есть, позволяющее ему удерживаться в своем состоянии? А есть в нем лишь великолепие, и это то, что его поддерживает.

Мы видим, что этрог великолепен как раз до того, как станет пригоден в пищу. Когда же становится пригоден в пищу, то теряет свое великолепие. И это намекает на работу «первого дня отсчета времен года», ведь именно во время работы, называемой «и возьмите вы себе», то есть принятия на себя бремени власти небес, когда тело сопротивляется такой работе, — возникает радость от ее значимости. То есть во время работы познается ее великолепие, и человек радуется этой работе, ведь ценит ее превыше всего, а не пренебрегает ею.

Случается, что человек чувствует пренебрежение к работе для Творца, и это сумрачное ощущение, когда он видит, что некому спасти его из этого состояния — кроме Творца, чтобы смог он принять на себя Его власть верой выше знания, словно «вол под ярмом и осел под поклажей». И должен радоваться, что сейчас у него есть, что отдать Творцу, и Творец наслаждается этим подарком.

Но не всегда есть у человека силы говорить, что это прекрасная работа, имеющая высочайшую ценность — а напротив, стыдится этой работы. И очень трудно человеку выполнить это условие и суметь сказать, что предпочитает такую работу больше, чем работу «в свете дня», при которой не ощущает тьмы во время работы, а находит в ней вкус, ведь не должен бороться со своим эгоизмом, заставляя его принимать на себя власть Творца верой выше знания.

И если он превозмогает себя и может сказать, что ему приятна эта работа, поскольку сейчас он выполняет заповеди верой выше знания, считая эту работу прекрасной и самой ценной, то это называется радостью заповеди.

А потому молитва важнее, чем ответ на нее. Ведь в молитве есть у человека возможность приложить усилия, и он нуждается в Творце, уповая на Его милость. И тогда достигает настоящего контакта с Творцом и попадает во дворец Царя. И напротив, с ответом на молитву он уже выходит из царского дворца, ведь уже получил то, что просил.

И из этого пойми сказанное: «Ароматом масел твоих благородных истекает благоухание имени Твоего» (Песнь Песней). Маслом называется высший свет, в то время, когда проливается изобилием. Истекает — значит прекращается изобилие, и остается запах от масла. (То есть все же остается у человека воспоминание о том, что у него было. Но великолепие и высшая ценность обретаются тогда, когда не остается у него никакой зацепки, то есть не светят ему даже воспоминания.)

И таковы Атик и Арих-Анпин. В то время, когда свет проливается изобилием — это называется Арих-Анпин, и является уровнем хохма, то есть открытым управлением. А Атик происходит от слова «отделить» (ве-яатэк), ведь в нем исчезает свет и перестает светить, что называется скрытием. И тогда наступает время сопротивления облачению света, и это время получения царской короны (кетера) или царства (малхут) светов — то есть царства Творца.

И об этом, как сказано в книге Зоар, говорит святая Шхина рабби Шимону: «Невозможно Мне скрыться от тебя». Ведь даже в самое сильное скрытие, из всех возможных, он все равно принимает на себя власть Творца с огромной радостью — потому что следует по пути отдачи, и все, что есть у него, отдает Творцу. А если Творец дает ему больше — он больше отдает. А если нечего ему отдать, то останавливается и кричит отчаянно, словно пойманная птица, чтобы спас его Творец из злобных, бурных вод — а значит и тогда не теряет контакт с Творцом.

И называется это свойство «древним» (атик), поскольку Атик — это самая высокая ступень, ведь чем выше любое свойство от облачения, тем оно считается более высоким. И у человека есть возможность чувствовать именно в самом абстрактном месте, называемом абсолютным нулем, потому что туда не касается рука человека. То есть эгоизм может цепляться только за то, где есть какое-то присутствие света. И до того, как человек очистит свои келим, чтобы не повредили свету, невозможно ему принять свет облаченным в свои келим.

И только когда идет путем отдачи, где не остается места для его эгоизма, ни в разуме, ни в сердце — там может проявиться свет в абсолютном совершенстве, и свет раскрывается человеку как ощущение величия высшего света.

Если же человек еще не исправил свои келим, чтобы служили ради отдачи, то когда свет хочет в них облачиться, вынужден свет сократить себя и может светить лишь в мере чистоты келим. И тогда кажется, будто свет уменьшил себя. Поэтому только в то время, когда свет не облачается в келим, он может светить в абсолютном совершенстве и ясности без всяких сокращений ради пользы низшего.

Выходит что работа важна именно в то время, когда человек приходит к абсолютному нулю, то есть когда видит, что отменяет всю свою реальность и свою личность, и потому эгоизм теряет всякую власть — и только тогда может человек войти в святость.

Знай, что «одно против другого создал Творец». То есть в мере раскрытия святости — в той же мере просыпается и «нечистая сила» (ситра ахра). И когда человек требует: «Все мое!», заявляя, что все его тело принадлежит святости, то в ответ и нечистая сила также требует, что все тело должно служить нечистой силе.

Поэтому должен человек знать, что если его тело утверждает, будто принадлежит нечистой силе, и изо всех сил вопрошает известные вопросы: «Что? и Кто?» — это знак того, что человек идет путем истины, то есть все его намерение доставить удовольствие Создателю.

Вот почему самая главная работа происходит именно в этом состоянии, и должен человек знать, что это признак того, что работа эта направлена прямо к цели. И значит, он воюет и посылает свою стрелу прямо в голову змея, поскольку тот кричит и возражает: «Что и Кто?», что означает: «Что дает тебе эта работа?», то есть, что ты выиграешь, работая лишь на благо Творца, а не для себя самого? А возражение «Кто?» — означает вопрос Фараона, который спрашивает: «Кто такой Творец, чтобы я слушался Его голоса?»

И на первый взгляд может показаться, что вопрос «Кто?» — это вопрос разумный, ведь в этом мире заведено, что если человека посылают работать у кого-то, он спрашивает: «У кого?» Поэтому, когда тело спрашивает: «Кто такой Творец, чтобы я слушался Его голоса?» – это разумная жалоба. Но поскольку разум не существует сам по себе, а служит лишь зеркалом наших ощущений, которые отражаются в разуме, то сказано: «судят по ощущениям».

Разум судит лишь согласно тому, что говорят ему ощущения, заставляя его изыскивать какие-то средства и уловки, чтобы удовлетворить требования чувств. То есть разум стремится обеспечить чувствам все, что они требуют, сам же по себе он ничего не значит и ничего не требует. Поэтому, если ощущения человека требуют отдачи, то и разум работает в направлении отдачи и не задает никаких вопросов, ведь он лишь обслуживает чувства.

И подобен разум человеку, который смотрится в зеркало, чтобы проверить не грязный ли он, и если зеркало показывает ему, что он испачкался, так он идет мыться и чиститься. Ведь зеркало показывает ему, что есть на его лице такие уродливые отметины, которые нужно очистить.

Однако, самое сложное – это узнать, а что же считается уродством? Может это эгоизм, при котором тело требует все делать лишь ради себя самого? Или желание отдавать – это уродство, которое невыносимо телу? И не в силах разум это понять, словно зеркало не способное сказать – что уродливо, а что красиво, а все это зависит от ощущений, и лишь они все определяют.

Поэтому, когда человек приучает себя работать через силу – работать в отдаче, то и разум начинает действовать в направлении отдачи, и тогда совершенно нереально, чтобы разум спросил: «Кто?», когда все чувства уже привыкли работать на отдачу. То есть ощущения человека уже не спрашивают: «Что дает вам эта работа?», ведь уже работают ради отдачи, и само собой, разум не спрашивает: «Кто?»

Получается, что главная работа происходит над вопросом «Что дает вам эта работа?», а то, что человек слышит, как его тело все же задает вопрос: «Кто?» – так это потому, что тело не хочет уж слишком унижать себя и потому спрашивает: «Кто?», чтобы показалось, будто это вопрос разума. Однако истина в том, что главная работа – это работа над вопросом: «Что?»

20. Лишма

Услышано в 1945 г.

«Лишма» — это намерение ради Творца, и чтобы достичь намерения лишма, человек должен удостоиться помощи свыше, в виде высшего света. И не в состоянии разум человеческий понять как это возможно, а только уже удостоившиеся этого знают и говорят остальным: «Попробуйте и увидите, как прекрасен Творец».

Поэтому, когда человек готовится принять на себя духовные законы, что называется «бременем власти небес», это его решение должно быть абсолютным, то есть полностью на отдачу, а не на получение. И если человек видит, что не все его желания (духовные органы) согласны с этим решением, нет ничего, что могло бы помочь ему, кроме молитвы — когда бы в молитве излил Творцу все чаяния сердца своего, прося помочь ему в том, чтобы его тело согласилось стать рабом Творца (то есть его желания согласились уподобиться желаниям Творца).

Но не говори, что раз «лишма» — это подарок свыше, то бесполезны все усилия человека и все совершаемые им исправления в попытках достичь отдачи, если все зависит лишь от Творца. Ведь именно на это и сказано мудрецами: «Не имеет человек права освободить себя от этой работы, а обязан достичь такого собственного требования и стремления к «лишма», которое бы стало молитвой, ведь без молитвы невозможно этого достичь».

Однако не может родиться в нем подлинная молитва, пока не поймет, что без нее невозможно достичь «лишма». Поэтому с помощью всех усилий, которые он прилагает, стараясь достичь «лишма», возникает в нем истинное желание (исправленное кли) получить это свойство отдачи. И уже после всех его действий, он может прийти к настоящей молитве, потому что видит, что все его усилия ни в чем не могут ему помочь. Только тогда рождается в нем подлинная молитва из самой глубины его сердца, а Творец слышит эту молитву и дает ему в подарок свойство отдачи — «лишма».

Необходимо также знать, что обретая свойство «лишма», человек убивает свое эгоистическое намерение «ради себя», называемое «злое начало», потому что злое начало означает «получение ради себя». А удостаиваясь свойства отдавать, человек аннулирует это намерение «ради себя». И так он убивает свой эгоизм, то есть уже более не использует свое намерение «ради себя». А сделавшись невостребованным и лишившись своей роли, оно обращается в мертвого.

Но если человек даст себе отчет, а что же он приобрел в итоге всех своих усилий, то увидит, что не так уж и тяжело поработить себя Творцу, по двум причинам:

1. Ведь, так или иначе, желая того или нет, он все равно обязан работать в этом мире.

2. Однако если он работает «лишма», ради Творца, то получает наслаждение от самой работы.

И по этому поводу вспомним пример Магида из Дубны, объясняющего фразу: «Но не Меня призывал ты, Яков, ибо тяготился ты Мной, Исраэль» — ведь человек, работающий на Творца, испытывает во время своей работы не тяжесть, а наслаждение и вдохновение.

Но работающий с иной целью, не ради Творца, не может прийти к Нему с претензиями, почему Творец не помогает ему во время его усилий, посылая силу и вдохновение. Ведь он работает ради иной цели. А только к тому, ради кого он работает, и может обращаться с жалобами, чтобы дал ему энергию и наслаждение во время работы. И про такого человека сказано: «Пусть подобными им будут боги их и все, кто полагается на них». (Псалом 115)

Но не удивляйся, почему в то время, когда человек принимает на себя власть Творца, то есть желает работать ради Него, он не ощущает никакого воодушевления и вдохновения, ощущения жизни и наслаждения, чтобы все это обязало его принять на себя намерение «ради Творца». А наоборот, человек обязан принять это условие «ради Творца» против своего желания, не ощущая от этого ничего приятного, когда тело совершенно не согласно на такое рабство — почему в таком случае Творец не даст человеку приятное ощущение?

А все дело в том, что это огромная помощь со стороны Творца, ведь если бы эгоизм человека был согласен с намерением «ради Творца», человек никогда бы не смог достичь «лишма», а навсегда остался в намерении «ради себя». Подобно тому, будто вор бежит перед толпой и громче всех кричит: «Держите вора!», и совершенно непонятно, кто вор, чтобы поймать его и отобрать краденное.

Но когда вор, то есть эгоизм, не ощущает ничего приятного в намерении «ради Творца» и не готов принять на себя Его власть, то тело приучает себя работать против желания, и тогда есть у него средства, способные привести его к намерению «ради Творца», чтобы его целью было лишь одно – доставить наслаждение Творцу.

Ранее все его усилия были против желания, а когда уже приучил себя работать на отдачу, «ради Творца», то достигает наслаждения от самой работы. И это означает, что и его наслаждение – также Творцу.

21. Время подъема

Услышано 23 Хешвана (9 Ноября 1944 г.)

Когда человек ощущает себя во время духовного подъема, когда есть у него вдохновение, нет у него желания ни к чему, кроме как к духовному. В таком состоянии полезно изучать тайные части Торы, чтобы постичь ее внутреннюю часть.

И хотя человек видит, что, несмотря на все его усилия понять хоть что-нибудь, он все равно ничего не постигает, все же полезно в таком состоянии пытаться проникнуть в тайны Торы. Причем, изучать даже сотню раз один и тот же текст, и не разочаровываться, что ничего не понял, говоря себе, что нет никакой пользы от такой учебы.

Есть две причины такого отношения к учебе:

1. Когда человек изучает что-то и стремится понять, само стремление его называется «молитва». Молитва – это то, что желает человек, к чему он стремится, его ненаполненное желание, то есть стремление, чтобы Творец наполнил его желание. А сила молитвы измеряется силой стремления, ведь чего больше

всего недостает — к тому человек больше всего и стремится. И в мере ощущения недостатка — мера стремления.

Есть правило, что именно там, где человек прикладывает больше всего усилий, он этими усилиями увеличивает свое желание и хочет получить наполнение. А желание называется «молитва», работа в сердце, поскольку «Творец требует сердце». Поэтому именно после вложения больших усилий, человек способен на настоящую молитву.

Ведь когда он изучает Тору, его сердце обязано освободиться от других желаний и дать силу разуму, чтобы был в состоянии освоить изучаемое. Но если нет желания в сердце, разум не в состоянии освоить изучаемое. Поэтому сказано: «Человек учит только то, к чему тянется его сердце».

А для того чтобы была принята его молитва, она должна быть полной. Поэтому, если отдается изучению полностью, то этим рождает в себе совершенную молитву, которая принимается Творцом и удостаивается ответа. Ведь Творец слышит молитву, но есть условие: «Молитва должна быть полной, чтобы не было в ней примесей иных желаний».

2. Поскольку человек отделился в какой-то мере от эгоизма и стал ближе к «отдаче», в таком состоянии он скорее способен соединиться с внутренней частью Торы, которая раскрывается тем, кто достиг подобия Творцу, ведь «Тора, Творец и Исраэль — одно». Тогда как, если человек еще находится в эгоистических желаниях, то он относиться к внешней части Торы, а не к внутренней.

22. Тора «лишма»

Услышано 9 Шевата (6 Февраля 1941 г.)

Сутью Торы «лишма» (ради Торы, ради Творца) является такое изучение Торы, когда человек учит, чтобы знать совершенно точно в своем постижении, без всяких сомнений в истинности своего знания, что «есть суд и есть судья».

«Есть суд» означает, что действительность видят такой, какой она предстает перед нашими глазами, то есть мы убеждаемся, что когда работаем в вере и отдаче, то растем и поднимаемся изо дня в день, потому что каждый раз видим изменение к лучшему.

И наоборот, когда мы работаем для получения и ради знания, то видим, что опускаемся день ото дня до наинизшего состояния, какое только возможно.

И когда мы смотрим на эти два состояния, то видим, что есть суд и есть судья, потому что если не исполняем законы истинной Торы, немедленно получаем наказание. А потому понимаем, что есть справедливый суд, то есть видим, что именно это наилучший путь, способный и достойный привести нас к истине.

И поэтому называется суд справедливым, ведь только таким путем можно прийти к намеченному совершенству. То есть понимаем в знании, в полном и абсолютном осознании, выше которого нет, что только верой и отдачей можно достичь Цели творения.

Поэтому, если учим ради достижения этой цели — постичь, что есть суд и есть судья, то это называется «Тора лишма». И это является смыслом сказанного: «Велико учение, ведущее к действию». На первый взгляд надо было бы сказать — ведущее к действиям, а не к действию, во множественном числе, а не в единственном, то есть, что сможет совершить множество действий.

Но дело в том, что изучение должно привести его только к одному — к вере. А вера называется «единственной заповедью», «склоняющей к заслугам чашу весов суда над всем миром». Вера называется также «действием», потому что всякий, совершающий что-либо, должен иметь на то причину, обязывающую совершить это действие согласно знанию. И это как бы общее между разумом и действием.

Но если речь идет о том, что выше знания, когда знание не позволяет человеку совершить действие, а совсем наоборот, то нужно признать, что в таком действии совершенно нет разума, а одно только действие. И в этом смысл сказанного: «Совершивший одну заповедь, счастлив, что склонил себя и весь мир к чаше заслуг», что означает — «велико учение, ведущее к действию», то есть к действию без знания, называемому «выше знания».

23. Любящие Творца, ненавидьте зло

Услышано 17 Сивана (2 Июня 1931 г.)

Сказано: «Любящие Творца, ненавидьте зло! Хранит Он души преданных Ему, спасает от рук злодеев» (Псалом 97). А смысл в том, что недостаточно того, что человек любит Творца и желает достичь слияния с Ним — а должен также ненавидеть зло.

Ненависть ко злу означает ненависть к своему эгоизму, желанию насладиться. Человек видит, что нет никакой возможности освободиться от зла, но вместе с тем, он ни в коем случае не согласен смириться с ним и остаться в этом состоянии. Он ощущает ущерб, причиняемый злом, а также видит истину, что сам человек не в состоянии уничтожить зло в себе, потому что это его природа, созданная в нем Творцом, который впечатал в человека желание получать наслаждение.

И в таком случае говорят ему о том, что в его силах сделать: возненавидеть зло, и тогда Творец будет стеречь его от зла, как сказано: «Хранит Он души преданных Ему». А охрана Творца заключается в том, что Он «спасает их от рук злодеев». И поскольку появляется у человека связь с Творцом, даже самая незначительная, он уже обретает удачу и успех.

Но само зло остается и служит в качестве обратной стороны (ахораим) парцуфа. И достичь такого можно только с помощью исправлений. Если он совершенно искренне возненавидит зло, то этим исправит его обратную сторону.

А ненавидеть зло он должен потому, что если хочет удостоиться слияния с Творцом, то по обычаю, существующему между товарищами, должен каждый из них ненавидеть то, что ненавистно другому, и любить то и того, кого любит товарищ.

И тогда соединяются они вечным союзом, которого не разорвать во веки.

И поскольку Творец любит отдавать, низшие тоже должны стараться желать отдачи. И как Творцу ненавистно получение, поскольку Он абсолютно совершенен и не нуждается ни в чем, так и человек должен ненавидеть получение для себя.

Выходит из всего сказанного, что следует человеку возненавидеть свой эгоизм непримиримой ненавистью, ведь все разрушения в мире происходят только из-за этого эгоизма. И за счет этой ненависти он исправит желание насладиться и покорится святости.

24. Спасает их от рук злодеев

Услышано 1 Ава (21 Июля 1944 г.), в честь завершения книги «Зоар»

Сказано: «Любящие Творца, ненавидьте зло! И спасает их Творец от рук злодеев». И непонятно, какая связь между «ненавидят зло» и «спасает их от рук злодеев»?

А также сказано: «Создан мир только для абсолютных праведников или для законченных злодеев». Выходит, что для законченных злодеев стоило создавать мир, а для несовершенных праведников — нет?

Но дело в том, что со стороны Творца нет в мире ничего, что имело бы двойной смысл. А только у низших творений, получающих свыше, есть ощущение, согласно получаемому: ощущают себя хорошо или плохо, мир хорош или мир плохой. Потому что всякое выполняемое действие обдумывают заранее, ведь ничего не делают без цели: желают улучшить свое состояние или ухудшить состояние кого-то другого. Но бессмысленные и бесцельные действия — совершенно не подходят человеку, имеющему цель в жизни.

И согласно тому, как ощущают управление Творца в мире те, кто принимают это управление, — по своим ощущениям и определяют: хорошее оно или плохое.

Поэтому любящие Творца, то есть понимающие, что творение было создано для блага созданий и ради того, чтобы творения почувствовали это, — понимают, что ощутить это можно только в сближении и слиянии с Творцом. И если они чувствуют какое-то отдаление со стороны Творца, это называется у них злом и, в таком случае, они считают себя злодеями. Потому что нет в творении промежуточного состояния — либо человек ощущает Творца и Его управление, или же ему кажется, что все отдано на волю злой судьбы и рока.

А поскольку чувствует, что не может лгать себе в том, что ощущает и не ощущает, то ощущая истину, немедленно начинает взывать к Творцу, чтобы Творец сжалился над ним и вызволил из под власти нечистых сил и мыслей. И потому как человек взывает из осознания и ощущения истины, то Творец слышит его просьбу, как сказано: «Близок Творец ко всем, которые взывают истинно» и спасает его от рук злодеев (внутренних эгоистических желаний и мыслей).

Но до тех пор, пока человек не ощущает истины, то есть истинную меру заключенного в нем зла, пока не чувствует его в достаточной мере, которая бы толкнула его на крик к Творцу из необъятных страданий, ощущаемых им от осознания собственного злого эгоизма, своей природы, до тех пор еще не достоин спасения от этого зла. Потому что еще не раскрыл необходимое кли, готовое услышать молитву — то, что называется «из самой глубины сердца». Ведь он думает, что еще есть у него, кроме зла, что-то хорошее, доброе в мыслях и желаниях.

То есть он еще не проник во все глубины своего сердца, и в глубине сердца думает, что есть там хоть немного добра. И не обращает он внимания, есть ли в нем любовь и трепет по отношению к Торе и духовной работе. А потому не видит истины.

25. Исходящее из сердца

Услышано 1 Ава (21 Июля 1944 г.) на трапезе в честь завершения книги «Зоар»

«Исходящее из сердца входит в сердце». Но почему мы видим, что даже если вошло в сердце человека, он все равно духовно падает со своей ступени?

Дело в том, что когда человек слышит слова Торы от своего рава, он немедленно соглашается с ним и принимает на себя обязательство выполнять услышанное всем сердцем и душой. Но затем, когда попадает в другое окружение, смешивается с желаниями и мыслями большинства, занимающегося глупостями. И тогда он, его мысли, желания и сердце подчиняются большинству. А поскольку нет в человеке сил склонить весь мир на чашу заслуг, то мир подчиняет его себе, и он смешивается с их желаниями.

И тогда он как «стадо, ведомое на бойню». И нет у него никакого выбора — он обязан думать, желать и требовать то же, что требует большинство. В таком случае он выбирает чужие мысли, стремления и низменные страсти, противные духу Торы и нет у него никакой силы противостоять влиянию большинства.

В таком случае, есть для него один совет — привязаться к своему раву и книгам на внутреннем уровне, что называется, «питаясь от книг и их авторов». И только с помощью слияния с ними человек может изменить свои мысли и желания к лучшему. И никакие споры и уловки не помогут ему в таком случае изменить свои мысли. Спасение только в слиянии, поскольку слияние является чудесным средством, возвращающим к Источнику.

И только когда находится в святости, он может спорить с собой и красиво разглагольствовать о том, как разум обязывает его всегда идти дорогой Творца. Но после всех своих доводов и заумствований, с помощью которых рассчитывает победить свои нечистые желания (ситра ахра), он твердо обязан осознать, что все это ничего не стоит, и все это не то оружие, которым можно победить в войне с эгоизмом. Потому что все эти разумные доводы — лишь следствие вышеупомянутого слияния.

Все его разумные доводы, с помощью которых он строит свои выводы, что необходимо всегда идти путями Творца, основываются на слиянии с его равом. А как только потеряет эту основу, исчезнет вся сила этих доводов, ведь не на что будет ему сейчас опереться. Поэтому человеку ни в коем случае нельзя доверяться своему разуму, а лишь снова «прилепиться» к книгам и раву. Только это может помочь ему, а не разум и премудрости, потому что нет в них духа жизни.

26. Будущее человека зависит от его благодарности за прошлое

Услышано в 1943 г.

Сказано: «Велик Творец, и лишь ничтожный узрит Его», то есть только ничтожный может увидеть величие Творца. Буквы слова «якар» (дорогой) подобны буквам слова «якир» (знакомый), и это говорит о том, что в той мере, в которой дорога человеку вещь, настолько он оценивает ее значимость (величие). Ведь только в мере ее важности для него он восхищается, и восхищение приводит его к ощущению в сердце. И согласно его оценке, насколько он знает, понимает и осознает важность — в этой же мере и рождается в нем радость.

И возможно человек знает свою ничтожность и понимает, что не более важен, чем все его ровесники в обществе, однако видит, что есть миллионы в мире, которым Творец не дал сил духовно работать даже в самом простом виде, даже без намерения «ради Творца», даже эгоистически, не позволил даже начать путь к вечности.

А он удостоился того, что Творец дал ему желание и мысли хотя бы иногда быть в духовной работе, пусть даже самой простой. И если человек может оценить такое отношение Творца к себе, в мере важности, которую придает духовной работе, в той же мере он должен благодарить и восхвалять Творца. Ведь это истина, что мы не в состоянии оценить важность того, что иногда можем выполнить Заповедь (желание) Творца, даже без нужного намерения. И в таком случае он достигает ощущения величия и радости в сердце.

А вследствие восхваления и благодарности, которые возносит Творцу, расширяются его ощущения и проникается он каждой деталью духовной работы, постигая Кому он является рабом, вследствие чего поднимается все к новым вершинам.

И в этом смысл сказанного: «Благодарю я Тебя за всю милость Твою ко мне!», то есть за прошлое. И немедленно с уверенностью продолжает: «И за то, что в будущем Ты сделаешь для меня!»

27. Велик Творец, и только ничтожный узрит Его

Услышано в Шаббат Трума (5 Марта 1949 г.) в Тель-Авиве

«Велик Творец, и только ничтожный узрит Его» (Псалом 138). Как может быть подобие с Творцом, когда человек получает, а Творец дает? Об этом сказано: «Велик Творец, и только ничтожный узрит Его». Если человек аннулирует свое «Я», пропадает все его самостоятельное эгоистическое мнение и власть, которая отделяет его от Творца, и тогда он видит Творца, то есть удостаивается света хохма, света мудрости и познания.

Но гордый и заносчивый – далек от Творца. Тот, кто остается в своем эгоизме, в своем «Я», в своей власти, тот отдаляется от Творца, из-за отсутствия подобия свойств.

Ничтожностью не называется то, что человек унижает себя перед другими. Это смирение, которое человек ощущает в работе как совершенство. А ничтожностью называется ощущение стыда и унижения, когда весь мир стыдит и унижает его. Потому-то в таком случае он не ощущает никакого совершенства.

Ведь это закон природы — все, что думают окружающие, действует на человека. И тот, кого люди уважают, ощущает себя совершенным, а кого стыдят, ощущает себя ничтожным.

28. Не умру, а буду жить

Услышано в 1943 г.

«Не умру, а буду жить» (Псалом 118). Для того чтобы достичь совершенства, человек должен ощутить, что если он не достигнет истины, его состояние будет смерти подобно, ведь желает жизни. Поэтому сказанное «Не умру, а буду жить» относится только к человеку, желающему достичь истины.

Поэтому сказано: «Йона, бэн амити» (Йона сын правды). Йона — голубь, но также имя человека. Йона от слова онаа (наслаждение). Сын (бэн) от слова «понимающий» (мевин). То есть он понимает, поскольку всегда смотрит на то состояние, в котором находится, и видит, что услаждает себя и не идет путем истины. Ведь истиной называется «отдача», лишма, «ради Творца», а он лишь ищет наслаждения (онаа), которое лживо и противоположно пути к Творцу, то есть видит, что только получает ради себя. Но поскольку видит свое истинное состояние, удостаивается затем «амити» — истины, правды.

Поэтому сказано: «Глаза твои, как голубки» (Песнь Песней). Глаза святости, глаза Шхины называются йоним (голубки). Эти глаза обманывают нас в том, что кажется нам, будто Шхина не имеет глаз, как сказано в Зоар: «Прекрасная девушка, у которой нет глаз». Но истина в том, что тот, кто удостаивается истины, видит, что есть у нее глаза, о чем сказано: «Если у невесты красивые глаза, ее тело не нуждается в проверке».

29. Когда посещают сомнения

Услышано в 1943 г.

Сказано: «Творец — тень твоя». Если человек сомневается в Творце, то и Творец сомневается в человеке. А когда сомневается Творец, это называются горой Творца (сомнения — ирурим, гора — ар). Поэтому сказано: «Кто поднимется на гору Творца, и кто встанет на месте святом Его? — С чистыми руками и мужественным сердцем!»

Чистые руки достигаются исправлением «...и руки Моше тяжелы» — вознесением рук к Творцу, а мужественное сердце получается в результате работы в нем (аводат либа).

30. Главное — желать отдавать

Услышано на исходе Субботы Ваикра (20 Марта 1943 г.)

Главное — это не желать ничего, а только отдавать вследствие величия Творца, поскольку все действия получения порочны, а выйти из действий получения невозможно иначе как только перейдя в противоположное состояние, то есть перейдя в отдачу. А двигающая сила, то есть сила тянущая и вынуждающая работать, исходит только из величия Творца.

И необходимо делать расчет, что все равно мы вынуждены работать в этом мире, а с помощью именно этих усилий можем достичь результата и наслаждения. То есть усилиями и стараниями, которые человек прилагает, может или насладить свое ограниченное тело, подобное временному гостю, или вечного Хозяина. В таком случае его старания не пропадают, а остаются в вечности.

Это подобно человеку, в силах которого построить целую страну, а он строит только времянку, которая под напором ветра разрушается и таким образом все его старания пропадают. Тогда как, если его усилия были приложены к духовному, и сам он остается в духовном вместе с ними, то все его усилия остаются с вечным результатом. И только от этой цели он должен получить всю основу работы, а остальные основы неправильны.

Силы веры достаточно, чтобы человек смог работать на отдачу, то есть, чтобы смог верить, что Творец принимает его работу, и даже если ему кажется, что его работа не столь важна, все равно Творец получает все. Все работы желанны Творцу и Он принимает их, если человек посвящает свои усилия Творцу.

Но если человек желает использовать веру ради получения наслаждения, то она становится ему недостаточной, то есть возникают у него тогда сомнения в вере. Причина же в том, что получение не является истиной. Ведь на самом деле нет у человека ничего от его работы, а только Творцу идут все ее плоды. Потому эти сомнения истинны, то есть эти посторонние духовному мысли, которые сейчас возникают в его голове — справедливые возражения.

Тогда как, если человек желает использовать свою веру, чтобы идти путем отдачи, то конечно же не возникнет в нем никаких сомнений в вере. А если есть у него сомнения, то он должен знать, что наверняка не желает идти по пути отдачи, ведь для отдачи достаточно веры.

31. В согласии с духом творений

Сказано: «Каждый, кто в согласии с духом творений...» Но ведь есть многочисленные примеры великих праведников, находившихся в споре, а значит не согласных с творениями? И именно поэтому сказано «в согласии с духом творений», а не «в согласии с творениями», ведь только тела находятся в споре и противоречии, поскольку каждый использует свое эгоистическое, телесное желание.

Тогда как дух творений — это их духовность, а потому пребывает в согласии. Ведь праведник получает высший свет, изобилие для всего человечества. Но до тех пор, пока люди еще не достигли своего духа, не могут получить и ощутить высший свет, который праведник притянул для них свыше.

32. Судьба — это желание свыше

Услышано в 4-й день Трума (10 Февраля 1943 г.)

Сказано: «Судьба — это желание (возбуждение) свыше», то есть низший никоим образом не в состоянии оказать на это никакого влияния. Поэтому сказано в «Мегилат Эстер» про Пурим: «Бросил жребий (пур)», то есть установил рок, судьбу, когда Аман обвиняет евреев в том, что не выполняют законы Царя.

Смысл сказанного в том, что вначале духовное рабство начинается у работающего над собой в «ло лишма», ради себя. Поэтому возникают обвинения: зачем же дается им Тора и позволено затем исправить свои намерения и достичь «лишма», ради Творца — разве достойны они получать свет и высшие постижения?

Является обвинитель и обвиняет: «Почему же дают им эти высшие постижения, над которыми они не работали, не намеревались достичь, не ставили своей целью, а все их мысли и цели были только ради себя, что называется «ло лишма»?

Поэтому сказано: «Грешник готовит, а праведник получает». Ведь вначале человек работает как грешник, «ло лишма», ради себя, а затем он удостаивается «лишма», и все его работы и усилия входят в святость, в отдачу, что и называется «а праведник получает».

Поэтому есть сходство праздников Пурим и Йом Кипурим (ки-пурим, где ки — подобный, то есть «подобный Пуриму»). Пурим происходит по желанию свыше, а Йом Кипурим приходит от желания снизу, от творений, вследствие их покаяния и исправления. Но также, есть в этом и желание (возбуждение) свыше, судьбой, где «один рок — для Творца и один — для нечистой силы». Однако выбирает — Творец.

33. Рок Йом Кипур и Амана

Услышано в 6-й день Трума (12 Февраля 1943 г.)

Сказано в Торе, Ахарей (о Йом Кипуре): «И бросал Аарон жребий на двух жертвенных козлов: один — для Творца, а другой — для нечистой силы». В Мегилат Эстер (о Пуриме) также сказано: «Выбросил жребий (пур), установив рок, судьбу».

Жребий имеет место там, где невозможно выяснить разумом, потому что разум не в состоянии достичь глубин разбираемого события и вынести решение: что — хорошо, а что — плохо. В таком случае не надеются на разум, а бросают жребий, то есть полагаются на решение судьбы. Отсюда видно, что слово жребий используется для выражения действия выше разума.

В 7-ой день месяца Адар родился Моше и в этот же день умер Моше. Название месяца Адар происходит от слова «адэрэт» — верхняя накидка, о которой сказано у пророка Элиягу: «И набросил на него плащ свой»[2]. И накидка эта — «адерет сэар» (волосяное покрывало)[3]. «Волосы» (слово сэар, которое созвучно со словом буря) и ограничения — означают мысли и желания против духовной работы, отвлекающие человека от сближения с Творцом.

Поэтому эти мысли и желания необходимо преодолевать усилием воли против разума, и хотя человек видит много противоречий в духовной работе, но должен увериться в том, что все управление Творца только доброе и с целью добра. И потому сказано про Моше: «И скрыл Моше лицо свое», — потому что видел все противоречия в управлении Творцом творениями (против Его имени «Добрый, управляющий добром») и укрепился в своей вере выше разума. А поскольку закрывал

---

[2] Малахим 1, 19:19 И ушел оттуда Элиягу, и нашел Элишу, сына Шафата, который пахал на двенадцати парах волов, что шли пред ним, а сам он при двенадцатой. И прошел Элиягу мимо него, и набросил на него плащ свой.

[3] Берешит 25:25 Первый вышел весь красный, одетый волосами словно покрывалом. И нарекли ему имя Эйсав.

глаза на то, что его разум обнаруживал как противоречия, «потому что боялся увидеть», и шел верой выше разума — «удостоился узреть явление Творца».

Сказано Творцом: «Кто слепой, как раб мой, и глухой, как ангел мой». Зрением называется разум, понимание. Когда говорят: зрячий, далеко видящий — имеют в виду ум человека. Когда понимают, говорят: «Мы видим», потому что разум обязывает сказать так. Поэтому, тот, кто идет выше разума, подобен незрячему, идущему вслепую — то есть сам делает себя слепым. А также тот, кто не желает слышать то, что разведчики (мераглим), дурные мысли, говорят ему о духовной работе и Творце, кто делает себя глухим, называется в духовной работе глухим.

Поэтому говорит Творец: «Кто слепой, как раб мой, и глухой, как ангел мой». То есть идущий к Творцу сам говорит: «Глаза их да не увидят, уши их да не услышат», не желая слушать то, к чему обязывает его разум и что слышат его уши, как сказано о Йошуа бен Нун, что ни разу ни один дурной слух не проник в его уши.

И в этом смысл «адэрэт сэар» — волосяного покрывала. Поскольку было у него много противоречий и ограничений в его духовном продвижении, а каждое противоречие называется «волос» (сэар), который растет из некев, углубления в голове. И намекает это на то, что эти дурные, уводящие от Творца мысли и противоречия сверлят и буравят ему голову. А когда противоречий в духовной работе много, значит есть у него много волос, что называется волосяным покрывалом (адэрэт сэар).

Также и у Элиша сказано: «И ушел оттуда Элияу, и нашел Элишу, сына Шафата, который пахал на двенадцати парах волов, что шли пред ним, а сам он при двенадцатой. И прошел Элияу мимо него, и набросил на него плащ свой», то есть адерет. Быки, на иврите бакар, от слова бикорет (проверка). А 12 говорит о полной ступени, как 12 часов или 12 месяцев. 12 пар быков — потому что пашут только на паре быков, а не на одном. Это говорит о том, что есть уже у человека «сэарот» (противоречия), из которых рождается «адэрэт сэар».

Но у Элиши это было от «утра Йосефа» (утро — бокер), как сказано: «Свет утра и люди вышли со своими ослами (осел —

хамор, созвучно материалу — хомер)» — то есть уже достигли света, проявляющегося на выяснении противоположностей. Потому что именно за счет противоположностей, называемых «бикорет» (проверка), при желании идти вопреки противоположностям, рождается свет, как сказано: «Приходящему очиститься, помогают».

А потому как получил свет на все выяснения (бикорет) и уже нечего ему добавить, то выяснения и противоречия исчезают — по правилу, что нет свыше ни одного лишнего или ненужного действия, поскольку «не существует действия без цели».

Но необходимо понять, зачем вообще предстают перед человеком мысли и действия, находящиеся в противоречии с абсолютно добрым управлением свыше? — Только для того, чтобы он был обязан притянуть на эти противоречия высший свет, если желает взойти над ними, а иначе не сможет победить эти противоречия. И это называется «Величие Творца», которое притягивает к себе человек во время ощущения противоречий, называемых судом и ограничениями (диним).

Ведь противоречия эти могут исчезнуть, только если он пожелает победить их и противопоставить им величие Творца. Получается, что противоречия являются причиной, вызывающей проявление Величия Творца человеку. И это означает: «И набросил на него плащ свой (адерет)». То есть человек, после всего им пройденного, относит все «адэрэт сэар» (противоречия) именно к Творцу, поскольку видит, что Творец дал ему эти противоречия (адэрэт) специально, чтобы он получил на них высший свет.

Но увидеть это человек может только после того, как удостоился высшего света, проявляющегося именно на противоречиях и ограничениях, ощущаемых им вначале. И он видит, что без противоречий (сэарот) и падений, не было бы возможности высшему свету раскрыться — потому что «нет света без кли, желания». И потому видит человек, что все Величие Творца, которое он постиг, открылось ему только благодаря противоречиям, ощущаемым вначале. И в этом смысл сказанного: «Велик Творец на своих высотах», потому что благодаря адэрэт (преодолению противоречий) человек удостаивается Величия Творца.

И поэтому сказано: «Хвала Творцу исходит из их уст» — то есть Его величие раскрывается через изъяны в духовной работе (слово гарон, горло созвучно гирайон, недостаток), которые заставляют человека поднимать себя все выше. А без подталкивания он бы ленился произвести малейшее движение и желал бы оставаться в своем состоянии вечно.

Но если человек падает ниже уровня, на котором, как он считает, ему подобает находиться, это дает ему силы бороться с падением. Ведь он не может оставаться в таком ужасном состоянии, он не согласен в нем находиться! Поэтому он обязан каждый раз прилагать усилия, чтобы выйти из состояния падения — что заставляет его умножать Величие Творца. Таким образом, человек нуждается в получении свыше сил, выше тех, которыми обладает, иначе останется в падении.

Выходит, что каждый раз ощущение противоречий (сэарот) вызывает у человека необходимость духовного продвижения и еще большего раскрытия величия Творца. Пока не раскроет все Имена Творца, называемые «13 мер милосердия». Об этом сказано: «И старший будет прислуживать молодому», а также: «Грешник подготовит, а праведник облачится» и «Брату своему будешь служить».

То есть все рабство, все противоречия, которые возникали в человеке как помехи против духовности, сейчас, когда раскрылся ему свет Творца и освещает эти помехи, видятся совершенно наоборот. И понимает он, что именно эти помехи помогают и прислуживают человеку в раскрытии света Творца, потому что именно они создали место для наполнения высшим светом. Эти помехи — они и стали одеянием, в которое облачилась святость. Поэтому сказано «Грешник подготовит, а праведник облачится», ведь именно помехи стали сосудом, местом для святости.

А теперь можно понять сказанное в Талмуде (Хагига, 15,1): «Удостоился — стал праведником, получает свое и часть другого в раю. Не достоин — стал грешником, получает свою часть и часть другого в аду».

Имеется в виду, что получает он помехи и противоречия других людей — то есть всего мира. И поэтому создан вокруг человека такой большой мир, со множеством людей, и у каждого — свои мысли, мнения. И все находятся в одном мире — специально, именно для того, чтобы каждый перенял мысли и мнения всех остальных. В таком случае, когда человек возвращается к Творцу (совершает тшува), он выигрывает от того, что включает в себя мысли и мнения многих людей. Ведь если хочет сблизиться с Творцом, он обязан перевесить себя и весь мир, с которым связан, на чашу оправдания, то есть оправдать действия Творца по отношению к себе и ко всему миру, потому что связан со всем миром, с его мыслями и мнениями.

Поэтому сказано: «Прегрешил грешник и получил свою часть и часть другого в аду». Когда он еще оставался в состоянии «грешник», что называется «прегрешил», то была у него своя часть противоречий и мыслей, чуждых духовному. А кроме того, он взял на себя чужую часть прегрешений, относящихся к аду, ведь соединился с мыслями всех людей в мире.

Поэтому, когда становится затем праведником, который «удостоился», то есть вернулся к Творцу, то оправдывает этим себя и весь мир и получает в раю свою часть, а также часть, принадлежащую всем остальным. Ведь он был обязан притянуть высший свет, чтобы исправить дурные мысли всех людей в мире, и поскольку включает их всех в себя, то должен оправдать их всех. И поэтому притягивает праведник высший свет против противоречий всего мира. И хотя весь мир еще сам не в состоянии получить этот свет, притянутый для него праведником, потому как нет еще в людях к нему желания (келим), но праведник производит для них это действие.

Однако есть правило, что человек, вызвавший распространение света на высших ступенях, в той же мере и сам получает его, поскольку был причиной этого действия. Но тогда получается, что и грешники должны получить часть света, который они вызывают через праведников?

И чтобы понять это, необходимо вначале выяснить смысл «жребиев» и почему было два жребия: «один для Творца, а другой для нечистой силы».

«Жребий» — это действие выше разума и потому один из них попадает к нечистой силе, о чем сказано: «И обрушилась буря на головы нечестивых» (Пророки. Йеремия). Ведь на эти противоречия притягивается высший свет, благодаря чему умножается величие Творца. Но не нужно это грешникам, которые желают получать лишь согласно своему разуму. А когда усиливается свет, приходящий на основе, которая выше разума, отступают грешники и пропадают. Поэтому единственное, что есть у грешников — это их помощь праведникам притянуть величие Творца, после чего грешники аннулируются.

И об этом сказано: «Удостоился стать праведником, получает свое и часть другого в раю». (Из этого понятно, что речь идет только о том, кто помогает сделать исправление, чтобы осуществилось раскрытие высшего света за счет добрых дел, и тогда действие это остается в святости, а он получает от того света, который вызвал наверху. И создавая место для облачения света, низший получает от того состояния, которое вызвал в высшем. Противоречия же и ограничения пропадают, ведь на их место приходит величие Творца, раскрывающееся в вере выше знания. Они же желают раскрытия именно внутри разума, а потому аннулируются.) Но весь мир своими посторонними духовному мыслями заставляет праведника притянуть величие Творца, и вызванный этим свет остается на счету каждого. А когда они будут способны получить этот свет, то каждый получит также тот свет, который вынудил притянуть свыше.

И в этом смысл «бегущего пробора, разделяющего волосы», упомянутого в Зоаре, который разделяет правую и левую стороны. Два жертвенных козла было в Йом Кипур (одно и то же слово — «козел» и «волосатый»), что намекает на «возвращение в трепете». А другой жребий — в Пурим, означающий «возвращение с любовью». Ведь это было еще до строительства Второго Храма и было необходимо возвращение по любви. Но прежде необходимо было ощутить необходимость возвращения, а потому послали им ограничения и «сэарот» (противоречия).

И потому дали свыше власть Аману, о чем сказано: «Я поставлю над вами Амана, чтобы властвовал над вами». А потому написано, что «бросал Аман жребий, определяя судьбу» в месяц

Адар. Адар называется двенадцатым месяцем, и на то же число двенадцать намекают двенадцать быков, на которых пахал Элиша. Два раза по шесть — получается месяц Адар, что означает тайну «адерет сэар» (волосяное покрывало) — то есть самые большие ограничения. А потому знал Аман, что победит народ Израиля, ведь в месяц Адар умер Моше. Но не знал он, что в тот же месяц родился Моше, о чем сказано: «И увидела она, что сын хорош» (Шмот 2:2).

Ведь когда преодолевают самое тяжелое состояние, тогда достигают самого большого света, называющегося светом величия Творца. И в этом тайна «переплетения дорогих нитей» («шеш машзар» — из книги Шмот, в главе о строительстве Скинии Завета). То есть когда удостаиваются «бегущего пробора, разделяющего волосы», два раза по шесть (шеш шеш), то возникает «переплетение» (машзар), означающее, что «удаляется чужестранец» (маш-зар), нечистая сила (ситра ахра). То есть чужестранец, или нечистая сила, пропадает и уходит, поскольку уже выполнил свою роль.

Выходит, что все противоречия и ограничения были даны лишь для того, чтобы раскрыть величие Творца. Поэтому Яаков, который родился «гладким, без волос», не мог раскрыть величия Творца, потому что не было у него причины для такого раскрытия и необходимости в нем. И поэтому не мог Яаков получить благословение от Ицхака, поскольку не было у него келим, а ведь «нет света без кли». Поэтому научила его Ривка надеть одежды Эйсава.

И потому сказано о нем: «А рукой держался за пяту Эйсава». То есть хотя не было у него никаких «волос» (противоречий), но он взял их от Эйсава. И это увидел Ицхак и сказал: «Руки — Эйсава», хотя «голос — Яакова». То есть понравилось Ицхаку это исправление, сделанное Яаковом, благодаря которому приобрел он келим для получения благословения.

Именно по этой причине нам необходим этот мир, где так много людей, чтобы каждый проникся желаниями всех остальных. И тогда каждый отдельный человек несет в себе мысли и желания всего мира, и потому называется «человек — это целый маленький мир».

А если пока «не заслужил», то «получает в аду свою долю и то, что причитается там всем остальным», то есть соединяется с адом всего мира. И более того, даже если частично исправил свой ад, но не исправил ад, полагающийся остальным, то есть все прегрешения, которые присоединил к себе от всего этого мира — это еще не считается исправлением, и его состояние не называется совершенным.

И отсюда понятно, что хотя Яаков сам по себе и был «гладким, без волос», тем не менее «держался рукой за пяту Эйсава» — то есть позаимствовал у него «волосы». А когда заслужил их исправления, получил часть, принадлежащую брату в раю — ощутил меру величия высшего света, притянутого им для исправления этих «волос», посторонних мыслей всего мира. И удостаивается этого в то время, когда весь мир сам не может получить этот свет, поскольку еще не готов к этому.

А из этого понятна суть спора между Яаковом и Эйсавом, когда сказал Эйсав: «Есть у меня достаточно», а Яаков ответил: «Есть у меня все», то есть «два раза по шесть», что означает «внутри знания» в противоположность «выше знания» или желание насладиться в противоположность свету слияния. Эйсав сказал: «Есть у меня достаточно», то есть свет, приходящий в получающие келим, внутри знания. А Яаков сказал, что есть у него все, то есть две составляющие: использование получающих келим, а также свет слияния с Творцом.

И в этом суть «эрев рав», великого смешения народов, присоединившихся к Исраэль при бегстве из Египта, а потом сделавших золотого тельца и сказавших: «Вот он — бог твой, Израиль!». «Вот» («Эле») без «Ми». То есть хотели присоединиться только к «Эле», без «Ми», не желая их оба вместе, ведь Эле вместе с Ми составляет имя Элоким (Творец). Но не хотели они одновременно и «достаточно», и «все».

И на это намекают крувим, называемые Кравия и Патия (ангелы, расположенные по двум концам крышки ковчега). Один ангел стоит на конце, который означает «достаточно», а другой ангел стоит на конце, означающем «все». И в этом смысл сказанного: «И слышал Моше голос, беседующий с ним с крышки на ковчеге откровения, из пространства между двумя крувами» (Бемидбар 7). Но как такое возможно, ведь это — два полюса, противоположные друг другу? И несмотря ни на что, человек должен сделать из себя Патия (в переводе: глупец) и так принять это, что называется «выше разума». Хотя и не понимает ничего из того, что ему говорят, а все равно делает.

А что касается «всего», которое называется «выше разума», там человек должен стараться работать с радостью, ведь благодаря радости раскрывается истинная мера «всего». А если человек не радуется, то пребывает в грусти от того, что нет у него радости, а ведь главное в работе — это раскрыть радость от того, что работает в вере выше знания. Поэтому, если не испытывает радости от работы, должен печалиться об этом.

И об этом сказано: «Тот, чье сердце пожелает (работать ради Творца)» (Шмот 25). То есть испытывает боль и страдания от того, что не ощущает радости в духовной работе, о чем сказано: «За то, что не служил ты Творцу с радостью и веселым сердцем, когда было у тебя все в изобилии» (Дварим 28), а бросил «все» и взял лишь «достаточно». И потому опускался все ниже и ниже, пока не потерял все, что имел, и не осталось у него даже «достаточно». Но если есть у человека «всё», и он в радости, в той же мере удостаивается и иметь «достаточно».

И потому сказано у Пророков о «женщинах, оплакивающих Таммуза» (Йехезкель). Объясняет Раши, что выполняли они работу на идолов и попал ему в глаза кусочек свинца, а они пытались расплавить его, чтоб вытек он из глаз. А плакали потому, что не чувствовали радости, ведь засыпало им глаза пеплом. Пепел, прах, означает бхину далет, то есть Малхут, Царство Небес — веру выше знания. И это свойство равноценно праху, то есть не имеет никакой важности в глазах человека. И делающий эту работу вкушает привкус праха, потому что ощущает ее совершенно не важной, словно пепел.

И «оплакивают женщины Таммуза», расплавляя эту работу на идолов, чтобы от жара вышел пепел из свинца. И означает это, что они плачут о работе, обязывающей их верить выше разума в управление Творца — доброго и творящего добро. В то время, как внутри знания видят они совсем противоположное в Его управлении. А это — святая работа. И хотят они извлечь пепел, то есть работу в вере выше знания, которая называется пеплом. Глаза, которые означают «зрение», намекают на явное видение управления Творца, которое человек желает получить внутри знания, а это называется идолопоклонством.

И похоже это на человека, умеющего искусно делать кувшины и сосуды из глины, то есть работающего гончаром. А порядок работы таков, что прежде всего он должен скатать шарики из глины, а потом он выдавливает в этих шариках отверстия. И когда видит его маленький сын, что делает отец, то кричит: «Папа, почему ты портишь шарики!» И не понимает сын, что главное в работе отца — это сделать отверстия, ведь только отверстие может стать получающим сосудом. А сын хочет, наоборот, замазать отверстия, которые отец сделал в шариках.

Дело в том, что этот пепел, находящийся в глазах, застилает человеку зрение, и в какую бы сторону он ни посмотрел, видит недостатки в высшем управлении. И именно это создает в нем кли, в котором сможет раскрыть искры бескорыстной любви, не зависящей ни от каких условий и называющейся радостью заповеди.

И об этом сказано: «Если бы не помог ему Творец, ничего бы он не смог». То есть если бы не послал ему Творец этих мыслей, не сумел бы он достичь никакого возвышения.

34. Преимущество земли — во всем

Услышано в месяце Тевет (1942 г.)

Известно, что все раскрывается в своем истинном виде только из своей противоположности, как сказано: «Преимущество света — из тьмы». Это значит, что каждое явление указывает на свою противоположность и именно с помощью противоположности возможно постичь истинную суть противостоящего ей.

А поэтому невозможно ничего постичь в полной мере, если нет ему противоположного. Например, невозможно оценить хорошее, если нет ему противоположного, указывающего на плохое — такое как: горькое-сладкое, ненависть-любовь, голод-насыщение, жажда-наполнение, разлука-слияние. Отсюда понятно, что невозможно прийти к любви и слиянию прежде постижения ненависти к разлуке.

А чтобы возненавидеть разлуку и отдаление, человек обязан прежде узнать, что в общем означает разлука, и от кого он отдален. Только тогда можно сказать, что он желает исправить это отдаление.

То есть человек должен сам решить, от кого и от чего он отдален. Только тогда он может постараться исправить это состояние и соединить себя с тем, с кем находится в разлуке. Если человек понимает, что выиграет от сближения, то может оценить ущерб от того, что останется в отдалении.

Прибыль или ущерб оцениваются по ощущаемому наслаждению или страданию, потому что человек отдаляется и ненавидит то, что доставляет ему страдания. И мера отдаления зависит от меры ощущения страдания. Ведь в природе человека избегать страданий, поэтому одно зависит от другого, и в мере страдания он старается и делает все возможное, чтобы отдалиться от того, что вызывает страдания. То есть страдания вызывают ненависть к их источнику, и в этой мере человек отдаляется от него.

Из сказанного следует, что человеку необходимо знать, что означает подобие свойств, чтобы знать, что он должен делать, чтобы прийти к слиянию, называемому подобием свойств. И из этого он узнает, что означает отличие свойств и разлука.

Известно из каббалистических книг, что Творец Добр и творит только Добро. То есть Его управление постигается низшими как доброе. И в это мы обязаны верить.

Поэтому, когда человек смотрит на происходящее в окружающем его мире, на себя и на других, и видит, насколько все страдают от высшего управления, а не наслаждаются, как должно исходить из доброго управления, то тяжело ему утверждать, что высшее управление доброе, действует с доброй целью и посылает нам только добро.

Но необходимо знать, что в случае, когда не может человек сказать, что Творец посылает своим творениям добро, он называется грешником, потому что ощущение страданий заставляет его осуждать Творца. И только в случае, если Творец посылает ему наслаждения, он оправдывает Творца, как сказано: «Праведником называется тот, кто оправдывает действия Творца», то есть утверждающий, что Творец управляет миром праведно.

Выходит, что ощущая страдание, человек оказывается отдаленным от Творца, потому что естественно, в силу своей природы, превращается в ненавистника того, кто посылает ему страдания. Получается, что вместо того, чтобы любить Творца, человек ненавидит Его.

Но что же должен делать человек, чтобы достичь любви к Творцу? Для этого дано нам «чудесное средство» (сгула) — занятие Торой и Заповедями (Каббалой), потому что свет, заключенный в ней, возвращает человека к Творцу. Поскольку есть в Торе свет, который дает человеку возможность ощутить опасность удаления от Творца. И постепенно, если человек намеревается постичь свет Торы, возникает в нем ненависть к отдалению от Творца. То есть он начинает ощущать причину, по которой он и его душа пребывает в разлуке и отдалении от Творца.

То есть человек должен верить в то, что управление Творца доброе, с доброй целью. А человек погряз в эгоизме, что вызывает в нем противоположность свойств Творцу, для того, чтобы совершил исправление «ради Творца», называемое подобием свойств. И только в таком случае можно получить это добро и наслаждение. Но поскольку не может получить то добро и наслаждение, которое Творец желает дать — это и вызывает в человеке ненависть к отдалению от Творца.

Тогда есть у него возможность понять огромную пользу от подобия свойств. И тогда человек начинает стремиться к слиянию с Творцом. Выходит, что каждое состояние указывает на ему противоположное, и поэтому все падения, которые человек ощутил как отдаления от Творца, дали ему возможность понять и это, и противоположное отдалению состояние.

То есть из падений человек должен получить понятие о сближении. Иначе не было бы у человека иной возможности оценить важность того, что свыше приближают его и дают подъемы. И не было бы у него возможности осознать ту важность — словно дают пищу человеку, никогда не ощущавшему чувство голода. Отсюда видно, что падения, время отдаления, приводят человека к осознанию важности сближения в подъемах. А подъемы вызывают в человеке ненависть к падениям, которые приносит ему отдаление.

А когда не может оценить величину зла в падениях, то есть когда плохо отзывается о Высшем управлении и не ощущает даже о Ком он так плохо говорит — пусть знает, что должен исправиться и сблизиться с Творцом, потому что совершил большое прегрешение, говоря плохое о Творце.

Выходит, что именно когда есть в человеке два ощущения, он способен понять отличие между ними, как сказано: «Преимущество света — из тьмы». То есть только тогда он может оценить близость к Творцу, с помощью которой можно достичь добра и наслаждения, заключенных в замысле творения «Насладить сотворенных».

А все, что ему представляется — послано ему Творцом для того, чтобы он ощутил это так, как ощущает, потому что это и есть пути достижения цели творения.

Но не просто достичь слияния с Творцом и необходимо приложить большие усилия, чтобы удостоиться ощутить наслаждение и благо. А до этого обязан человек оправдывать Высшее управление и верить выше своего разума, что Творец управляет всеми творениями только добром и для их добра. Только видно и ощущаемо это лишь достигающими цели творения, а не достигшие этого ощущают обратное, как сказано: «Глаза их, да не увидят, уши их, да не услышат».

Сказано мудрецами: «Хавакук установил один принцип — праведник живет своей верой». То есть человеку нет необходимости заниматься частностями, а все свое внимание и усилия он должен сосредоточить на одном важном условии — достижении веры в Творца. И об этом он должен просить Творца — чтобы Творец помог ему идти верой выше знания. Поскольку есть в вере чудесное свойство, с помощью которого человек начинает ненавидеть отдаление, то есть вера косвенно вызывает в человеке ненависть к отдалению от Творца.

Мы видим, что есть большое отличие между верой и очевидным знанием.

Ведь когда дано человеку увидеть и понять, и разум обязывает человека в необходимости приложить усилие и выполнить нечто определенное, то, если решает это один раз — уже достаточно этого решения, и как решил, так и будет выполнять, потому что разум сопровождает его в каждом действии, чтобы все делал так, как разум говорит ему. И разум дает человеку понять, что необходимо решить именно так, как решает разум.

Тогда как вера является согласием через силу, против разума, когда человек преодолевает доводы своего разума и говорит, что необходимо действовать так, как обязывает его вера выше знания. Поэтому вера выше знания эффективна только в то время, когда он действует с нею, то есть когда верит, и только тогда он способен выдать усилие выше знания (разума). Но как только оставляет веру выше знания даже на мгновение, то есть хоть на миг, тут же ослабляется его вера, он немедленно прекращает заниматься Торой и духовной работой и не поможет ему то, что ранее принял на себя идти верой выше знания.

Тогда как, если решил в своем разуме, что нечто вредит ему и подвергает его жизнь опасности, то не должен каждый раз возвращаться к своему решению и объяснять себе, почему это вредно и опасно — а решенное однажды и понятое разумом на сто процентов обязывает его поступать именно так, как указывает ему разум, говоря ему «что хорошо и что плохо», и уже действует по ранее решенному и избранному пути.

Отсюда видно отличие между тем, к чему обязывает человека разум и к чему обязывает вера, и в чем же причина того, что основываясь на вере, человек обязан постоянно помнить форму веры, иначе упадет с достигнутой ступени в состояние грешника. Эти состояния могут меняться по много раз в день, когда человек падает со своей ступени, ведь невозможно, чтобы за целый день ни на мгновение не прервалась в нем вера выше знания.

Причина же того, что вера забывается — в том, что вера выше знания и разума противостоит всем желаниям тела. А поскольку желания тела происходят из самой его природы, называемой «желание насладиться», как в разуме, так и в сердце, поэтому тело постоянно тянет человека к своей природе. И только когда человек предан своей вере, эта вера дает ему силы выйти из власти желаний тела и идти выше знания, то есть против понимания тела.

Поэтому, прежде чем человек удостаивается желаний отдачи, называемых «Слияние», он не может постоянно находиться в вере. И в то время, когда не светит ему свет веры, он видит, в каком ничтожном состоянии он находится, ниже которого нет. И это состояние является следствием несоответствия Творцу, следствием эгоистического желания. Различие свойств с Творцом и вызывает в человеке ощущение страдания, разрушая в нем все, что вложил в сближение с Творцом.

И он обнаруживает, что в то мгновение, когда исчезает в нем вера, он оказывается в еще более худшем состоянии, чем до того, как начал работать на отдачу. Вследствие этого в человеке возникает ненависть к удалению по свойствам от Творца, поскольку немедленно начинает ощущать страдания в себе, а также страдания всего мира, и не в состоянии оправдать управление Творца творениями, как абсолютно доброе и с доброй целью. И ощущает тогда, что весь мир померк для него и неоткуда прийти радости.

Поэтому, каждый раз, когда он начинает исправлять свое плохое мнение об управлении, в нем возникает ненависть к удалению от Творца. А от ощущения ненависти к отдалению от Творца, он приходит к любви сближения с Творцом. Ведь в мере ощущения страданий во время отдаления — в этой мере он сближается с Творцом. Как сказано выше, в мере ощущения тьмы, являющей зло, он приходит к ощущению сближения с добром и уже знает, как должен ценить это состояние, когда получает хоть немного сближения с Творцом.

Отсюда можно понять, что все страдания, какие только есть в мире, являются лишь подготовкой к истинным страданиям, к которым человек обязан прийти, иначе не сможет достичь самой малой духовной ступени, поскольку нет света без кли (желания ощутить этот свет). И этими истинными страданиями называется то, когда он обвиняет Высшее управление, плохо говоря о нем. И именно об этом он молится, чтобы не говорить плохо об управлении Творца.

И только эти страдания принимает во внимание Творец, что называется «Творец слышит молитву каждого». Творец отвечает только на эти страдания, потому что человек просит помощи не ради удовлетворения своего эгоистического желания, ведь если бы Творец дал ему желаемое, это еще больше отдалило бы его от Творца, из-за отличия свойств, возникшего вследствие получения желаемого.

Но как раз наоборот, человек просит веру, чтобы Творец дал ему силы противостоять эгоизму, чтобы смог достичь подобия Творцу. Ведь он видит, что в отсутствие постоянной веры, когда свет веры не светит ему, он перестает верить в управление Творца, то есть становится грешником, обвиняя Творца.

Выходит, что все его страдания только оттого, что плохо думает о Высшем управлении. То есть страдает оттого, что там, где человек должен благодарить и превозносить своего Создателя: «Благословен Творец, создавший нас во славу Себе», когда творения должны бы благодарить Творца, он видит, что управление миром — не во славу Творца, потому что у каждого есть претензии и жалобы на то, что управление должно быть явным и Творец должен открыто управлять миром добром с целью добра. А поскольку это не раскрыто низшим, то такое управление не возвышает Творца — и именно это вызывает в нем страдания.

Получается, что страдания, ощущаемые человеком, вызывают в нем осуждение управления Творца. А потому просит Творца дать ему силу веры, постичь, что Творец — «Добр и Творящий добро», и это не ради получения блага и собственного наслаждения, а чтобы не осуждать управление Творца — что вызывает в нем страдания.

То есть со своей стороны человек желает верой выше знания верить в то, что Творец управляет миром добром и для его блага. И он хочет, чтобы вера ощущалась им настолько явно, словно это доподлинное знание.

Поэтому, когда человек занимается Торой (Каббалой) и заповедями (путями к Творцу), он желает притянуть на себя свет Творца не ради собственного наслаждения, а потому что нестерпимо ему от того, что не может оправдать управления Творца, как доброе и несущее добро. И это причиняет человеку страдания, поскольку он проклинает имя Творца, который Добр и Творит добро, но тело человека (его желания) говорит ему обратное. И от этого все его страдания: ведь если находится в отдалении от Творца, то не в состоянии оправдать Его обращение с низшими. И это означает, что отдаление от Творца ненавистно ему.

И когда появляются в человеке такие страдания, Творец слышит его молитву (обращение в сердце) и приближает к Себе. И удостаивается человек сближения, поскольку ощущаемые им страдания отдаления от Творца вызывают сближение с Творцом.

О таком состоянии сказано: «Преимущество света оценивается из тьмы», а также: «Преимущество земли — во всем», где «земля» — это творение. «Во всем» — то есть вследствие преимущества, которое позволяет человеку видеть отличие между состояниями сближения и отдаления, удостаивается он слияния «во всем», потому что Творец — ВСЕ!

35. О жизненной силе Святости

Услышано в 1945 г. в Иерусалиме

Сказано: «Вот море великое и обширное, там пресмыкающиеся, которым нет числа — животные малые и большие» (Псалмы 104:25).

Объяснение:

Вот море — означает море нечистых желаний (ситра ахра).

Великое и обширное — то есть оно раскрывает себя перед каждым и кричит: «Дай! Дай!» (Гав-гав!), что означает огромные келим, жаждущие получения. Там пресмыкающиеся —

означает, что там есть высшие света, по которым ступает человек, попирая их ногами.

Которым нет числа — животным малым и большим: то есть все жизненные силы, какие только есть у человека, от больших и до малых, заключены в этом море.

А всё потому, что есть правило: "С небес дают дары, а не забирают" (все, что дают с небес, не принимается обратно наверх, а остается внизу). Поэтому, если человек вызвал свыше возбуждение, а потом испортил его — оно уже остается внизу, но не в человеке, попадая в море нечистых желаний.

То есть, если человек притянул некоторый свет, но не в состоянии удерживать его постоянно, потому что его келим (желания) еще недостаточно чисты и не исправлены настолько, чтобы соответствовать свету и получать свет с намерением отдавать, подобно свету, исходящему от Дающего — тогда обязан этот свет исчезнуть из него.

И тогда он попадает в нечистые желания. И так несколько раз — человек получает свет, а затем теряет его. Благодаря этому собирается свет в море нечистых желаний (ситра ахра), пока не наполнится определенная мера. То есть после того, как человек выдаст полную меру усилий на какую способен, тогда ситра ахра отдает ему обратно все, что забрала в свое владение, в чем таинство сказанного: «поглотит силу — и изрыгнет обратно» (Иов).

Выходит, что все, полученное нечистыми желаниями в свое владение, было лишь в качестве вклада, то есть на все то время, пока они обладают властью над человеком. А вся, имеющаяся у них власть, предназначена лишь для того, чтобы дать человеку возможность выявить свои эгоистические желания и ввести их в Святость. Это значит, что если бы нечистые желания не властвовали над человеком, он бы удовлетворился малым, и тогда остался бы в разлуке с Творцом во всех своих желаниях.

Так человек никогда бы не смог собрать келим, относящиеся к корню его души, ввести их в Святость, и притянуть предназначенный ему свет. Поэтому исправление состоит в том, что каждый раз, когда он притягивает какой-то свет, а потом падает — обязан еще раз начать заново, то есть начать новые выяснения. А то, что было у него в прошлом, падает в нечистые желания и хранится в их владении в качестве вклада. Потом же человек получает от ситра ахра все, что она забирала у него все это время.

Однако следует знать, что если бы человек был в силах удерживать хоть самое небольшое свечение, но постоянно, — он бы уже считался совершенным человеком, то есть с этим свечением он мог бы идти вперед. Поэтому, если он потерял свечение — то должен сожалеть об этом.

И это похоже на человека, который сажает в землю семя, чтобы из него выросло большое дерево, но сразу же вынимает это семя из земли. А если так - то какая польза от его работы, от того, что сажал семя в землю? И более того, можно сказать, что он не просто вытащил семя из земли и загубил его — но что вытащил из земли целое дерево с созревшими плодами и загубил их. А дело в том, что если бы он не потерял это небольшое свечение, вырос бы из него большой свет. Получается, что им потеряно не малое свечение, а потерян огромный свет.

И следует знать общее правило: не может человек жить без жизненной силы и наслаждения, что следует из корня творения, то есть Его желания насладить сотворенных. Поэтому никакое создание не может существовать без жизненной силы и наслаждения. А потому любое творение вынуждено идти и искать место, откуда может получить удовольствие и наслаждение.

И можно получить наслаждение в трех временах: из прошлого, из настоящего и из будущего, но в основном мы получаем наслаждение — в настоящем. И хотя мы видим, что человек может также получать удовольствие от прошлого и будущего — однако это как раз из-за того, что прошлое и будущее светят ему в настоящем.

Поэтому если человек не нашел ощущения наслаждения в настоящем, то он получает жизненную силу от прошлого. Он может рассказывать другим о том, как ему было хорошо в прошлом, и от этого получать силу для жизни в настоящее время. Или же он представляет себе и надеется, что в будущем ему будет хорошо. Однако ощущение наслаждения от прошлого и будущего оценивается в зависимости от того, насколько они светят человеку в настоящем. И знай, что это правило относится как к материальным наслаждениям, так и к наслаждениям духовным.

И, как мы видим, даже в то время, когда человек работает в материальном, он неизбежно сожалеет во время своей работы, что вынужден заставлять себя трудиться, и единственное, в силу чего он может продолжать работу — это то, что в будущем ему светит получить за нее вознаграждение. И эта надежда светит ему в настоящем, поэтому он в состоянии продолжать работу.

Если же он не в силах представить вознаграждение, ожидаемое в будущем, то извлекает из будущего не то наслаждение, которое получил бы от оплаты за свою работу, то есть ждет не вознаграждения, а того, что закончатся его страдания от необходимости работать. И он наслаждается уже сейчас в настоящем тем, что будет в будущем. То есть будущее светит ему в настоящем тем, что скоро работа закончится, кончится время, в течение которого нужно работать, и он сможет отдыхать.

Выходит, что все равно ему светит наслаждение от отдыха, который он в итоге получит, то есть он видит выгоду в том, что избавится от страданий, которые испытывает в настоящее время от работы, и это дает ему силу, позволяющую сейчас работать. А если бы человек был не в состоянии представить, что скоро освободится от страданий, которые сейчас испытывает — он бы пришел в отчаяние и впал в тоску до такой степени, что мог бы лишить себя жизни.

И по поводу вышесказанного говорили мудрецы: «У лишающего себя жизни нет доли в будущем мире», поскольку он не принимает высшего управления, отрицая, что Творец управляет миром как Добрый и творящий добро. Но должен человек верить, что эти состояния приходят к нему потому, что таким образом свыше хотят принести ему исправление. То есть чтобы он получил решимот от этих состояний и смог с особой силой раскрыть и понять путь мира. И эти состояния называются состояниями «обратной стороны», а когда он преодолеет эти состояния, то удостоится лика Творца, то есть свет засветит внутри этой обратной стороны.

И есть правило, что не может жить человек, не имея возможности получать удовольствие и наслаждение. Выходит, что в то время, когда он не в состоянии получать от настоящего, он в любом случае обязан получить жизненную силу от прошлого или от будущего. То есть тело ищет для себя жизненную силу всеми средствами, которые имеются в его распоряжении. И если человек не согласен получать жизненную силу от материальных вещей, то у тела нет выхода, и оно вынуждено согласиться получать жизненную силу от вещей духовных, ведь у него нет никакой другой возможности. Поэтому тело обязано согласиться получать удовольствие и наслаждение от отдачи, поскольку без жизненной силы невозможно жить.

Согласно этому выходит, что в то время, когда человек привык выполнять Тору и заповеди ло лишма (ради себя), то есть получать вознаграждение за свою работу — действительно у него есть возможность представить себе, что затем он получит какую-то оплату, и уже может работать в счет того, что потом получит удовольствие и наслаждение.

С другой стороны, если человек работает не ради того, чтобы получить награду, а хочет работать без всякой оплаты, то, как он способен представить себе, что потом ему будет откуда получить жизненную силу? Он не может представить себе никакой картины будущего, ведь ему не на что опереться. Поэтому, когда он пребывает в ло лишма, нет необходимости давать ему свыше жизненную силу, ведь он получает жизненную силу, представляя себе картину будущего, а свыше дают не излишнее, а лишь необходимое.

Поэтому, если человек желает работать только для пользы Творца и не согласен принимать жизненную силу ни в каком другом виде, тогда не остается иного выхода, и свыше обязаны дать ему жизненную силу. Ведь он не требует ничего кроме силы, необходимой для жизни, чтобы суметь продолжить жить. И тогда он получает живительную силу из здания Святой Шхины.

И об этом сказали мудрецы: «Каждый, переживающий страдания общества, удостаивается утешения за всё общество». Обществом называется Святая Шхина, ведь общество означает собрание, то есть Собрание Израиля, а Малхут — это общность всех душ.

И человек не желает никакого вознаграждения для собственной пользы, а хочет работать на пользу Творца, что называется восстановить Шхину из праха, чтобы она не была такой униженной, как в то время, когда не хотят работать на пользу Творца. Но в любом деле, из которого человек рассчитывает вынести для себя пользу, он получает энергию для работы. Когда же дело касается пользы Творца, и человек не видит, что получит какую-нибудь оплату, тогда тело противится этой работе, ощущая в этой работе вкус праха.

И этот человек действительно хочет работать на пользу Творца, только тело противится этому, поэтому он просит Творца дать ему силу, чтобы все-таки суметь работать и поднять Шхину из праха. Поэтому он удостаивается лика Творца, который раскрывается ему, и исчезает от него скрытие.

36. Три тела в человеке

Услышано 24 Адара (19 Марта 1944 г.) в Иерусалиме

Духовное понятие «человек» состоит из трех тел:
* внутреннее тело, одеяние души,
* клипат Нога,
* клипа «Мишха дэ-хивия» (змеиная кожа).

Для того чтобы освободиться от последних двух тел, мешающих святости, и иметь возможность использовать только внутреннее тело, необходимо думать лишь о том, что связано с ним. То есть все мысли человека постоянно должны быть о том, что "Нет никого кроме Него", и только Он совершал, совершает и будет совершать все действия в мироздании, и никакое творение, никакая сила в мире не может разлучить человека с духовным.

А поскольку человек уже не думает о двух внешних телах, то они умирают, не получая питания и возможности для существования. Ведь мысли человека о них — и есть их жизненная сила.

Потому сказано: «В поте лица своего будешь есть свой хлеб». Ведь до греха с Древом Познания, жизнь человека не зависела от хлеба, то есть он не должен был совершать особые действия, чтобы получать свет и жизненную силу — свет и так светил ему. Но после грехопадения, прилепилась к телу человека Мишха дэ-хивия, и его жизнь стала зависеть от хлеба, то есть от пропитания, которое нужно каждый раз притягивать заново. А не получая питания, эти внешние тела умирают. И это большое исправление, позволяющее избавиться от двух нечистых тел.

Поэтому возложено на человека прилагать усилия и стараться не думать о том, что касается двух этих тел, о чем сказано: «Грешные помыслы страшнее самого греха», потому что мысли — и есть питание двух внешних тел. И от того, что человек думает о них — получают эти тела живительную силу.

Поэтому человек должен думать только о внутреннем теле, ведь оно-то и является одеянием его святой души. То есть думать нужно только о том, что находится «вне его кожи» — вне собственных шкурных интересов, что и означает «вне тела», вне его эгоистической выгоды, думая только о пользе ближнего.

И это называется «за пределами кожи», потому что вне тела человека не может быть никакой связи с клипот (эгоистическими намерениями), а вся связь с клипот только «внутри кожи», во всем, что относится к телу, к эгоизму. Ко всему, что облачается в тело, немедленно присасываются клипот, а все, что не одевается в тело — им недоступно.

Если человеку удается постоянно пребывать своими мыслями вне интересов тела, то он удостаивается сказанного: «И выбито это за моей кожей, и из плоти своей увижу Творца» (Йов 19:26). «Это» — намекает на раскрытие Святой Шхины, а «выбито» — означает исправление, позволяющее ей пребывать за пределами кожи человека. И тогда он удостаивается «из плоти своей узреть Творца» — то есть Творец раскрывается, облачаясь во внутреннее тело человека. А происходит это, только если человек согласен работать вне своего тела, то есть без всякого облачения в него наслаждения.

Тогда как грешники, желающие получить за свою работу наполнение внутри тела, «внутри кожи» (в свои желания), «умирают, не достигнув мудрости» — то есть не получив никакого света и ничего не достигнув. И именно праведники удостаиваются облачения света в их тела.

37. Статья о Пуриме

Услышано в 1948 г.

Разберемся в смысле событий, о которых рассказывает Мегилат Эстер:

1. Написано: «После этих событий царь Ахашвэрош возвысил Амана». Что означает «после этих событий»? После того, как Мордехай спас Царя, было бы разумно, чтобы Царь возвысил Мордехая? Почему же сказано, что он возвысил Амана?

2. Когда Эстер говорит Царю: «Потому что проданы мы, я и народ мой», то спрашивает Царь: «Кто это и где он, осмелившийся на такое?» Как будто Царь ничего не знал, но ведь написано, что он сказал Аману: «Серебро это отдано тебе, а также народ, чтобы ты поступил с ним, как тебе угодно». И получается, что Царь знал о продаже.

3. Что означает «поступали по воле каждого»? Объясняют мудрецы, что это значит «по воле Мордехая и Амана». Но известно, что там, где написано «Царь» подразумевается Творец, Властитель мира. И как возможно, чтобы Творец исполнял волю грешника?

4. Написано: «И узнал Мордехай обо всем, что делалось», как будто только один Мордехай знал. Но ведь перед этим говорится: «А город Шушан был в смятении», и получается, что весь город Шушан знал об этом.

5. Написано: «Потому что указа, написанного от имени Царя и скрепленного перстнем царским, нельзя отменить». И как же потом был издан другой указ, который отменял первый?

6. Почему сказано мудрецами, что обязан человек опьянеть в Пурим до такой степени, чтобы не отличить проклятого Амана от благословенного Мордехая?

7. Сказано, что «питье шло чинно, как полагается по закону». И что значит «по закону»? Объясняет рабби Ханан: это значит «по закону Торы». А закон Торы указывает, что пища должна преобладать над питьем.

И для того, чтобы понять все это, нужно прежде выяснить, кто такие Аман и Мордехай. Как объяснили мудрецы, что «поступали по воле каждого» — значит «по воле Амана и Мордехая».

Желание Мордехая называется законом Торы, при котором пища преобладает над питьем. А по воле Амана, наоборот — питье преобладает над пищей. И спрашивается, как же возможно, чтобы трапеза шла по воле грешника? И дается на это ответ: «Шло питье чинно, без принуждения». То есть питье было необязательным, «без принуждения».

И так объясняют мудрецы сказанное: «И закрыл Моше лицо свое, потому что боялся взглянуть на Творца» (Шмот). «Закрыл Моше лицо свое» означает, что удостоился видеть Творца. Ведь именно когда не нуждается человек в наслаждении (то есть может сделать на него экран) — тогда разрешается ему его получить. Потому сказано: «Послал Я помощь герою!» (Псалом 89) А герой тот — кто может идти путями Творца, и такому Творец помогает.

Поэтому написано, что «питье шло чинно, как полагается по закону», то есть не было принуждения. А это означает, что не нуждались в питье. Но потом, когда уже начали пить, то потянулись к питью, то есть пристрастились к нему и стали в нем нуждаться, а иначе не смогли бы двигаться вперед. И это называется принуждением и отменой подхода Мордехая.

Потому сказали мудрецы, что это поколение обречено на погибель, потому что наслаждались трапезой того грешника. А если бы принимали питье «без принуждения», то не отменили бы волю Мордехая, выражающую подход Исраэль. Они же позже пили по принуждению, и потому сами обрекли на гибель закон Торы, означающий Исраэль. И в этом смысл правила: «пища должна преобладать над питьем». Ведь «питье» означает раскрытие света Хохма, которое называется «знание». А «пища» — это свет Хасадим, то есть «вера».

В этом суть двух царских стражей, Битана и Тереша, «замысливших поднять руку на Властителя мира. И стало известно об этом Мордехаю. И расследовано было это дело, и обнаружено, что это так». И не сразу, не легко далось расследование и стало Мордехаю все известно, а только после большой работы раскрылся ему этот порочный замысел. И когда раскрылось ему это с полной ясностью, «повесили тех обоих на дереве». Когда раскрылось ощущение всего этого порока, тогда повесили их, то есть устранили подобные поступки и желания из этого мира.

«После этих событий» — означает: после всех стараний и усилий, которые приложил Мордехай для этого расследования. И хотел Царь наградить Мордехая за его работу — за то, что работал лишма, лишь ради Творца, а не для собственной пользы. Но как правило, человек не может получить то, в чем не нуждается, ведь нет света без кли, а кли — это желание. А если Мордехаю ничего не нужно для самого себя, то, как возможно ему что-то дать?

И если бы Царь спросил Мордехая, чем наградить его за работу, то ведь Мордехай — праведник, и работает только ради отдачи. Он не ощущает никакой потребности подниматься по ступеням вверх, а довольствуется малым. Царь же желал дать ему свет Хохма, исходящий из левой линии. А работа Мордехая была только в правой линии.

И что же сделал Царь — «возвысил Амана», то есть возвеличил левую линию, как сказано: «И поставил его над всеми министрами и дал ему власть». «И все служители царские преклоняли колени и падали ниц пред Аманом, ибо так повелел о нем Царь», наделив его властью, и все согласились с этим.

«Опускание на колени» означает признание власти над собой. Потому что путь Амана в работе нравился им больше, чем путь Мордехая. И все иудеи в Шушане приняли власть Амана, потому что трудно им было понять суждения Мордехая. Ведь всем понятно, что работая в левой линии, которая означает «знание», легче идти путем Творца. И спрашивали Мордехая: «Почему ты преступаешь повеление Царя?» А когда увидели, как стойко он держится на пути веры, то впали в смятение и не знали с кем правда.

Тогда пошли они к Аману, чтобы узнать от него, с кем правда, как написано: «Рассказали об этом Аману, чтобы посмотреть, устоит ли в слове своем Мордехай, так как сказал он им, что он иудей». А для иудея пища должна преобладать над питьем, то есть главной — быть вера. И в этом вся основа иудея (от слова ихуд — единение с Творцом).

И очень рассердился Аман, узнав, что Мордехай не соглашается с его мнением. А все увидели путь Мордехая, утверждающего, что это единственный путь, которым должен идти иудей — идущий же другим путем, занимается идолопоклонством. И потому сказал Аман: «Но все царские почести ничего не значат для меня, пока вижу я Мордехая иудея сидящим в воротах царских» — ведь Мордехай утверждал, что лишь его путь ведет в ворота Царя, а не путь Амана.

Из сказанного пойми, почему написано, что «узнал Мордехай обо всем, что делалось», как будто именно Мордехай знал. Но ведь говорится, что «город Шушан был в смятении» — получается, что все знали. Дело же в том, что город Шушан пребывал в смятении, не зная с кем правда. Однако Мордехай знал, что если придет власть Амана, то принесет погибель народу Израиля, то есть сотрет общность Израиля с лица земли. Это значит уничтожить путь народа Израиля, по которому идут с закрытыми глазами вместе с Творцом и всегда говорят себе: «Есть глаза у них — да не увидят». Ведь Аман держится только левой линии, которая называется «знание», то есть противоположна вере.

А потому бросал Аман жребий в Йом Кипур: «Один жребий на жертвоприношение Творцу, и один — для нечистой силы». Жребий для Творца — означает правую линию, свет Хасадим, означающий вкушение пищи, то есть веру. А один жребий нечистой силе, то есть левой линии, где ни в чем не бывает успеха и откуда исходит вся нечистая сила. Поэтому выходящее из левой линии создает преграду свету, ведь левая линия замораживает свет.

И об этом сказано: «Выбросил жребий, установив рок, судьбу». То есть расшифровал выпавший жребий и огласил «пур» (судьбу), который означает «пи-ор» (уста света). И за счет выпавшего жребия для нечистой силы, прерывается весь свет и отбрасывается вниз.

Аман же думал, что «праведник приготовит, а грешник наденет». То есть он предполагал, что заберет себе всю награду, положенную за работу и усилия Мордехая и его союзников, думая, что завладеет всем светом, который раскроется благодаря исправлениям, сделанным Мордехаем. А все потому, что видел, что Царь дает ему всю власть, чтобы притянуть свет Хохма вниз. И когда пришел к Царю просить его об уничтожении иудеев, то есть об отмене власти Исраэль, которая означает веру и Хасадим (милосердие), чтобы раскрылось знание в мире, то ответил ему Царь: «Серебро это отдано тебе, а также народ, чтобы ты поступил с ним, как тебе угодно». То есть как лучше для Амана, его власти, которая означает левую линию и знание.

Вся разница между первым и вторым царскими посланиями была в слове «иудеи». В письменном указе (письменный указ — это запись распоряжения, отданного царем, а потом на этот указ даются пояснения, которые его объясняют) было написано: «Передать указ этот в каждую область как закон, объявленный всем народам, чтобы были они готовы к этому дню». И не написано, кого они должны готовиться уничтожить. А Аман сам дал пояснение на письменный указ — «И предписано все, как приказал Аман».

А во вторых посланиях уже написано слово «иудеи», как сказано: «Список с указа этого следует передать в каждую область как закон, объявленный всем народам, чтобы готовы были иудеи в этот день отомстить врагам своим». Поэтому, когда пришел Аман к Царю, тот сказал ему: «Серебро, приготовленное заранее, отдано тебе», то есть не нужно никаких дополнительных действий, а отдается ему народ, чтобы он поступил с ним так, как ему угодно. То есть народ уже хочет сделать так, как ему угодно, желая принять его власть.

Однако Царь не говорил ему отменять власть Мордехая и иудеев, а заранее приготовил раскрытие света Хохма, которое так желанно Аману. И в копии указа было написано: «Передать в каждую область как закон, объявленный всем народам».

Это значит, что закон обязывает свет Хохма раскрыться для всех народов. Но не было написано, что отменяется власть Мордехая и иудеев, которая означает веру. Предполагалось, что произойдет раскрытие света Хохма, а они, тем не менее, выберут Хасадим.

Но Аман сказал, что поскольку настало время раскрытия света Хохма, то конечно же оно дано для того, чтобы им воспользоваться — ведь кто бы стал делать бесполезные вещи! Если не использовать его, то получается это раскрытие бессмысленным. И конечно же Творец желал, чтобы использовали свет Хохма, когда совершал это раскрытие.

А Мордехай возражал, что раскрытие лишь для того, чтобы показать, что они сами решили идти по правому пути, выбрав Хасадим Мехусим (не нуждающиеся в свете Хохма), а не от того, что нет у них другого выбора. Когда идут они этим путем, то кажется, будто следуют ему по принуждению, из-за отсутствия других возможностей, ведь в это время нет раскрытия света Хохма. Но сейчас, когда есть раскрытие света Хохма, то появляется у них возможность выбора по своей доброй воле. И они предпочитают путь милосердия (Хасадим), а не левую линию, где есть раскрытие света Хохма.

То есть раскрытие было нужно лишь для того, чтобы смогли они осознать важность Хасадим и решить, что Хасадим для них важнее, чем Хохма. И об этом сказали мудрецы: «До сих пор — по принуждению, а с этого момента и далее — по доброй воле», и в этом смысл: «Установили иудеи и приняли на себя праздновать этот день». Все раскрытие света Хохма приходит сейчас с единственной целью, чтобы смогли принять на себя путь иудеев по собственной воле.

И в этом суть спора между Мордехаем и Аманом. Мордехай возражал, что Творец раскрывает сейчас перед ними власть света Хохма не для того, чтобы они приняли ее, а чтобы возвысили Хасадим. Ведь теперь смогут они показать, что принимают Хасадим по собственному желанию. Есть у них возможность получить Хохма, потому что сейчас властвует левая линия, излучающая свет Хохма, и несмотря на это, они выбирают Хасадим. И выбирая Хасадим, они показывают, что правая линия властвует над левой, то есть главное — это закон иудеев.

А Аман утверждал обратное, что раз Творец раскрывает сейчас левую линию, в которой есть Хохма, так это для того, чтобы этот свет Хохма использовать. Иначе получается, будто Творец совершает бессмысленные действия, то есть делает то, что никому не приносит наслаждения. Поэтому нечего смотреть на то, что говорит Мордехай, а все должны слушаться голоса Амана и использовать раскрытие света Хохма, которое сейчас свершилось.

Получается, что второй указ не отменял первый, а только объяснял его и расшифровывал. И «раскрыть это всем народам» означает раскрытие света Хохма для иудеев, который светит сейчас для того, чтобы иудеи могли выбрать Хасадим по своей доброй воле, а не потому что у них нет никакой возможности идти другим путем. Потому написано во втором указе: «Чтобы готовы были иудеи в этот день отомстить врагам своим». То есть Хохма сейчас властвует для того, чтобы они показали, что предпочитают ей Хасадим. И это называется «отомстить врагам своим», ведь враги как раз желают получить свет Хохма, а иудеи отталкивают этот свет.

Отсюда становится понятным, почему спрашивал Царь: «Кто это и где он, осмелившийся на такое?». И как он мог спрашивать, если сам сказал Аману: «Серебро это отдано тебе, а также народ, чтобы ты поступил с ним, как тебе угодно». (Но раскрытие Хохма происходит лишь для того, чтобы поступить с этим народом «как тебе угодно», то есть создать возможность выбора, что и означает «поступить с ним, как тебе угодно». Если же нет раскрытия света Хохма, то нет места выбору, и когда они берут Хасадим, то кажется, будто это по безвыходности, за неимением ничего другого.) И все это приходит благодаря силе царского указа, который повелевает сейчас свету Хохма раскрыться.

А смысл был в том, чтобы левая линия служила правой, ведь тогда всем будет видно, что правая важнее левой, и из-за этого они выбирают Хасадим. И в этом суть названия «Мегилат Эстер», которое кажется взаимоотрицающим противоречием, ведь Мегила означает «раскрытие» (мегале), а Эстер означает, что есть скрытие (эстер). Дело в том, что все раскрытие происходит лишь для того, чтобы дать возможность выбрать скрытие.

И теперь пойми, почему сказали мудрецы: «Обязан человек опьянеть в Пурим до такой степени, чтобы не отличить проклятого Амана от благословенного Мордехая». Дело в том, что события с Мордехаем и Эстер происходили до строительства Второго Храма. Строительство Храма означает притягивание света Хохма, а Малхут называется Храмом. И потому Мордехай посылает Эстер, чтобы пошла к Царю просить за свой народ. А она отвечает: «Все служители царя знают, что для каждого, кто явится к Царю незваным, один закон — смертная кара. Я же не звана была к царю вот уже тридцать дней».

И смысл тут в запрете притягивать свет ГАР дэ-Хохма вниз. А тот, кто все же притянет свет ГАР (три сфирот, каждая из которых состоит из десяти, что в итоге получается — тридцать), присуждается к смерти, потому что левая линия приводит к отрыву от подлинной жизни. «Только тот, к кому протянет Царь свой золотой скипетр, может остаться в живых», ведь золото означает свойство Хохма и ГАР.

Это значит, что только благодаря пробуждению свыше можно остаться в живых, то есть в слиянии с Творцом, означающем жизнь — но не силой пробуждения самого человека снизу. И хотя Эстер — царица, то есть Малхут, которой необходима Хохма, но это возможно лишь при пробуждении Высшего. Если же она сама притянет свет Хохма, то потеряет все свое положение. И на это ответил ей Мордехай: «Если спасение и избавление придут к иудеям из иного места», то есть совершенно отменят они левую линию и останутся с одной правой, со светом Хасадим, то «ты и дом отца твоего погибнете», на что намекает Зоар: «От отца основа в дочери», а потому нуждается она в свете Хохма.

Значит необходимо, чтобы «пища преобладала над питьем». Но если не останется у иудеев выхода и будут вынуждены отменить левую линию, то аннулируется вся ее суть. И об этом сказала Эстер: «Если уж погибать мне, то погибну». То есть, если пойду к Царю, то пропаду, ведь могу отдалиться от Творца, потому что такое возбуждение снизу отрывает человека от источника жизни. А если не пойду, то «спасение и избавление придут к иудеям из иного места», то есть другим образом, когда они отменят левую линию совсем, как сказал ей Мордехай.

Поэтому приняла она путь Мордехая и пригласила Амана на пир, то есть притянула левую линию, как наказал ей Мордехай. А затем включила левую линию в правую, и таким образом возможно раскрыть свет внизу и одновременно остаться в слиянии с Творцом. И в этом тайна «Мегилат Эстер», то есть, хотя и есть уже раскрытие света Хохма, она все равно выбирает существующее там скрытие (поскольку Эстер означает скрытие, эстер).

А смысл «опьянения до того, чтобы не различить», объясняется в Талмуде Эсер Сфирот, часть 15-я. Ведь хотя и светит Хохма, но невозможно ее получить без света Хасадим, потому что это ведет к удалению от Творца. Но произошло чудо, когда благодаря своим постам и молитвам, притянули они свет Хасадим, и таким образом смогли получить свет Хохма.

Однако, такое состояние невозможно до Гмар Тикуна, поскольку это свойство относится к окончательному исправлению (Гмар Тикун), и только тогда уже будет исправлено. Как написано в Зоаре: «В будущем ангел смерти превратится в святого ангела, когда исчезнет различие между Аманом и Мордехаем, и даже Аман исправится». И в этом смысл сказанного: «Обязан человек опьянеть в Пурим до такой степени, чтобы не отличить проклятого Амана от благословенного Мордехая».

И нужно добавить, почему сказано, что повесили их (Битана и Тереша) на дереве. Для того чтобы поняли, что это то же самое прегрешение на Древе Познания, где тоже поврежден ГАР. И сказано, что сидел Мордехай в царских воротах, чтобы показать, что сидел он, а не стоял, потому что положение сидя означает ВАК, а стояние в полный рост означает ГАР.

38. Его богатство — трепет перед Творцом

Услышано 10 Нисана (31 Марта 1947 г.)

Богатство — это сосуд, в котором хранится достояние человека. Например, зерно хранят в сарае, а дорогие вещи хранят в более защищенном месте. То есть каждая приобретаемая вещь определяется ее отношением к свету, а кли, сосуд должен быть способен вместить эту вещь. Ведь, как известно, нет света без кли, и это правило действует даже в материальном мире.

Но что такое духовный сосуд, способный вместить в себя свет и духовное изобилие, которое желает дать нам Творец? Каким должен быть сосуд, чтобы подходить свету? Точно так же, как в этом материальном мире, сосуд обязан подходить тому, что хранится в нем, и они должны соответствовать друг другу. Например, мы не можем сказать, что храним запас вина, который не испортится, если налили его в новые мешки, или сделали большие запасы муки, засыпав ее в бочки. А как и положено, для вина нужны бочки и кувшины, а для муки — мешки, а не бочки.

И поэтому спрашивается: каким должен быть духовный сосуд, чтобы с такими сосудами мы могли собрать огромное богатство из высшего света? Согласно правилу, что «Больше, чем теленок желает сосать, корова желает кормить», ведь желание Творца — насладить творения. И должны мы верить, что Цимцум, сокращение света сделано ради нашей пользы и конечно же лишь потому, что нет у нас подходящих келим, способных вместить свет. Подобно материальным сосудам, которые должны подходить для того, что собираются в них хранить. А потому нам нужно понять, что если мы обретем дополнительные келим, то нам будет в чем ощутить духовное изобилие.

И дается на это ответ: «Нет в сокровищнице Творца никакого другого богатства, кроме трепета перед Творцом».

Но надо выяснить, что такое трепет перед Творцом, являющийся сосудом, из которого делают сокровищницу, чтобы внести в нее все важные для человека ценности. И сказали мудрецы, что это тот самый трепет, который ощутил Моше, когда «Спрятал лицо свое, потому что боялся взглянуть на Творца», а в награду удостоился Его увидеть.

И смысл страха в том, что боится человек огромного наслаждения, которое есть там, ведь не может получить его ради отдачи. А в награду за то, что испытывал страх, обретает себе кли, способное принять высший свет. Именно в этом заключается работа человека — все же остальное относится к Творцу, кроме трепета. Ведь суть страха в том, чтобы не получать наслаждение, а все, даваемое Творцом, предназначено лишь для получения. И потому сказано: «Все во власти небес, кроме трепета пред Творцом».

Нам необходим этот сосуд, а иначе мы будем подобны глупцу, о котором сказали мудрецы: «Какой глупец тот, кто теряет все, что дают ему». Это значит, что нечистая сила отбирает у нас весь свет, если мы не можем принять его с намерением ради отдачи, и весь он переходит к получающим келим, то есть к ситра ахра и нечистоте.

Об этом сказано: «Соблюдайте же все заповеди», ведь суть соблюдения заключена в страхе. И хотя в природе света хранить себя, и он исчезает, как только его хотят получить в эгоистические келим, но все же сам человек должен беречься от этого насколько только возможно, как сказано: «Берегите себя сами хоть немного на своем уровне внизу, а Я дам вам огромную охрану свыше».

Страх же возложен только на человека, как сказали мудрецы: «Все во власти небес, кроме трепета пред Творцом», потому что Творец может дать человеку все, кроме этого трепета. Ведь что дает Творец? Он добавляет в их отношения любовь, но не страх.

А обрести страх можно благодаря чудесной силе Торы и Заповедей. Когда человек выполняет эту духовную работу, желая доставить удовольствие своему Создателю, то это намерение облачается на его действия по исполнению Заповедей и изучению Торы и приводит его к трепету. А иначе он останется на неживом уровне святости, даже исполняя Тору и заповеди до последней тонкости и со всей тщательностью.

А потому должен человек всегда помнить, с какой целью занимается Торой и Заповедями. О чем сказали мудрецы: «Да будет святость ваша — ради Меня». Только Творец должен быть их целью, чтобы работали лишь ради удовольствия Творца, то есть все их действия должны быть ради отдачи.

Как сказано мудрецами: «Каждому соблюдающему есть место в воспоминаниях». То есть все соблюдающие Тору и заповеди с намерением достичь «воспоминаний», о которых сказано: «Воспоминания о Нем не дают мне уснуть».

Выходит, что главная цель соблюдения Торы — это достижение воспоминаний. То есть желание помнить о Творце заставляет его соблюдать Тору и заповеди. Именно в Творце причина, по которой человек занимается Торой и Заповедями, ведь без этого невозможно достичь слияния с Ним, потому что «не может Творец быть вместе с гордецом» из-за различия свойств.

Однако вознаграждение и наказание скрыты от человека и остается ему только верить, что есть вознаграждение и наказание. Потому что Творец хотел, чтобы все работали ради Него, а не для собственной выгоды, ведь это бы отдаляло их от свойств Творца. А если бы раскрылись вознаграждение и наказание, то человек бы работал из-за любви к самому себе, желая, чтобы Творец любил его, или же из-за ненависти к себе, боясь, что Творец его возненавидит. Выходит, что вся мотивация в его работе — только он сам, а не Творец. Творец же желает, чтобы в Нем заключалась причина и мотивация для работы.

Выходит, что страх приходит именно в то время, когда человек познает свою ничтожность, и заявляет, что служить Царю и желать отдавать Ему — это большая награда. И невозможно оценить и выразить бесконечную важность этого служения. Согласно известному правилу, что отдача важному человеку расценивается как получение от него. И понятно, что в той мере, насколько ощущает человек собственную ничтожность — настолько способен начать ценить величие Творца, и пробуждается в нем желание служить Ему. Если же человек — гордец, тогда говорит Творец: «Невозможно Мне и гордецу быть вместе».

В этом смысле говорится, что глупец, грешник и грубиян ходят вместе. Глупцом он называется потому, что не чувствует трепета, то есть не может принизить себя перед Творцом и оценить какая это огромная честь служить Творцу без всякого вознаграждения. Поэтому не может он получить от Творца мудрость (Хохма) и остается глупцом. А быть глупцом — означает быть грешником, как сказано мудрецами: «Не совершит человек греха, пока не вселится в него дух глупости».

39. И сшили они листья смоковницы

Услышано 26 Шевата (16 Февраля 1947 г.)

Лист означает тень, скрытие на свет, на солнце. Есть два вида тени:
1. Тень, вследствие святости,
2. Тень, вследствие греха.

То есть существует два вида скрытия света в мироздании — как в нашем мире, тень создает скрытие на солнце, также есть скрытие на высший свет, называемый «солнце», который исходит из святости, вследствие выбора человека. Как сказано о Моше: «Закрыл Моше лицо свое, потому что боялся смотреть», то есть тень являлась следствием страха, страха получить свет изобилия, ведь боялся, что будет не в состоянии получить его с намерением не ради себя, а ради Творца.

В таком случае тень исходит из чувства святости, из того, что человек желает быть слит с Творцом, а слиянием называется отдача, и поэтому он боится, что возможно не сможет отдавать (вследствие раскрытия ему большого света-наслаждения). Выходит, что он слит со святостью. И это называется «Тень святости».

Но есть также тень греха, то есть скрытие является не следствием того, что не желает получать, а наоборот, скрытие происходит именно из-за его желания получать ради себя, и поэтому свет исчезает. Ведь все отличие святости от нечистоты, клипот, в том, что святость желает отдавать, а клипа желает только получать и не отдавать ничего. Поэтому называется это «тенью нечистоты».

И нет иной возможности выйти из этого состояния, как только согласно сказанному в Торе: «И сшили листья смоковницы и сделали себе опоясания» (Берешит 3). Опоясания — это силы тела, которые теперь, после грехопадения стали связаны с тенью святости. То есть несмотря на то, что нет у них света, ведь свет исчез вследствие греха, все равно они прилагают усилие работать на Творца силой выше знания, что и называется «силой».

Поэтому сказано: «И услышали голос Творца... и спрятался Адам и жена его». То есть скрылись они в тени, как сказано о Моше, скрывшем лицо свое.

И Адам поступил так же, как Моше. «И воззвал Творец к человеку и спросил его: "Где ты?"» И ответил Адам: «Голос Твой услышал я в саду, и испугался, потому что наг я, и спрятался». «Нагой» — означает наг от высшего света. Поэтому спросил его Творец о причине: зачем ему понадобилась тень спрятаться, потому что наг он? Со стороны ли святости она или со стороны нечистоты? И спросил его Творец: «Не от дерева ли, о котором Я заповедал тебе не есть от него, ел ты?» — то есть тень твоя вследствие греха.

Но если тень является следствием греха, она противоположна тени святости и называется магией и колдовством, как сказано: «Одно против другого (святость против нечистоты) создал Творец». И сколько есть сил в святости, показать свою великую силу, необычайные возможности и чудеса — такие же возможности есть у нечистой стороны.

И потому праведники не используют эти силы, чтобы не было сил у нечистой стороны делать также, как они делают это со святой стороны. Ведь против каждой силы есть противостоящая ей.

И только в особые времена, при особых обстоятельствах Творец не дает нечистой стороне такие же возможности и силы, как святой своей стороне. Как например, дал Элияу на горе Кармель, сказав: «Дабы не сказали, что это деяние ворожбы», способное совершать скрытие высшего света.

Поэтому пояса делаются из листьев смоковницы, от греха Древа познания. И эти листья, то есть тень происходит от нечистой стороны, потому что причина ее не в святости, когда сами стремятся создать себе тень — а возникает здесь тень потому, что нет у них иного выхода, кроме как спрятаться в нее. И тень эта помогает выйти из состояния падения, но затем необходимо начать работу заново.

40. Какой должна быть вера в Учителя

Услышано в 1943 г.

Есть два пути: левый и правый. Правый от слова «повернуть вправо» (эймин — созвучно со словом эмуна — вера) означает веру в Творца. И когда Учитель говорит ученику идти правым путем, где «правый» означает совершенство, а левый — абсолютно несовершенный, то есть такой, в котором отсутствует исправление, то ученик должен верить своему Учителю, говорящему ему идти правым путем, совершенным.

И совершенством, которого должен достичь ученик, считается такое состояние, когда человек рисует в своем воображении картину, как будто он уже удостоился полной веры в Творца, и ощущение его таково, что Творец управляет миром добром и творит добро, которое получают творения.

Но когда человек смотрит на себя, то видит, что у него ничего нет, а весь мир страдает: кто больше, кто меньше. И на это нужно сказать: «Глаза у них — да не увидят». То есть пока человек находится во власти «многих», что называется «у них» — он не увидит правды. А «власть многих» — это власть двух желаний, когда он верит, что хотя весь мир и принадлежит Творцу, но все-таки что-то подвластно и человеку.

А на самом деле он должен аннулировать власть многих во имя полной власти Творца и сказать, что человек не должен жить ради себя, а все, что он желает совершить, должно быть для и ради Творца. И таким образом он окончательно аннулирует свое правление и будет находиться в единственной власти — власти Творца. И только тогда он сможет увидеть истину, увидеть все то добро, которым Творец управляет миром.

Но пока человек признает власть множества, то есть его желания находятся как в сердце, так и в разуме — нет у него возможности видеть правду. А выход в том, чтобы идти верой выше знания и сказать: «Есть у них глаза, да не увидят истины».

И даже тогда, когда человек смотрит на себя, он не может знать, находится ли он в состоянии подъема или падения. Например, ему кажется, что сейчас он в падении, но и это неправильно, так как именно в это время он как раз может находиться в состоянии подъема, ведь сейчас он видит свое истинное состояние — то есть понимает, насколько он далек от Творца, а значит, приближается к истине. И наоборот, ему дают видеть себя в состоянии подъема, а на самом деле, он находится во власти желания получить ради себя, то есть в падении.

И только тот, кто признает одну единственную власть — власть Творца, может отличить правду от лжи. А потому человек должен положиться на мнение высшего и верить в то, что он говорит, то есть поступать, как указывает ему Учитель, вопреки многочисленным сомнениям.

И, несмотря на это, он должен надеяться на знания Учителя и верить им, понимая, что пока он находится во власти многих, нельзя понять правду и видеть ее в других книгах. И пока человек не удостоится раскрытия правды, Тора будет для него ядом смерти.

Почему говорится, что если не удостоился, то Тора становится ядом смерти? Потому что любые премудрости, которые человек учит или слышит, не приносят никакой пользы и не приближают его к жизни, то есть к единению с Творцом — а наоборот. То есть каждый раз становится только все дальше и дальше от Творца. А все, что им делается — только для нужд тела, и называется ядом смерти, ведь приносит ему смерть, а не жизнь, поскольку он все больше удаляется от отдачи, называемой подобием Творцу, о которой сказано: «Как Он милосерден, так и ты будь милосерден».

Еще необходимо знать, что во время нахождения в правой линии, человек может получать высшее наслаждение, ведь «благословенный прилепляется к Благословенному», и в состоянии совершенства человек называется благословенным и находится в единстве свойств с Творцом. А признаком совершенства служит радостное настроение, иначе далек он от совершенства. И об этом сказано: «Лишь только в радости исполнения заповеди воцаряется Божественное присутствие (Шхина)».

Причиной появления радости является заповедь, то есть то, что Учитель заповедал человеку какое-то время идти по правой линии, а какое-то — по левой, и человек выполняет эту заповедь Учителя. И левая линия всегда находится в противоречии с правой. В левой линии делается расчет пройденного и приобретенного в работе Творца. И тут открывается, что у человека ничего нет, как же он может быть в совершенстве? Но несмотря на это, согласно заповеданному Учителем, он идет выше знаний, что называется верой.

И в этом таинство сказанного: «Во всяком месте, где разрешу вспомнить имя Мое — приду к тебе и благословлю тебя». «Во всяком месте» — то есть, хотя ты пока и недостоин быть благословенным, все равно даю тебе Свое благословение, потому что предоставил ты «место» — место радости, внутри которого может воцариться высший свет.

41. Малая и большая вера

Услышано вечером на исходе первого дня праздника Песах
(29 Марта 1945 г.)

Сказано: «И поверили в Творца и в раба его, Моше». Свет Песаха в силах дать человеку свет веры. Но неправильно думать, что свет веры — это малый свет. Ведь малый свет или большой — это зависит только от получающих. Когда человек не работает на правильном пути, он думает, что есть у него такая большая вера, что может поделиться ею со многими людьми. Тогда и они будут такими же совершенными, как он.

Но тот, кто желает работать на Творца истинным путем, каждый раз проверяет себя, действительно ли он готов отдать всего себя Творцу, «от всего сердца». И тогда он обнаруживает, что всегда ему недостает веры. То есть всегда находит недостатки в своей вере. И только если есть у него вера, он может ощутить себя находящимся перед Творцом. А когда ощущает величие Творца, то может раскрыть любовь к Нему с обеих сторон: с хорошей стороны и со стороны строгого суда.

Вот почему, просящий истины нуждается в свете веры. И если такой человек слышит или видит какую-либо возможность получить свет веры, то радуется, будто нашел большой клад.

Поэтому те, кто ищет истину в праздник Песах, когда светит свет веры, читают в недельной главе: «И поверили в Творца и в раба его, Моше» — ведь в это время они также могут достичь этого состояния.

42. ЭЛУЛЬ (Я к Любимому своему, а Любимый ко мне)

Услышано 15 Элуля (28 Августа 1942 г.)

Для того чтобы понять, на что намекает сокращение ЭЛУЛЬ (Я к Любимому своему, а Любимый ко мне) в духовной работе, необходимо выяснить еще нескольких понятий:

1. Смысл «царств», «воспоминаний», «трубления в шофар», а также смысл сказанного: «Преклони свое желание пред Его желанием, чтобы Он преклонил Свое желание перед твоим».
2. Почему сказали мудрецы, что «Грешники — сразу же приговариваются к смерти, а праведники — немедленно к жизни».
3. Почему написано: «Сыновья Гершона: Ливни и Шими» (Шмот 6:17).
4. Почему написано в Зоар, что «Йуд — это черная точка, в которой нет ничего белого».
5. Смысл написанного: «Малхут высшего становится Кетером для низшего».
6. Почему радость в работе свидетельствует о том, что работа совершенна.

И чтобы понять все перечисленное, нужно понять цель творения, которая состоит в желании Творца насладить сотворенных. Но, чтобы творения не ощущали стыд, вкушая дармовой хлеб, производится исправление в виде скрытия наслаждения (высшего света). Вследствие этого появляется экран, который обращает желания получать в желания отдавать. И по мере исправления желаний (келим) с получения на отдачу, мы получаем скрытый ранее свет, который уже заранее предназначался творениям – то есть получаем все наслаждения, уготовленные Творцом в замысле творения.

Отсюда становится понятным смысл сказанного: «Преклони свое желание пред Его желанием...» – аннулируй свое желание насладиться перед желанием отдавать, желанием Творца. То есть замени любовь к себе на любовь к Творцу, что означает аннулирование себя относительно Творца и приводит к слиянию с Творцом. А затем Творец может наполнить светом твое желание насладиться, потому что оно уже исправлено намерением «ради отдачи».

И об этом говорится: «...чтобы Он преклонил Свое желание перед твоим» – Творец аннулирует свое желание, то есть скрытие (Цимцум), которое было следствием различия свойств Творца и творения. А поскольку сейчас творение становится подобно Творцу, свет распространяется к творению, получившему исправление своего намерения на отдачу. Ведь замыслом творения было насладить сотворенных, и этот замысел теперь может осуществиться.

Отсюда можно понять смысл сказанного в Песни Песней: «Я к любимому своему...» – то есть я аннулирую свое намерение насладиться ради себя и исправляю его всецело на отдачу. И тогда я удостаиваюсь «...и Мой любимый ко мне» – когда Любимый, то есть Творец, наполняет меня высшим наслаждением, заключенным в Его замысле насладить творения. Итак, все, что ранее было скрыто и ограничено, становится сейчас раскрыто, и таким образом открывается, что замысел творения состоит в наслаждении созданий.

Но необходимо знать, что отдающие желания соответствуют буквам юд-хэй имени АВАЯ (юд-хей-вав-хей) и представляют собой светлые (слабые) желания. И именно они наполняются светом. Таким образом удостаивается творение «...и Мой любимый ко мне» – наполнения всем наслаждением, то есть достигает раскрытия Творца.

Однако есть условие, что невозможно удостоиться раскрытия лика Творца, прежде чем человек получает обратную сторону: скрытие лика Творца, и говорит, что оно ему так же важно, как раскрытие, находясь в такой же радости в состоянии скрытия, будто уже получил раскрытие Творца. Но удержаться в таком состоянии, принимая скрытие словно раскрытие, возможно только, если человек достиг намерения «ради Творца». Лишь тогда человек рад пребывать в состоянии скрытия, ведь ему важно наслаждать Творца, и если для Творца большее наслаждение в состоянии скрытия, человек готов на это.

Но если еще остались в человеке искры эгоистического желания, то возникают в нем сомнения, и трудно ему верить в то, что Творец управляет миром только добром и к доброй цели — о чем и говорит буква юд имени АВАЯ, называемая «черная точка, в которой нет ничего белого». То есть в ней заключена полная темнота и скрытие лика Творца.

Когда человек приходит к тому, что теряет всякую опору, он входит в состояние черной тьмы, в самое низшее из состояний в высшем мире. И из этого образуется Кетер более низшего, то есть кли отдачи. Поскольку самая нижняя часть высшего — это Малхут, которая сама ничего не имеет, и именно поэтому называется малхут (царство). Ведь если принимает на себя власть (царствование) Творца, ничего за это не получая и оставаясь в радости, то становится впоследствии Кетером — желанием отдавать, самым светлым кли. Именно благодаря тому, что принимает на себя в полной темноте состояние Малхут — из Малхут образуется Кетер, то есть кли отдачи.

Поэтому сказано: «Прямы пути Творца. Праведники пройдут ими, а грешники оступятся на них» — грешники, то есть находящиеся под властью своего эгоизма, поневоле обязаны упасть под тяжестью его ноши, когда оказываются в этом состоянии тьмы. Тогда как праведники, то есть стремящиеся к отдаче, поднимаются благодаря такому состоянию и удостаиваются желания отдавать.

Уточним определение праведник и грешник:

Грешник — тот, кто еще не определил в своем сердце, что необходимо в результате усилий и работы над собой достичь желания отдавать.

Праведник — тот, в сердце которого уже определилось, что необходимо удостоиться желания отдавать, но еще не может достичь этого.

Как написано в Книге Зоар, сказала Шхина рабби Шимону Бар Йохай (Рашби): «Некуда мне спрятаться от тебя», и потому раскрылась ему. Сказал Рашби: «Ведь ко мне желание Его», то есть «Я к Любимому своему, а Любимый — ко мне». И так он вызывает соединение вав и хэй имени АВАЯ, ведь нет совершенства Творца и Его трона до тех пор, пока не соединятся хэй и вав, где хэй — окончательное желание получить наслаждение, а вав наполняет хэй, что приводит к состоянию полного исправления.

Поэтому сказано, что «праведники — немедленно присуждаются к жизни». То есть сам человек обязан сказать, в какую книгу он желает быть записанным — в книгу праведников, то есть стремящихся обрести желание отдавать, или же нет. Ведь в человеке может быть разное желание к отдаче. Например, иногда человек говорит: «Верно, я хочу обрести желание отдавать, но чтобы от этой отдачи и мне тоже что-то перепало», то есть желает получить для себя оба мира и свою отдачу тоже использовать для самонаслаждения.

Но в книге праведников записывается лишь тот, кто решил полностью изменить свое желание получать на желание отдавать, ничего не используя ради себя, чтобы не было потом у него возможности сказать: «Если бы я знал, что эгоистическое желание должно полностью исчезнуть, то не просил бы о его отмене». Поэтому человек обязан сказать в полный голос о своем намерении быть записанным в книгу праведников, чтобы не явился затем с претензиями.

Необходимо знать, что в духовной работе книга праведников и книга грешников находятся в одном человеке, то есть сам человек обязан выбрать и окончательно решить, что именно он желает. Ведь в одном теле, в одном человеке находится и праведник, и грешник.

Поэтому человек должен сказать, хочет ли он быть записанным в книгу праведников, чтобы немедленно быть приговоренным к жизни, то есть находиться в слиянии с Источником Жизни, желая все делать только ради Творца. И так же, если он является записаться в книгу грешников, куда записываются все желающие получать ради себя, он говорит, чтобы его немедленно приписали к смерти, то есть эгоистическое желание исчезнет в нем и как будто умрет.

Но иногда человек сомневается, не желая, чтобы сразу и окончательно исчез в нем эгоизм. Ведь ему трудно решиться на то, чтобы все искры его желания насладиться были немедленно приговорены к смерти. Он не согласен, чтобы весь его эгоизм тут же исчез, а хочет, чтобы это происходило постепенно, не в один момент, когда бы в нем понемногу действовали желания получения вместе с желаниями отдачи.

Получается, что в человеке нет окончательного твердого решения, когда бы он решил: либо «все мое», то есть все для моего эгоизма, либо «все Творцу», что и означает окончательное твердое решение. Но что может сделать человек, если его тело не согласно с его решением, чтобы все было Творцу?

В таком случае остается ему делать все, что только в его силах, чтобы все его желания были ради Творца — то есть молиться Творцу, чтобы помог ему исполнить задуманное и посвятить все свои желания Творцу, о чем наша молитва: «Вспомни нас для жизни и запиши в книгу жизни».

Это означает Малхут (Царство), когда человек принимает на себя это состояние черной точки, совершенно лишенной белого цвета, что означает аннулировать свое желание, чтобы поднять к Творцу напоминания о себе, и тогда Творец отменит свое желание перед желанием человека. И чем же напоминает человек о себе? Трублением рога, который называется шофар, от слова шуфра дэ-има (красота матери), где «все зависит от раскаяния». Если он принимает состояние тьмы (скрытия Творца), то должен также стараться возвеличивать его, а не пренебрегать им, что называется «красота матери», то есть считать его прекрасным и достойным.

Из сказанного можно понять, что означают «Сыновья Гершона: Ливни и Шими». Если человек видит, что его отстраняют (гиршу) от духовной работы, он должен помнить, что это делается из-за «Ливни», то есть из-за того, что он хочет именно «белого цвета» (лаван). Если дадут ему «белый цвет», то есть, если посветит ему какой-то свет, и он почувствует приятный вкус в Торе и молитве, тогда он готов слушаться Торы и выполнять духовные действия.

И это называется «Шими», то есть только «при белом свете» он готов слушать (лишмоа). Если же во время работы ощущает тьму, то не может согласиться принять на себя такую работу. А потому такой человек должен быть изгнан из Царского дворца, ведь принятие над собой власти Творца должно быть безусловным. Если же человек говорит, что готов принять на себя работу только при условии, что она будет при «белом свете», когда ему светит день, а если работа сопровождается тьмой, он не согласен на нее, — то такому человеку нет места в царских чертогах.

Ведь в чертоги Творца удостаивается войти только тот, кто желает работать ради отдачи. А когда человек работает для отдачи, ему неважно, что он ощущает во время своей работы. И даже если он ощущает тьму и падение, это его не смущает, и он желает лишь, чтобы Творец дал ему силы преодолеть все препятствия. То есть он не просит у Творца дать ему раскрытие «в белом свете», а просит дать ему силы для преодоления всех сокрытий.

Поэтому, желающий прийти к отдаче должен понимать, что если постоянно будет находиться в состоянии раскрытия Творца (что называется, «в белом свете»), то это даст ему силы продолжать работу. Потому что, когда светит человеку, он может работать также и ради себя. В таком случае человек никогда не узнает, чиста ли и бескорыстна его работа (то есть ради Творца ли она)? А потому не сможет прийти к слиянию с Творцом.

Поэтому дают человеку свыше состояние тьмы, и тогда он может увидеть, насколько бескорыстна его работа. И если также и в состоянии тьмы он может оставаться в радости, то это признак того, что его работа ради Творца. Ведь человек должен радоваться и верить в то, что свыше ему дают возможность работать именно на отдачу.

Получается, как сказали мудрецы: «Обжора всегда сердится». То есть тот, кто еще находится в намерении наслаждаться «ради себя», сердится, потому что всегда ощущает недостаток, не в состоянии наполнить свои эгоистические желания. Тогда как тот, кто желает идти путем отдачи, должен быть всегда в радости, независимо от того, какие обстоятельства посылаются ему, потому что нет у него никаких намерений «ради себя».

Поэтому он говорит, что если он действительно работает только ради отдачи, то конечно должен постоянно быть в радости от того, что удостоился доставить наслаждение Творцу. А если чувствует, что пока еще его работа не ради отдачи, все равно должен оставаться в радости, ведь ничего не желает для себя и радуется, что его эгоизм не может получить никакого наполнения от его работы. И это приносит ему радость.

Но если он думает, что от его усилий перепадет кое-что и его эгоизму, то он дает этим возможность прицепиться к его работе нечистым желаниям, и это вызывает в нем печаль и раздражение.

43. Истина и вера

Истиной называется то, что человек ощущает и видит своими глазами. И это называется «вознаграждением и наказанием», когда невозможно получить ничего без предварительных усилий.

Подобно человеку, сидящему дома и не желающему прилагать усилия, чтобы заработать, который говорит, что Творец Добр и желает добра своим творениям, всем дает необходимое, и конечно же, и ему пошлет все, что нужно, а он сам не обязан ни о чем заботиться. Разумеется, этот человек умрет с голода, если будет так себя вести. И здравый смысл убеждает нас в этом, и мы видим собственными глазами, что на самом деле так и происходит, и такой человек умирает с голода.

Но вместе с тем, человек обязан верить выше своего разума в то, что даже без всяких усилий также сможет достичь всего необходимого, потому что частное управление уготовило ему это. Творец один совершал и будет совершать все действия, человек же ничем Ему не помогает. Ведь все творит только Творец, а человек ни в чем не может ни добавить, ни убавить.

Но как можно совместить эти два совершенно различных, взаимоисключающих подхода? Один утверждает, опираясь на разум, что без участия человека, то есть без предварительной работы и усилия, невозможно ничего достичь. И в этом истина, потому что Творец желает, чтобы человек ощутил именно так. А потому называется этот путь истинным.

Но если есть противоположное этому состояние, то как же это называется истинным? Дело в том, что истинным называется не путь и состояние, а ощущение, что Творец желает, чтобы человек ощутил именно так. То есть истиной называется желание Творца, желающего, чтобы именно так человек почувствовал.

Но вместе с этим, человек обязан верить, несмотря на то, что не чувствует так и не видит, — что Творец может помочь ему достичь всего и без всяких усилий с его стороны. И это называется частное управление Творца над человеком. Но человек не может достичь частного управления, прежде чем достигнет понимания «вознаграждения и наказания».

И это потому, что частное управление — это управление вечное и совершенное, а человеческий разум — не вечен и не совершенен, и поэтому не может вечное и совершенное поместиться в нем. Поэтому, после того как человек постигает управление вознаграждением и наказанием, это постижение становится тем сосудом, в котором он постигает частное управление.

Отсюда можно понять сказанное: «Спаси нас Творец и пошли нам удачу». «Спаси» — означает вознаграждение и наказание. То есть человек обязан молиться, чтобы Творец послал ему работу и возможность приложить усилия, с помощью которых он удостоится вознаграждения. Но вместе с тем, он должен молиться об удаче, то есть о личном управлении, чтобы и без всякой работы и усилий он удостоился всего наилучшего.

Подобное мы видим и в нашем мире. (Два последовательных состояния, происходящие в духовном в одной душе, как бы в разное время, делятся в нашем мире на два отдельных человеческих тела.) И в нашем мире мы видим, что есть люди, которые получают вознаграждение только после больших усилий и тяжелой работы, а есть люди менее способные и более ленивые, которые зарабатывают с легкостью, становясь самыми богатыми в мире.

Причина же в том, что эти два различных материальных состояния происходят из соответствующих высших корней — управления «вознаграждением и наказанием» и «частного управления». И отличие только в том, что в духовном это раскрывается как два последовательных постижения одной души, то есть в одном человеке, но в двух его последовательных состояниях, а в материи это раскрывается в одно время, но в двух различных людях.

44. Разум и сердце

Услышано 10 Тевета (3 Января 1928 г.)

Необходимо постоянно проверять свою веру, и смотреть, есть ли в тебе трепет и любовь, как сказано: «Если Отец Я, где почет мне. Если хозяин Я, где страх предо мной?». И это называется «моха», работа в разуме.

Но также необходимо следить, чтобы не было никаких желаний к самонаслаждению, и даже мысль такая чтобы не возникала, чтобы не поднималось желание насладить себя, а чтобы все желания были только доставить удовольствие от своих мыслей и действий Творцу. И это называется «либа», работа в сердце, о чем сказано: «Творец в своем милосердии требует все сердце человека».

45. Два состояния в Торе и работе

Услышано 1 Элуля (5 Сентября 1948 г.)

Есть два состояния в Торе и два состояния в работе: страх и любовь.

Тора — это состояние совершенства, когда не говорят о работе человека, о состоянии, в котором он конкретно находится, а говорят о самой Торе.

Любовь — это состояние, когда есть у человека желание познать пути Творца, Его тайны, и, чтобы достичь этого, человек прилагает все свои усилия. И от каждого постижения, которое выносит из изучения Торы, он восхищается, радуясь, что удостоился главного. В таком случае, в мере его восхищения от важности Торы, он постепенно и сам растет, пока не начинают, согласно его усилиям, раскрываться ему тайны Торы.

Страх — это состояние, когда человек желает работать ради Творца, ведь «если не будет знать законы Творца, как сможет работать на Него»? И поэтому находится в страхе и тревоге, не зная, как работать на Творца. А когда изучая законы Творца, он находит вкус в Торе и может использовать его как восхищение от того, что удостоился какого-то постижения в Торе, он продолжает идти по этому пути, и постепенно раскрываются ему тайны Торы.

И здесь существует отличие между внешней мудростью человеческого разума и внутренней мудростью Торы: в человеческой мудрости восхищение уменьшает разум, потому что чувство противоположно разуму. Поэтому восхищение затмевает разум. Тогда как в мудрости Торы восхищение само по себе, как и мудрость, потому что Тора — это жизнь, как написано: «Мудрость дает жизнь владеющему ею», ведь мудрость и жизнь — это одно и то же. Поэтому, как мудрость раскрывается в разуме, так же мудрость раскрывается и в восхищении, в ощущении. Ведь свет жизни заполняет все части души. (И потому нам необходимо неустанно восхищаться мудростью

Торы, ведь именно восхищение так отличает мудрость Торы от внешних наук.)

Работа — это состояние в левой линии, потому что человек связан с желанием получить наслаждение, ощущая недостаток:

1) личный недостаток,
2) общий недостаток,
3) страдания Шхины.

Всякое ощущение недостатка обязывает заполнить его и поэтому связано с получением, с левой линией.

Тогда как Тора — это состояние, когда человек работает не потому что ощущает недостаток, который необходимо исправить, а потому что желает отдать, доставить удовольствие Творцу (через молитву, восхваление и благодарность). А когда в этой работе он чувствует себя в совершенстве и не видит в мире никакого недостатка — это называется Торой. Тогда же, когда он работает, ощущая какой-то недостаток, это называется работой.

Работа человека может исходить:

1) из его любви к Творцу, желания слияния с Творцом, когда чувствует, что именно здесь возможно раскрыть заключенную в нем способность любить и полюбить Творца

2) из страха перед Творцом.

46. Власть Израиля над клипот

Что означает власть Израиля (желания к Творцу) над клипот (нечистыми желаниями) и, наоборот, власть клипот над Израилем? Прежде всего нужно выяснить, что подразумевается под Исраэль и «народами мира».

Во многих местах объясняется, что Исраэль — это название внутренней, «лицевой» части келим, с которыми возможно работать ради отдачи Творцу.

А «народами мира» называется внешняя часть или «обратная сторона» келим, которые направлены только на получение, а не на отдачу. Власть «народов мира» над Исраэль означает, что они не могут работать на отдачу в келим дэ-паним (лицевой стороны), а только в келим дэ-ахораим (АХАП), которые искушают работников Творца притянуть свет вниз, в получающие желания.

А власть Исраэль означает, что каждый получает силу работать ради отдачи Творцу — то есть только в келим дэ-паним. И даже если и притягивают свет Хохма, то только как «путь, которым смогут пройти, и не более».

47. Там, где ты находишь Его величие

«Там, где ты находишь Его величие, там найдешь Его смирение» (Мегила).

Если человек постоянно находится в истинном слиянии с Творцом, то видит, что Творец низводит Себя до своего творения, то есть пребывает с ним во всех низменных местах. И человек не знает, что же ему делать?

Поэтому сказано: «Творец, восседающий так высоко, склоняется, чтобы видеть, — в небесах и на земле», то есть человек видит величие Творца, а затем видит «падение» неба до уровня земли.

В таком случае, можно дать человеку лишь один совет: думать, что если это желание исходит от Творца, то нет ничего выше этого, как сказано: «Из сора поднимающий нищего».

Прежде всего, человек должен посмотреть: есть ли у него ощущение недостатка? А если нет, то должен молиться: почему я не ощущаю недостаток? Ведь неощущение недостатка — от недостатка осознания. Поэтому, совершая каждую заповедь, должен молиться: почему я не чувствую, что мое исполнение несовершенно, и мой эгоизм скрывает от меня правду? Ведь если бы он увидел, что пребывает в такой низости, то, конечно, не захотел бы оставаться в таком состоянии. А все время прикладывал бы старания в работе, пока не возвратится к Творцу, как сказано «Всевышний умерщвляет и воскрешает, опускает в преисподнюю и поднимает».

Когда Творец желает, чтобы грешник раскаялся и вернулся к Нему, Он опускает его в бездну такого унижения, пока тот сам не захочет перестать быть грешником. А потому должен он просить и умолять, чтобы Творец раскрыл перед ним истину, дав ему больше света Торы.

48. Главная основа

Услышано на исходе Субботы Ваэра (8 Ноября 1952 г.)

Основное в духовном пути — это осторожность и остережение в работе разума. Потому что работа разума построена на вопросе, и если возникает тот печально известный вопрос, то человек должен быть к нему готов и защищен, чтобы устоять и суметь немедленно ответить, как положено.

И весь путь к Творцу состоит из вопросов и ответов, из которых и строится духовное здание человека. А если нет вопросов и, соответственно, нет и ответов, значит, человек стоит на месте и не движется.

Также и тому, кто удостоился стать сосудом (кли) для света Шхины и поднимается по духовным ступеням, когда уже нет у него этой работы — и такому человеку Творец готовит место для наполнения его верой. Хотя трудно себе представить, как может быть такое в духовных ступенях, но Творец может это сделать.

И это называется исправлением средней линией, когда в левой линии нельзя получать. Но мы видим, что именно в Малхут раскрывается свет Хохма, хотя свет Хохма и Малхут — противоположны.

И об этом сказано: «И помеха эта будет у тебя под рукой». Ведь «человек может поступить праведно, согласно закону только там, где прежде прегрешил». Законом (алаха) называется Малхут (Малхут означает невесту (кала). А то время, когда идут (алаха - ходьба) к невесте, называется «законом»). И весь путь к малхут состоит из препятствий, то есть из вопросов. А если их нет, то Малхут даже не называется «вера» или «Шхина».

49. Основное — это разум и сердце

Услышано в 5-й день недели Ваэра (6 Ноября 1952 г.)

Над разумом необходимо работать, как при работе над верой. Это значит, что если человек ленится в работе над верой, он падает в состояние, когда желает только знания, а это нечистая сила (клипа) против святой Шхины. Поэтому работа заключается в том, чтобы укрепляться в постоянном обновлении разума.

Также в работе над сердцем: если человек чувствует, что ленится, то должен укрепиться в работе над сердцем и совершать обратные, встречные действия, то есть накладывать ограничения на свое тело, в противоположность его желанию насладиться.

Отличие лени при работе в разуме и в сердце в том, что есть злая клипа против разума, которой по силам привести человека к полному разочарованию, когда разуверится в первоосновах. Поэтому необходимо оказывать противодействие, то есть обновлять свой разум, признавая прошлые ошибки и сожалея о них, а также принимая обязательства на будущее.

И средства для этого можно получить от неживого уровня. Наполнение человека верой — это постоянное и вечное состояние, а потому всегда может служить мерой: чиста его работа или нет. Ведь Шхина скрывается и исчезает из человека только от нарушения в разуме или в сердце.

50. Два состояния

Услышано 20 Сивана

У этого мира есть только два возможных состояния:
1. Состояние, когда мир называется «страдания».
2. Состояние, когда мир называется «Шхина».

Два состояния

Прежде чем человек удостоится исправить все свои действия намерением на отдачу, он ощущает, что мир полон страданий и боли. Но когда удостаивается и видит, что Шхина (присутствие Творца) заполняет весь мир, то Творец называется «Наполняющий весь мир», и мир называется «Шхина», получающая от Творца. И это состояние называется единством Творца и Шхины, потому что, как Творец дает творениям, так и мир сейчас только лишь отдает Творцу.

И подобно это грустной мелодии, когда есть музыканты, умеющие выразить страдания, заключенные в нотах. Потому что каждая мелодия — словно человеческий рассказ, выражает чувства, о которых хотят рассказать. И если мелодия трогает слушателей до слез, и каждый плачет от ощущения передаваемых музыкой страданий, тогда она называется «мелодией», которую все любят слушать.

Но как же могут люди наслаждаться страданиями? А это потому, что мелодия выражает не настоящие ощущения страданий, а которые были в прошлом, то есть уже исправились и «подсластились» наполнением желаемого. Поэтому люди любят слушать такие мелодии, ведь они напоминают о «подслащении» лишений и страданий прошлого. Поэтому страдания эти — сладкие, и сладостно напоминание о них. И в таком случае мир называется «Шхина».

Основное, что необходимо знать и ощутить — это что есть Управляющий всем, как сказал Праотец Авраам: «Не может быть столицы без Правителя». И нельзя думать, что в мире действует какая-то случайность. Но нечистые силы (ситра ахра) вынуждают человека согрешить и сказать, что все случайно. И называется это тайной «семени, растраченного впустую», что созвучно со словом «случайность», которое внушает человеку мысли, что все случайно. (Но и то, что эти нечистые силы вынуждают человека согрешить, подумав, что в мире правит случайность и нет высшего управления — это также не случайно, а согласно желанию Творца.

Но человек обязан верить в вознаграждение и наказание, в наличие Суда и Судьи, в полное высшее управление вознаграждением и наказанием. Ведь иногда приходит к человеку какое-то желание и стремление к духовному, а он думает, что оно пришло к нему случайно. Но и в этом случае он должен знать, что прежде сделал работу, послужившую «действием, предваряющим услышанное», то есть молился о помощи свыше, чтобы суметь совершить хоть какое-то действие с намерением ради Творца. И это называется молитвой, поднятием МАН.

Однако человек уже забыл об этом и не принял во внимание, потому что не получил немедленного ответа на свою молитву, чтобы можно было сказать, что Творец действительно слышит любую просьбу. Но все же обязан человек верить, что согласно духовным законам, ответ на молитву может прийти после многих дней и месяцев. Поэтому не следует считать, что он случайно получил это новое вдохновение и устремление к духовному, которое сейчас ощущает.

Иногда человек говорит: «Сейчас я ощущаю, что ничего мне не надо, и нет во мне никаких тревог и забот, и мозг мой спокоен и чист. Поэтому сейчас я могу сконцентрировать свои разум и сердце, мысли и желания на работе Творца». Этим он как бы говорит, что его работа на Творца, ее результат зависит от его способностей и усилий, и случайно он попал в такое состояние, когда может заниматься духовным продвижением и достичь духовного результата. Но в таком случае, он должен понять, что это состояние пришло к нему в ответ на то, как он молился прежде, и его прежние усилия вызвали сейчас ответ Творца.

Когда человек, углубляясь в книгу по Каббале, получает некоторое свечение и воодушевление, он также обычно считает это случайным. Однако все происходит строго по управлению Творца. Но даже, если человек знает, что вся Тора – это имена Творца, он все же может сказать, что получил озарение от книги.

Но ведь много раз он раскрывал ту же книгу, зная, что вся Тора – имена Творца, и все-таки не получал никакого озарения и ощущения. Все было сухо и пресно, и никакое знание о том, что эта книга говорит о Творце, не помогало ему.

Поэтому, когда человек углубляется в книгу, он должен возлагать свои надежды на Творца, чтобы его учеба была на основе веры, веры в высшее Управление, что Творец раскроет ему глаза. Тогда он начинает нуждаться в Творце и обретает связь с Ним, и с помощью этого он может удостоится слияния с Творцом.

Есть две противоположные друг другу силы: высшая и низшая. Высшая сила – означает, что все создано только ради Творца, как сказано: «Все названное именем Моим создал Я во славу Себе». Низшая сила – это эгоистическое желание получать наслаждения, утверждающее, что все создано только для него: как земное, материальное, так и высшее, духовное – все для его личного блага. И эгоизм требует, что положено ему получить и этот мир, и мир будущий. И конечно же в этом противостоянии побеждает Творец, но такой процесс называется «Путь страданий». И он очень долгий.

Но есть короткий путь, называемый «Путь Торы». И стремлением каждого человека должно быть сократить время, что называется «ахишена». Иначе будет двигаться естественным ходом времени – «беито» под давлением страданий. Как сказано мудрецами: «Удостоитесь – ускорю время (ахишена). Не удостоитесь – все будет в свое время (беито), и Я поставлю над вами такого властителя, как Аман, который вынудит вас поневоле вернуться к правильному пути».

А Тора начинается со слов: «Вначале... земля была пуста и хаотична, и тьма над бездною...» и заканчивается словами: «...на глазах всего Израиля». Вначале человек видит, что земная жизнь – это сумрак, хаос и пустота. А затем, когда исправляет себя, обретает намерение «ради Творца», и тогда удостаивается: «И сказал Творец: Да будет свет...». Пока не достигнет последней ступени духовного развития – «...на глазах всего Израиля», что означает раскрытие света всем душам.

51. Если обидел тебя грубиян

Услышано на исходе праздника Песах (23 Апреля 1943 г.)

Сказано: «Если обидел тебя этот грубиян (эгоизм, твое зло), тащи его в Бэйт-мидраш». (Бэйт-мидраш – так называется место, где изучают Тору, каббалу. Бэйт — дом, помещение, кли, сосуд. Мидраш — от глагола «лидрош», требовать — требовать раскрытия Творца.)

А если нет, напомни ему о дне смерти — напомни, что духовная работа должна быть там, где он не находится. Потому что вся духовная работа происходит вне тела человека, за его кожей, снаружи. И называется это работой вне тела, потому что все его мысли не о себе.

52. Прегрешение не отменяет заповедь

Услышано в вечер Субботы 9 Ияра (14 Мая 1943 г.)

«Прегрешение не отменяет заповедь, и заповедь не отменяет прегрешения». Духовная работа человека заключается в том, чтобы идти хорошим путем, но его злое начало не дает ему этого. И необходимо знать, что человек не обязан искоренять из себя зло — это совершенно невозможно. А надо лишь ненавидеть зло, как сказано: «Любящие Творца, ненавидьте зло!». И необходима только ненависть ко злу, потому что ненависть разделяет тех, кто ранее были близки.

Поэтому само по себе зло не существует, а существование зла зависит от любви к хорошему и ненависти ко злу. Если есть в человеке любовь ко злу, то он попадает в сети зла. А если ненавидит зло, то освобождается из-под его влияния, и нет у зла никакой возможности властвовать над человеком. Получается, что основная работа человека заключается не в работе над самим злом, а в любви или ненависти к нему. И поэтому прегрешение приводит к следующему прегрешению.

Но почему дают человеку в наказание совершить еще один проступок? Ведь если человек падает с того уровня своей духовной работы, на котором он был, необходимо помочь ему подняться. А здесь мы видим, что свыше дополняют ему помехи, чтобы упал еще ниже, чем в первый раз, от первого прегрешения.

Это делается умышленно свыше: чтобы человек почувствовал ненависть ко злу, добавляют ему зло, чтобы ощутил, насколько прегрешение отдалило его от духовной работы. И хотя было у него сожаление и раскаяние от первого прегрешения, но эти сожаление и раскаяние еще были недостаточны, чтобы выявить в нем ненависть ко злу. Поэтому прегрешение приводит к прегрешению, и каждый раз человек раскаивается, и каждое раскаяние рождает ненависть ко злу — пока не возникает в нем такая мера ненависти ко злу, что он полностью освобождается и отдаляется от зла, потому что ненависть вызывает отдаление.

Получается, что если человек раскрывает такую меру ненависти ко злу, которая приводит его к отдалению от зла, он не нуждается в том, чтобы прегрешение вызывало последующие прегрешения, и таким образом выигрывает время. А вместо ненависти ко злу приходит к любви к Творцу. И поэтому сказано, что «любящие Творца ненавидят зло». Ведь они лишь ненавидят зло, однако зло остается существовать на своем же месте — необходима только ненависть к нему.

А следует это из сказанного: «Ведь немногим умалил Ты человека перед ангелами». Поэтому сказал Змей: «И будете, как Боги, познавшие добро и зло». То есть человек прикладывает усилия, желая понять, подобно Творцу, все пути высшего управления. Но об этом говорится: «Высокомерие человека унижает его», потому что желает все понять своим животным разумом. Если же не понимает — то чувствует себя униженным.

Дело в том, что если человек ощущает в себе устремление познать что-либо, это признак того, что он должен познать желаемое. И если он поднимается над своим собственным пониманием и вместо усилия познать желаемое, принимает все верой выше знания, это считается у человечества самой большой униженностью. Получается, что чем сильнее его требование больше узнать, тем в большей униженности он пребывает, принимая веру выше знания.

Вот почему, сказано о Моше, что был он скромным и терпеливым, то есть ощущал страдания униженности в самой большой мере.

И поэтому сказано, что Адам до прегрешения вкушал плоды с Древа Жизни и находился в совершенстве, но не мог идти выше своей ступени, потому что не ощущал никакого недостатка в своем состоянии. И потому не мог раскрыть имена Творца. Поэтому была необходимость в его прегрешении, «ужасном для всего человечества», когда вкусил плод древа Познания Добра и Зла, от чего потерял весь высший свет и был обязан заново начать работу.

И об этом сказано, что изгнан он из Райского Сада. Потому что, если после прегрешения вкусит от древа Жизни (что означает внутреннюю часть миров), то будет жить вечно, то есть останется навечно в своем неисправленном состоянии. Ведь не будет ощущать в своем грешном состоянии никакого недостатка. Поэтому, чтобы дать человеку возможность раскрыть в себе все имена Творца (ощущения высшего света), которые раскрываются исправлением добра и зла, обязан был Адам вкусить от Древа Познания.

Это подобно человеку, который желает дать товарищу содержимое целой бочки вина. Но у того есть только маленький стакан. Что же делает хозяин? Он наполняет своему товарищу его маленький стакан, который тот несет домой и опорожняет в свою, стоящую дома бочку. Возвращается снова, и повторяется тот же процесс, пока все содержимое бочки хозяина не переходит в его бочку.

А еще я слышал притчу о двух товарищах, один из которых был царем, а второй — бедняком. Услышав, что его товарищ стал царем, бедняк отправился к нему и рассказал о своем бедственном положении. И царь дал ему письмо к своему казначею с указанием, что в течение двух часов он может получить столько денег, сколько пожелает. Бедняк пришел к казначею с небольшой кружкой, зашел и наполнил ее деньгами.

А когда он вышел, служитель ударил по кружке и все деньги упали на землю. И так повторялось каждый раз. И плакал бедняк: «Почему же он это делает?!» Но в конце концов служитель сказал: «Все деньги, которые взял ты, — твои! Можешь забрать их себе. Ведь не было у тебя сосуда (келим), чтобы взять достаточно денег из казны». Потому и была придумана такая уловка.

53. Ограничение

Услышано вечером Субботы 1 Сивана (4 Июня 1943 г.)

Ограничение заключается в ограничении себя, своего состояния, чтобы не желать лишнего (больших состояний — гадлут), а именно в том состоянии, в котором человек находится, он готов оставаться навечно. И это называется вечным слиянием. И не важно, как велико достигнутое им состояние. Ведь может находиться даже в самом низшем состоянии, но если это светит вечно, считается, что удостоился вечного слияния. Тогда как, стремление к большему называется стремлением к излишеству.

«И всякая печаль будет излишней». Печаль посещает человека только вследствие его стремления к излишеству. Поэтому сказано, что когда Исраэль пришли получать Тору, собрал их Моше у подножия горы. (Гора — «ар», от слова «ирурим» — сомнения). То есть Моше привел их к самым глубоким мыслям и пониманию — к самой низкой ступени.

И только тогда согласились без колебаний и сомнений остаться в таком состоянии и идти в нем, будто находятся в самом большом и совершенном состоянии, и проявить при этом подлинную радость, как сказано: «Работайте в радости на Творца». Ведь в большом состоянии (гадлут) от человека не требуется работать над тем, чтобы быть в радости, потому что в это время радость проявляется сама по себе. И только в состоянии недостатка (катнут) нужно работать, чтобы быть в радости, несмотря на ощущение незначительности своего состояния. И это большая работа.

Создание такого малого состояния (катнут) является основным в рождении ступени, и это состояние должно быть вечным. А большое состояние (гадлут) — приходит только как дополнение. И стремиться необходимо к основному, а не к дополнительному.

54. Цель духовной работы

Услышано 16 Шевата (13 Февраля 1941 г.)

Известно, что основное — это доставлять наслаждение Творцу. Но что значит отдача? Ведь это настолько привычное для всех слово, а привычка притупляет вкус. Поэтому нужно хорошо разобраться: что же означает слово «отдача».

Дело в том, что в отдаче человека принимает участие его желание получить наслаждение (то есть желание насладиться можно использовать, если оно исправлено). Ведь без этого не может быть никакой связи между Творцом и творением, между Дающим и получающим. Не может быть партнерства, когда один дает, а второй ничего не возвращает ему в ответ. Потому что, только когда оба проявляют любовь друг к другу, тогда есть связь и дружба между ними. Но если один проявляет любовь, а другой не отвечает ему взаимностью, то такая любовь не может существовать.

И говорят мудрецы о словах: «И сказал Творец Циону: Мой народ ты!» (Исайя 51), что нужно читать не «народ ты!», а «с кем ты?». И это означает: «С кем ты находишься в партнерстве?» То есть творения должны быть в партнерстве с Творцом. Поэтому, когда человек хочет отдавать Творцу, он должен также получать от Него — тогда это и есть партнерство, ведь как Творец отдает, так и человек отдает.

Но желание человека должно стремиться слиться с Творцом и получить Его свет и Жизнь, ведь цель творения — насладить создания. Однако вследствие разбиения келим в мире Некудим, упали желания во власть эгоизма, клипот. И от этого появились в желании, в кли, две особенности:

- Стремление к наслаждениям в отрыве от Творца — соответственно работа выйти из-под власти этой клипы называется «очищением» (таара),
- Отдаление от духовных наслаждений, заключающееся в том, что человек отдаляется от духовного, и нет у него никакого стремления к духовному — исправление этого называется «святость» (кдуша) и достигается стремлением к величию

Творца. Потому что тогда Творец светит человеку в этих желаниях к ощущению величия Творца.

Но необходимо знать, что в той мере, в которой есть у него чистые келим (келим дэ-таара), определяющие его «ненависть ко злу» (эгоизму), в той же мере он может работать в святости, как сказано: «Любящие Творца ненавидят зло».

Получается, что есть две особенности:
- очищение,
- святость.

Святостью называется кли, подготовка к получению изобилия Творца в соответствии в Его замыслом «насладить творения». Но кли это относится к творению, ведь в руках человека исправить его, то есть в его силах стремиться к хорошему тем, что умножает свои усилия в постижении величия Творца и в анализе собственной ничтожности и низости.

Тогда как свет, который должен раскрыться в этом кли святости, — он во власти Творца. Творец изливает Свое изобилие на человека, и не во власти человека повлиять на это. И это называется: «Тайны мироздания относятся к Творцу».

А потому как замысел творения, называемый «наслаждение созданий», начинается из мира Бесконечности, то мы молимся обращаясь к миру Бесконечности, то есть к связи Творца с творениями. Поэтому сказано у Ари, что необходимо молиться к миру Бесконечности, а не к Ацмуто, потому что у Ацмуто нет никакой связи с творениями. Ведь начало связи Творца с творениями начинается в мире Бесконечности, где находится Его Имя, кли, корень творения.

Поэтому говорится, что молящийся обращается к имени Творца. Это Имя, кли в мире Бесконечности, называется «башня, полная изобилия». Поэтому мы молимся к Его Имени, чтобы получить все находящееся в нем, ведь это уготовлено нам изначально.

Поэтому Кетер называется желанием насладить создания. А само изобилие называется Хохма. Потому Кетер называется «Бесконечность» и «Творец». Но Хохма еще не называется творением, потому что в ней еще нет кли, и она определяется как свет без кли. Поэтому также Хохма определяется как Творец, потому что невозможно постичь свет вне кли. А все отличие

Кетера от Хохма в том, что в Хохма больше раскрывается корень творения.

55. Где в Торе упомянут Аман

Услышано 16 Шевата (13 Февраля 1941 г.)

Так указывает Тора на Амана: «Не от (аман) дерева ли, о котором Я заповедал тебе не есть, ел ты?» (Берешит 3:11)

Какова же связь между Аманом и Древом жизни?

Древо жизни – это все сотворенное Творцом желание самонасладиться, которое необходимо исправить на получение ради отдачи Творцу.

Аман – это также все сотворенное Творцом желание самонасладиться, как говорится в «Мегилат Эстер»: «И сказал Аман в сердце своем: кому, кроме меня, захочет оказать почет Царь, Повелитель мира!» – ведь в Амане заключено все огромное желание насладиться. И об этом сказано: «И возвысится сердце человека на путях Творца».

56. Тора называется «показывающей»

Услышано в 1-й день недели Бешалах (2 Февраля 1941 г.)

Тора называется «показывающей», от слов «сбросить вниз» (Шмот 19:13), потому что в то время, когда человек занимается Торой, в мере его усилий в Торе, в той же мере он ощущает отдаление.

То есть раскрывают ему истину – показывают меру его веры, что является всей основой истины. И в мере его веры и именно на ней строится вся основа его существования в Торе и заповедях. Ведь тогда раскрывается перед его глазами, что вся основа его строится только на воспитании, которое он получил, потому что ему достаточно полученного воспитания для выполнения Торы и заповедей во всех их точностях и требованиях. А все, что исходит от воспитания, называется «вера внутри знания».

Хотя это противоположно пониманию: ведь разум обязывает ожидать, что чем больше человек прикладывает усилий в Торе, в той же мере он должен ощущать свое приближение к Творцу. Но как сказано выше, Тора всегда показывает ему все большую истину.

Если человек ищет правду, то Тора приближает его к истине и показывает меру его веры в Творца. И делается это для того, чтобы человек мог просить милости и молиться Творцу, чтобы действительно приблизил его к Себе, когда бы он удостоился подлинной веры в Творца. И тогда сможет благодарить и воспевать Творца за то, что Он приблизил его к Себе.

Но если человек не видит меру своего удаления от Творца и кажется ему, что идет вперед, его усилия и надежды беспочвенны и построены на непрочной основе, и нет в нем ощущения необходимости молитвы к Творцу, чтобы приблизил его к Себе. Получается, что нет у него возможности приложить усилия, чтобы обрести полную веру. Ведь человек вкладывает усилия только в то, чего ему недостает.

Поэтому, пока не достоин видеть правду, то наоборот: чем больше прибавляет в занятиях Торой и заповедями — ощущает себя все более совершенным и не видит никакого изъяна в себе. А потому нет у него основания прикладывать усилия и молиться Творцу, чтобы удостоиться полной истинной веры. Ведь только тот, кто ощущает в себе пороки и неисправности, требует исправления. Но если он занимается Торой и заповедями правильно, то Тора показывает ему правду, потому что есть в Торе чудесное свойство (сгула) показывать истинное состояние человека и величину его веры. (О чем сказано: «Когда узнает он, что согрешил...»)

А когда человек занимается Торой, и Тора показывает ему его истинное состояние, то есть его удаленность от духовного, и он видит, насколько он низкое творение, хуже которого нет человека на всей земле, то является к нему нечистая сила с иной жалобой, убеждая его, что в действительности его тело (желания) отвратительно и нет в мире более низкого, чем он, — чтобы привести человека к депрессии и разочарованию.

А все потому, что нечистая сила боится, как бы он не принял близко к сердцу увиденное состояние и не пожелал его исправить. Поэтому нечистая сила (эгоистическая сила человека) согласна с тем, что человек говорит о том, что он ничтожен и ужасен в своих качествах, и дает ему понять, что если бы он родился с лучшими задатками и большими способностями, то конечно бы сумел победить грешника в себе, исправить его и таким образом слиться с Творцом.

На эти доводы нечистой силы человек должен возразить, что точно об этом и сказано в Талмуде, в Масэхэт Таанит, где говорится о том, как рабби Эльазар, сын рабби Шимона бар Йохая, возвращался из огороженного дома своего рава («дом» — кли, «рав» — от слова «большой», то есть находился после достижения большого духовного состояния). Ехал он, сидя на осле (осел — хамор, от слова хомер — материя. «Ехать, сидя на осле» — означает достичь исправления всего своего эгоистического материала, управляя им с намерением ради Творца). Ехал он вдоль берега реки (река — течение света мудрости. Берег, «сафа» от слова «край, граница». То есть рабби Эльазар достиг предела мудрости). Пребывал он в большой радости. Было его мнение о себе грубым, потому что много учился Торе. Повстречался ему один человек, крайне уродливый (то есть увидел свои истинные свойства). Сказал ему: «Мир тебе, ребе!» Не ответил ему приветствием рабби Эльазар, а сказал: «Как ужасен этот человек в своем уродстве! Неужели все в вашем городе такие же уродливые, как ты?» Ответил ему тот человек: «Не знаю. Но обратись к Сотворившему меня. Скажи Ему, насколько ужасное кли (сосуд) создал Он». Увидел рабби Эльазар, что согрешил и слез с осла...»

И из сказанного пойми, что поскольку он так много учил Тору, удостоился увидеть правду: каково на самом деле истинное расстояние между ним и Творцом — меру своей близости к Нему и отдаления. Поэтому сказано, что было его мнение о себе грубым — ведь он видел всю свою гордыню, весь свой эгоизм. И поэтому удостоился увидеть правду: что он — и есть самый ужасный в мире человек в своем эгоистическом уродстве. Чем он достиг этого? Тем, что много учил Тору!

Но как сможет он слиться с Творцом, если настолько ужасен (эгоистичен), то есть абсолютно противоположен Творцу? Поэтому спросил, а все ли такие, как он? Или только он один такой урод, абсолютный эгоист?

Ответом было: «Не знаю». То есть они не знают, потому что не чувствуют. А почему не чувствуют? Потому что не видят правды, ведь недостаточно учили Тору, чтобы она раскрыла им правду.

Поэтому ответил ему Элияу: «Обратись к Сотворившему меня». Поскольку человек увидел, что не в силах подняться из своего состояния, раскрылся ему пророк Элияу и сказал «Обратись к Сотворившему меня». Ведь если Творец создал в тебе весь этот ужасный эгоизм, Он точно знает, как с этими келим достичь совершенной цели. Поэтому не беспокойся, иди вперед и преуспеешь!

57. Приблизь его к желанию Творца

Услышано в 1-й день недели Итро (5 Февраля 1944 г.)

Сказано: «Приблизь его (свое желание) к желанию Творца». Но как? Заставляют его, пока не скажет «Желаю я!» И также надо понять, почему мы молимся: «Да будет желание свыше...»? Ведь сказано: «Больше, чем теленок желает сосать, корова желает кормить». Но тогда непонятно — зачем же нам молиться, чтобы было желание у Творца?

Известно, что для того, чтобы притянуть свет свыше, прежде необходимо стремление снизу (итарута дэ-летата). Но зачем нужно предварительное стремление снизу? Для этого мы молимся: «Да будет желание свыше...», то есть мы сами должны пробудить желание свыше отдавать нам. Значит, недостаточно, что есть в нас желание получить, но еще и свыше должно быть доброе желание Дающего дать.

И хотя у Творца изначально есть желание насладить все свои создания, Он ожидает нашего желания, которое пробудило бы Его желание. Ведь если мы не можем Его пробудить, это признак того, что еще не готовы к получению, и наше желание не истинное и не совершенное. Поэтому именно молясь «Да будет желание свыше...», мы приходим к тому, что в нас крепнет истинное желание, готовое получить высший свет.

Однако необходимо заметить, что все наши действия, как плохие, так и хорошие, нисходят свыше (так называемое «Личное управление»), когда все делает Творец. И вместе с тем нужно сожалеть о своих плохих поступках, хотя они также исходят от Него.

Разум же обязывает, что нельзя сожалеть в таком случае, а надо оправдать действия Творца, посылающего нам желания совершать проступки. Но все-таки необходимо действовать наоборот и сожалеть о том, что Творец не дал нам совершить добрые дела. Конечно же это наказание, потому что мы недостойны служить Ему.

Но если все нисходит свыше, то, как мы можем говорить, что недостойны — ведь от нас не зависит ни одно наше действие? Поэтому даются нам плохие мысли и желания, отдаляющие нас от Творца и от духовной работы, и внушающие, что мы недостойны ею заниматься. И в ответ рождается молитва, которая и является исправлением, чтобы стали мы достойны и пригодны получить работу Творца.

Отсюда нам станет понятным, почему возможно молиться об избежании несчастий. Хотя несчастья нисходят свыше, от Творца, вследствие наказания, а наказания, сами по себе — это исправления, так как существует закон: наказание есть исправление. Но если так, как же можно молиться, чтобы Творец аннулировал наше исправление, как сказано: «Нельзя так много бить его, иначе унижен будет брат твой у тебя на глазах»! (Дварим).

Однако необходимо знать, что молитва исправляет человека намного более эффективно, чем наказания. И поэтому, когда человек молится вместо получения наказания, то аннулирует наказания и страдания, которые уступают место молитве, исправляющей его тело, то есть желание.

Поэтому сказано мудрецами: «Удостоился, исправляется путем Торы. Не удостоился, исправляется путем страданий». Но путь Торы намного успешней пути страданий и приносит больше духовной прибыли, потому что желания (келим), которые необходимо исправить для получения высшего света, раскрываются быстрее и шире, вследствие чего сливается человек с Творцом.

И об этом сказано: «Принуждают его, пока не скажет «Желаю я!» То есть Творец говорит: «Желаю Я действия человека».

О молитве же сказано, что Творец жаждет молитвы праведников. Ведь молитвой исправляются желания, в которые может затем Творец излить высший свет, поскольку готовы они получить высшее наслаждение.

58. Радость — показатель хороших действий

Услышано в 4-й полупраздничный день Суккота

Радость — это показатель хороших действий: если действия добрые, то есть святые, не ради себя, а только ради Творца — на них раскрывается радость и веселье.

Но есть также нечистая сила, клипа. И чтобы определить чистое ли это желание или нечистое (святое, альтруистическое или земное, эгоистическое), необходим анализ в разуме, «в знании»: в чистом желании есть разум, а в нечистом нет его. Потому что о нечистой силе сказано: «Иной бог бесплоден и не приносит плодов». Поэтому, когда приходит к человеку радость, он должен углубиться в Тору, чтобы раскрылась ему мудрость, мнение и знание Торы.

Также необходимо знать, что радость является свечением свыше, которое раскрывается на просьбу (МАН) человека о возможности добрых действий. Творец всегда судит человека по той цели, которой он сейчас желает достичь. Поэтому, если человек принимает на себя волю Творца навечно, немедленно в ответ на это решение и желание светит ему высший свет. Ведь природа высшего света вечна и постоянна, и он может светить, только если есть у человека постоянное доброе желание.

И хотя известно Творцу, что этот человек в следующее мгновение упадет со своей духовной ступени, Творец все равно судит его по тому решению, которое в настоящее время принял на себя человек. И если человек решил принять на себя полностью и навечно власть Творца во всех своих желаниях (в том, что ощущает в себе в настоящее время), это считается совершенством.

Но если человек, принимая власть Творца, не желает оставаться под ней навечно, такое действие и намерение не считаются совершенными и не может высший свет светить в них. Ведь высший свет — совершенный, вечный, постоянный и никогда не изменится, тогда как человек желает, чтобы даже то настоящее состояние, в котором он сейчас находится, не продолжалось вечно.

59. Посох и Змей

Услышано 13 Адара (23 Февраля 1948 г.)

...И отвечал Моше: «Но ведь не поверят они мне...». И сказал ему Творец: «Что это в руке твоей?» И ответил: «Посох». И сказал Творец: «Брось его на землю». И бросил он и обратится тот в Змея. И побежал Моше от него (Шмот 4).

Есть только два состояния: или святость (чистота, отдача, «ради Творца») или нечистая сила, ситра ахра (эгоизм, «ради себя»). И нет состояния посередине между ними, и тот же самый посох обращается в Змея, если бросают его на землю.

Чтобы понять это, необходимо прежде понять сказанное мудрецами, что Шхина (явление Творца) нисходит на «деревья и камни», то есть раскрывается именно на простые и скромные желания, которые считаются в глазах человека не столь важными.

Поэтому Творец спросил Моше: «Что это в руке твоей?» «Рука» означает постижение, ведь иметь в руках — это значит достигнуть и получить. И ответил: «Посох» (на иврите: матэ). Это значит, что все его достижения построены на вещах низких (ивр. мата) по своему значению и важности — то есть на «вере выше знания». Ведь вера в глазах здравого человека является чем-то неважным и низким. Он уважает все, базирующееся на знании и фактах, то есть в глазах человека важна «вера внутри знания».

Если же разум человека не в состоянии постичь чего-то, или постигаемое противоречит его пониманию, то он должен сказать, что вера для него важнее и выше его знания, понимания, осознания.

Получается, что этим он умаляет значение своего разума и говорит, что, если его понятия противоречат пути Творца, то вера для него важнее, выше знания. Потому что все, что противоречит пути Творца, не стоит ничего, не имеет никакой важности в его глазах, как сказано: «Глаза у них — да не увидят, уши у них — да не услышат». То есть человек аннулирует все, что видит и слышит, все, что не согласуется с путем Творца. И это называется идти «верой выше знания». Но это выглядит в глазах человека как низкое, неважное, недоразвитое и незрелое состояние.

Тогда как у Творца вера не расценивается как неважное состояние. Это только человеку, не имеющему иной возможности и обязанному идти путем веры, вера кажется неважной. Но Творец мог бы воцарить свое Божественное присутствие (свою Шхину) не на деревьях и камнях. Однако выбрал Он за основу именно путь «веры вопреки знанию», потому что это наилучшее для духовного пути. Поэтому для Творца вера не является неважной, наоборот, именно у этого пути есть многочисленные преимущества. Но у творений это считается низменным.

И если человек бросает посох на землю и желает работать с более высшим для него и важным, то есть внутри знания, и пренебрегает этим путем выше знания, потому что эта работа кажется ему неважной, то немедленно из Торы и его работы получается змей, воплощение первородного Змея.

Потому сказано: «Всякому гордецу говорит Творец: не можем мы быть вместе». Причина же именно в том, что Шхина покоится «на деревьях и камнях» (находится в неважном для человека: вере, отдаче, простоте). Поэтому, если человек бросает посох на землю и возвышает себя для работы с более высоким свойством, это уже гордость, то есть Змей. И нет ничего иного, кроме Посоха — святости, или Змея — нечистоты, потому что вся Тора и работа, если низменны они в глазах человека, то становятся Змеем.

Но известно, что у нечистой силы нет света, поэтому и в материальном нет у эгоизма ничего, кроме желания, не получающего никакого наполнения. Эгоистические желания всегда остаются ненаполненными. И поэтому получающий 100, желает 200 и т.д., и «умирает человек, не достигнув и половины желаемого», что исходит из высших корней.

Корень нечистой силы, клипы — желание получать наслаждение. На всем протяжении 6000 лет (периода исправления) эти желания невозможно исправить так, чтобы было возможно получить в них свет, и поэтому на них лежит запрет Первого сокращения (ЦА).

Поскольку в этих желаниях нет наполнения, они соблазняют, подговаривают человека притянуть свет к их ступеням. И тогда всю жизненную силу, весь свет, который человек получает от чистой стороны за свою работу в отдаче, забирают нечистые (эгоистические) желания. Вследствие этого они обретают власть над человеком тем, что дают ему подпитку в этом состоянии, не позволяя выйти из него.

Из-за этой власти клипы над собой, человек не в состоянии идти вперед, потому что нет у него потребности подняться выше своего настоящего состояния. А поскольку нет желания, то не может двигаться, не может совершить ни малейшего движения.

В таком случае, он не в состоянии понять, идет ли он к святости или в обратную сторону, потому что нечистая сила дает ему все больше и больше сил для работы. Ведь сейчас он находится «внутри знания», работает разумом и не считает свою работу низкой и неважной. И поэтому человек может остаться в плену нечистой силы навечно.

Но чтобы вызволить человека из-под власти нечистой силы, создал Творец особое исправление, так что если человек оставляет состояние «Посох», то немедленно падает в состояние «Змей», и в этом состоянии у него ничего не получается. И не в силах он преодолеть это состояние, и остается ему только снова принять на себя путь веры (низменных, неважных состояний, Посох). Получается, что сами неудачи вновь приводят человека к принятию на себя работы на все новых ступенях «веры выше знания».

Поэтому сказал Моше: «Но они не поверят мне», — то есть не пожелают принять путь веры выше знания. Но ответил ему Творец: «Что это в руке твоей?» — «Посох» — «Брось его на землю» — и сразу посох обратился в Змея. То есть между Посохом и Змеем нет никакого среднего состояния. И это для того, чтобы человек мог точно знать в каком состоянии, в святом или нечистом, он находится.

Получается, что нет иного пути, кроме как принять на себя путь веры выше знания, называемый Посох. И посох тот должен быть в руке, и нельзя бросать его на землю. Поэтому сказано: «И расцвел посох Аарона» — ведь весь расцвет, которого удостоился в работе Творца, был именно на основе посоха Аарона.

И это для того, чтобы служило нам признаком, идет человек правильным путем или нет, возможностью узнать, какова основа его духовной работы: выше или ниже знания. Если основа его — Посох, то находится на пути исправления и святости, а если основа его внутри знания, то не сможет достичь святости.

Но в самой работе, то есть в его Торе и молитве, нет никакого признака — работает ли он на Творца или ради себя. И более того: если его основа внутри знания, то есть работа основана на знании и получении, то тело (желания) дает силы работать, и он может учиться и молиться с огромным рвением и настойчивостью, ведь действует согласно разуму.

Тогда как, если человек идет путем исправления (святости), который основывается на вере и отдаче, то он нуждается в большой, особой подготовке, чтобы святость светила ему. А просто так, без подготовки, его тело не даст ему сил работать.

И ему необходимо постоянно прикладывать усилия, ведь его природа — это получение наслаждения и получение внутрь знания.

Поэтому, если его работа на материальной основе (ради себя), он никогда не испытывает в ней никаких трудностей. Но если основа его работы — в отдаче и выше разума (знания), то он постоянно должен прилагать усилия, чтобы не упасть в работу ради себя, основанную на получении, а не на отдаче.

И ни на миг он не может упускать из виду эту опасность — иначе мгновенно падает в корень желаний материальной (ради себя) выгоды, называемый «прах и пепел», как сказано: «Ибо прах ты и в прах возвратишься» (Берешит 3:19). Так произошло после прегрешения с Древом Познания.

Человеку дана возможность анализа и проверки, идет ли он правильным путем, в святости (отдаче) или наоборот: «Иная сила, иной бог бесплоден и не приносит плодов». Этот признак дает нам книга Зоар. Именно на основе веры, называемой Посох, удостаивается человек умножения плодов своего труда в Торе. Поэтому сказано: «Расцвел посох Аарона», — что явно показывает, что цветение и рождение плодов приходят именно путем Посоха.

Каждый день, как в то время, когда, вставая со своего ложа, человек умывается и очищает тело свое от нечистот — точно так же он должен очиститься от нечистот духовных, от клипот, то есть проверить себя, совершенен ли его путь Посоха. И такую проверку он должен проводить в себе постоянно.

И если он лишь на мгновение отвлекается от этого анализа — тут же падает во власть нечистых сил (ситра ахра), называемых «желания наслаждаться ради себя», и немедленно становится их рабом. Ведь в соответствии с правилом: «Свет создает кли», — насколько человек работает ради получения для себя, в этой мере ему становится необходимо стремиться только к эгоистическому получению, и он отдаляется от отдачи.

Отсюда можно понять сказанное мудрецами: «Будь очень-очень смиренным!» И почему же так громко сказано: «Очень-очень»?

Но дело в том, что человек становится зависим от окружающих в том, чтобы получать от них почести, уважение, одобрение.

И даже если в начале он получает это не ради наслаждения, а например, «ради уважения к Торе», и уверен в том, что нет у него никакого стремления к почету, и потому можно ему принимать почести, ведь не для себя он получает — несмотря на это, нельзя получать почести по причине того, что «свет создает кли».

Поэтому, после того как получил почести, уже начинает желать их, и значит уже находится во власти почета. И очень тяжело освободиться от почета. А вследствие этого, человек отделяется от Творца и трудно ему склониться перед Творцом.

А ведь чтобы достичь слияния с Творцом, человек должен полностью аннулировать себя (все свои личные желания) перед Творцом. Поэтому сказано «очень-очень», где первое «очень» означает, что нельзя получать почести ради собственного удовольствия. А второе «очень» добавлено потому, что даже если не ради себя, все равно запрещено получать почести.

60. Заповедь, вызванная грехом

Услышано в 1-й день недели Тецавэ (14 Февраля 1943 г.)

Если человек принимает на себя духовную работу ради вознаграждения, его отношение к работе делится на две части:
- действие называется «заповедь»,
- намерение получить за нее вознаграждение называется грехом, потому что переводит действие от святости к нечистоте.

А поскольку вся основа и причина этой работы — в вознаграждении, и только оттуда он получает все силы, то заповедь эта — «вызванная», ведь причина, побудившая человека совершить Заповедь, является грехом. Потому эта заповедь называется «Заповедь вызванная грехом» — ведь приводит к ней грех, то есть исключительно желание получить вознаграждение.

А для того чтобы этого не случилось, человек должен работать лишь для умножения славы и величия Творца, что называется работой по возрождению Шхины из праха.

Шхиной называется совокупность всех душ, которая получает весь свет от Творца и распределяет душам. Распределение и передача света душам осуществляется слиянием Творца и Шхины, когда нисходит свет к душам. А если нет слияния, то нет нисхождения света к душам.

Поскольку желал Творец насладить творения, думал о наслаждении и о желании насладиться, ведь одно невозможно без другого. И заготовил это в потенциале, чтобы затем родились и развились те, которые смогут получить это на деле. Получатель всего этого света в потенциале называется Шхина, потому что замысел Творца совершенен и не нуждается в действии.

61. Очень трудно около Творца

Услышано 9 Нисана (18 Апреля 1948 г.)

Сказано: «Очень бурно, трудно около Творца» (Псалом 50). И объясняют мудрецы, что здесь иносказательно говорится, что «вокруг Творца множество волос» (другое прочтение тех же слов), потому что Творец придирчив к праведникам на толщину волоса. И сами же они спрашивают: «Почему же так? Чем заслужили праведники такое наказание? Ведь праведники же они все-таки!»

Дело в том, что все ограничения в мироздании, в мирах — все они только относительно творений, то есть вследствие того, что постигающий делает на себя ограничение и сокращение, оставаясь затем внизу. А Творец соглашается со всем, что делает постигающий, и в этой мере нисходит свет вниз. Поэтому низший своими речами, мыслями и действиями вызывает излучение и излияние света свыше.

Из этого вытекает, что если человек считает, что отключение на мгновение от мысли о слиянии с Творцом равносильно самому большому прегрешению, то Творец свыше также соглашается с этим, и действительно считается будто совершил он самый великий грех. В итоге получается, что праведник устанавливает, насколько придирчиво Творец будет относиться к нему, вплоть до «толщины волоса», и как низший устанавливает, так это и принимается Творцом.

А если человек не ощущает самого небольшого запрета словно самого строгого — тогда и свыше не придают значения случающимся с ним мелким грехам, не рассматривая их как большие прегрешения. Выходит, что с таким человеком Творец обращается как с маленьким ребенком, считая, что у него и заповеди маленькие, а также и прегрешения маленькие. Ведь и те, и другие взвешиваются на одних весах. И такой человек считается небольшим.

Тот же, кто придирчив даже к своим небольшим действиям и хочет, чтобы Творец также придирчиво относился к нему «на толщину волоса» — тот считается большим человеком, у которого как заповеди большие, так и прегрешения большие.

И в мере наслаждения, ощущаемого им при выполнении заповеди, с той же силой ощущает страдание, содеяв прегрешение.

И повествует рассказ о том, как жил-был человек в некоем царстве-государстве. Совершил он проступок перед Царем, за что был осужден на двадцать лет принудительных работ и сослан в какое-то глухое место далеко от своей страны. И тут же привели приговор в исполнение и отвезли его туда, на край света.

И нашел он там людей, таких же как он. Но напала на него болезнь забвения, и он совершенно забыл, что есть у него жена и дети, близкие друзья и знакомые. И кажется ему, что во всем мире нет больше ничего, кроме этого заброшенного места и живущих там людей, и это и есть его родина.

Получается, что всё его представление о мире построено на его ощущениях, и не может он даже представить себе истинного состояния, а живет только данным ему сейчас знанием и ощущением.

В той далекой стране обучили его законам, дабы не нарушил их снова и мог уберечься от всех преступлений, и знал, как исправить совершенное им прегрешение, чтобы освободили его оттуда. А изучая своды законов Царя, обнаружил он закон, что если человек совершает определенное прегрешение, то его ссылают в удаленное место, отрезанное от всего мира. И ужасается он столь тяжелому наказанию, возмущаясь жестокостью суда.

Но не приходит ему в голову, что это он сам преступил законы Царя, осужден строгим судом, и приговор уже приведен в исполнение. А поскольку страдает болезнью забвения, то ни разу не ощутил истинного своего состояния.

И в этом смысл сказанного, что «очень трудно около Творца» («вокруг Творца множество волос»), то есть человек должен дать себе душевный отчет на каждый свой шаг, ведь это он сам преступил законы Царя и потому изгнали его из высшего мира.

А от того, что совершает теперь добрые деяния (ради Творца), начинает возвращаться к нему память, и он начинает ощущать, насколько в действительности далек от своего истинного мира. А потому начинает исправляться, пока не выводят его из изгнания и не возвращают на его место. Ощущения эти являются к человеку именно вследствие его работы, когда чувствует, насколько удалился от своего Источника и корня, пока не удостаивается полного возвращения к своему корню, то есть совершенного и вечного слияния с Творцом.

62. Падает и подстрекает, поднимается и обвиняет

Услышано 19 Адара I (29 Февраля 1948 г.)

«Падает и подстрекает, поднимается и обвиняет». Человек обязан постоянно проверять себя, не уводит ли его Тора и внутренняя работа в глубокую бездну. Ведь высота человека измеряется мерой его слияния с Творцом, то есть мерой аннулирования своего «Я» пред Творцом, когда он не считается с любовью к самому себе, а желает полностью исключить свое «Я». Если же человек работает ради эгоистического получения, то по мере работы он растет в собственных глазах и ощущает себя утвердившейся и самостоятельной личностью, и ему уже тяжело аннулировать себя перед Творцом.

Тогда как, если человек работает ради отдачи, то когда закончит работу, то есть исправит получающие желания, которые есть в корне его души, нечего ему больше делать в мире. Поэтому только на этой точке должно быть сконцентрировано все внимание и мысли человека.

Признак истинного пути: видит ли человек, что он находится в состоянии «падает и подстрекает», то есть вся его работа в падении. Тогда человек попадает во власть нечистых желаний и он «поднимается и обвиняет», то есть ощущает себя на подъеме и обвиняет других.

Но тот, кто работает по очищению себя от зла, не может обвинять других, а всегда обвиняет себя. Других же он видит на более высокой ступени, чем ощущает себя самого.

63. Одалживайте, а Я верну

Услышано на исходе Субботы (1938 г.)

Сказано: «Одалживайте, а Я верну». Цель творения — свет Субботы, который должен наполнить творения. Цель творения эта достигается выполнением Торы, Заповедей и Добрых деяний. Полным исправлением (гмар тикун) называется состояние, когда свет полностью раскрывается просьбами снизу (итарута дэ летата), то есть именно выполнением Торы и Заповедей.

Тогда как до достижения состояния полного исправления, также есть состояние Субботы, называемое «подобное будущему миру» (миэйн олам аба), когда свет Субботы светит, как в каждом частном, так и в общем. И этот свет нисходит без предваряющего усилия снизу от душ. А затем души возвращают свой долг, то есть прилагают необходимые усилия, которые должны были приложить ранее, прежде чем удостоились этого совершенного света.

Поэтому сказано: «Одалживайте» — получите свет Субботы сейчас, не напрямую, в долг, «и Я оплачу его». Творец раскрывает этот свет Субботы, только когда Израиль одалживает, то есть желает получить его, хотя и недостоин еще, но все же таким образом (не напрямую) может получить.

64. От ло лишма приходят к лишма

Услышано в неделю Ваехи, 14 Тевета (27 Декабря 1947 г.)
на утренней трапезе

От ло лишма (ради себя) приходят к лишма (ради Творца).
Если мы внимательно вглядимся, то обнаружим, что период духовной работы, когда человек еще работает с намерением «ради себя», намного более важен, потому что в нем легче соединить свои действия с Творцом. Ведь в лишма, человек говорит, что совершает это доброе действие, потому что работает полностью на Творца, и все его действия «ради Творца». Выходит, что он хозяин своих действий.

Тогда как, если занимается духовной работой «ло лишма», с намерением «ради себя», то доброе действие он делает не ради Творца. Поэтому он не может обратиться к Творцу с претензией, что положено ему вознаграждение. Выходит, что Творец не становиться в его глазах должником. Но почему человек совершил доброе деяние — только потому что Творец дал ему возможность, чтобы эгоистические желания обязали человека это совершить.

Например, если явились люди к нему домой, а он стыдится сидеть без дела, то берет книгу и показывает, что изучает Тору. Получается, что учит Тору не «ради Творца», не потому что Он обязал ее учить, не ради выполнения заповеди, чтобы понравиться Творцу — а чтобы понравиться своим гостям. Но как можно после этого требовать вознаграждение от Творца за изучение Торы, которой занимался ради гостей? Получается, что Творец не становится у него должником, а может он требовать вознаграждения от гостей, чтобы уважали его за то, что он изучает Тору. Но ни в коем случае не может требовать от Творца.

А когда анализирует свои действия и говорит, что в конце концов он занимается Торой, и отбрасывает причину, по которой занимался, то есть гостей, и говорит, что с этого мгновения он занимается только ради Творца, то немедленно обязан сказать, что все нисходит свыше, и Творец пожелал исправить его, чтобы занимался Торой и дал ему истинную причину занятий. Но поскольку не достоин он принять правду, Творец посылает ему ложную причину, чтобы с помощью этой ложной причины он занимался Торой.

Выходит, что все делает Творец, а не человек. Потому обязан он воспевать Творца, который даже в таких низких состояниях не оставляет его и дает ему силы и энергию для того, чтобы желал заниматься Торой.

И если человек внимательно всматривается в происходящее с ним, то обнаруживает, что Творец — Единственный, кто действует, как сказано: «Он один совершает и будет совершать все действия», а человек своими добрыми поступками не совершает никаких деяний. Ведь хотя он и исполняет заповедь, но делает это не ради заповеди, а ради иной, посторонней причины.

Но правда в том, что Творец, Он — истинная причина, вызывающая все действия человека. Однако Творец одевается для человека в различные одеяния, но не в заповеди — ради страха или любви к чему-то иному, а не к Творцу. Получается, что в состоянии ло лишма (когда работает не ради Творца) легче отнести к Творцу свои добрые действия, сказав, что это Творец совершает добрые деяния, а не сам человек. Ведь человек не желал совершать эти действия ради заповеди, а только ради иной причины.

Тогда как в состоянии лишма, человек знает, что работает ради заповеди, то есть он сам захотел выполнить Заповедь. Не потому что Творец дал ему в сердце желание выполнить Заповедь, а потому что он сам избрал это.

Истина же в том, что все делает Творец, но невозможно постичь ступень личного управления, прежде чем постигает человек ступень управления «вознаграждением и наказанием».

65. Открытое и скрытое

Услышано 29 Тевета (18 Января 1942 г.) в Иерусалиме

Сказано: «Скрытое – Творцу нашему, а раскрытое – нам и детям нашим навечно, дабы выполняли мы сказанное в Торе».

Зачем сказано «Скрытое Творцу»? Разве скрытое означает непостигаемое нами, а раскрытое означает постигаемое нами? Но мы видим, что есть знающие скрытую часть Торы, а есть и не знающие открытую ее часть. Не имелось же в виду, что знающих открытую часть больше, чем постигших скрытую (думать так – значит домысливать от себя).

В нашем мире есть доступные всем действия, которые каждый может совершить, а есть такие, что происходят, но человек не может в них вмешаться – только какая-то невидимая сила действует внутри и производит действие.

Например, сказано мудрецами: «Трое создают человека: Творец, отец и мать». Открыта нам заповедь: «Плодитесь и размножайтесь», которая выполняется родителями, и если они поступают правильно, Творец дает душу зародышу. То есть родители делают открытую часть, ведь только открытое, известное действие они в состоянии совершить. А скрытая часть состоит в передаче зародышу души, в чем родители не в силах участвовать, и только сам Творец делает это.

Также и при совершении заповедей мы делаем только открытую их часть, ведь только это мы в состоянии сделать – то есть заниматься Торой, «выполняя Его наказ». Но скрытой частью, душой этих действий, человек управлять не в силах. И потому во время выполнения действия заповеди, необходимо молиться Творцу, чтобы исполнил Свою скрытую часть, то есть дал душу нашему действию.

Действие называется «Свеча заповеди», но свечу необходимо зажечь «Светом Торы», отчего и помещается в действие его душа. Как видно на примере зародыша, в создании которого участвуют трое.

Поэтому сказано: «Открытая часть — нам», то есть нам надо делать все, что только в наших силах, и только в этом мы можем действовать. Но постичь душу и получить жизненную силу — зависит только от Творца. И это называется: «Скрытая часть — Творцу нашему», то есть Творец гарантирует нам, что если мы совершим действие, которое раскрыто нам на условиях выполнения Торы и заповедей в раскрытой части, то Творец даст для этого действия душу.

Тогда как, прежде чем удостаиваемся скрытой части души — раскрытая часть, действие подобно мертвому телу. То есть главное — удостоиться скрытой части, которая в руках Творца.

66. Дарование Торы

Услышано на трапезе в вечер праздника Шавуот (1848 г.)

Дарование Торы, произошедшее у горы Синай, не означает, что когда-то была вручена Тора один раз и больше не вручается. Ничто не исчезает в духовном, ведь духовное — категория вечная и непрерывная. Но лишь поскольку, с точки зрения Дающего, мы не пригодны для получения Торы, мы говорим, что ее дарование было прекращено со стороны высшего.

Тогда как в то время, при вручении Торы у горы Синай, был весь народ Израиля готов к ее получению, как сказано: «И собрались у подножия горы как один человек с одним сердцем». То есть весь народ был подготовлен тем, что у всех было одно намерение, одна мысль — только о получении Торы. А со стороны Дающего нет изменений, и Он всегда вручает Тору. Как сказал Бааль Шем Тов, что человек обязан каждый день слышать десять заповедей с горы Синай.

Тора называется «эликсиром жизни» и «ядом смерти». И как же могут быть одновременно два противоположных свойства в одном?

Но знай, что мы не в состоянии ничего постичь сами по себе, а все что постигаем, постигаем только из своих ощущений. А действительность, какая она сама по себе, нас совершенно не интересует. Поэтому саму Тору мы не постигаем вовсе, а постигаем только свои ощущения. И все наши впечатления зависят лишь от наших ощущений.

Поэтому, когда человек учит Тору и Тора отдаляет его от любви к Творцу, конечно, такая Тора называется «смертельным ядом». И наоборот, если Тора, которую учит человек, приближает его к любви к Творцу, естественно, она называется «эликсиром жизни». Но Тора сама по себе, без связи с человеком, обязанным ее постичь, считается как свет без кли, который абсолютно не постигаем. Поэтому, когда говорят о Торе, подразумевают ощущения, которые человек получает от Торы, потому что только наши ощущения диктуют нам окружающую действительность.

Когда человек работает ради себя, это называется «ло лишма». Но из такого состояния «ло лишма» (ради себя), человек, постепенно исправляясь, достигает состояния «лишма» (ради Творца). Поэтому, если человек еще не удостоился получения Торы, он надеется, что получит Тору в следующем году. Но после того как человек удостоился совершенства, обретя исправление «ради Творца», ему больше нечего делать в этом мире, ведь он исправил все, чтобы быть в совершенстве намерения «лишма».

Поэтому каждый год есть время дарования Торы, время пригодное для пробуждения снизу (итарута дэ-летата), ведь тогда возбуждается время, которое раскрыло перед низшими свет дарования Торы. И потому есть пробуждение свыше, которое дает силы низшим произвести необходимые действия исправления для получения Торы, как это было тогда.

Отсюда следует, что если человек идет по пути «ло лишма» (ради себя), который приводит к «лишма» (ради Творца), значит он идет правильным путем и обязан надеяться, что, в конце концов, удостоится достичь «лишма» и получит Тору.

Но обязан остерегаться, чтобы не потерять цель, а постоянно держать ее перед собой, иначе пойдет в обратную сторону. Ведь тело — это желание самонасладиться и постоянно тянет к своему корню «ради себя», что обратно Торе, называемой «Древо Жизни». Поэтому Тора считается у тела «ядом смерти».

67. Отдаляйся от зла

Услышано по окончанию праздника Суккот (1943 г.) в Иерусалиме

Необходимо отдаляться от зла и оберегать четыре союза:

1. «Союз очей» (брит эйнаим) — предупреждающий остерегаться смотреть на женщин. И этот запрет исходит не из того, что может привести к нехорошим желаниям, ведь он распространяется даже и на столетних старцев — а исходит из очень высокого корня, который предостерегает, что если не будет остерегаться смотреть на женщин, сможет прийти к состоянию, когда захочет смотреть на Святую Шхину. И достаточно тому, кто понимает.

2. «Союз слова» (брит а-лашон) — обязывающий остерегаться в анализе «правда-ложь», который после грехопадения Адама является основным, тогда как прежде грехопадения Адама анализ был на «сладкое-горькое». А анализ «правда-ложь» — совершенно иной, и порой в начале его бывает сладко, а в конце оказывается горько. Выходит, что действительность может быть горькая — но все равно правда.

Поэтому нужно остерегаться говорить неправду. И даже если человеку кажется, что он неправдив только с товарищем, необходимо помнить, что тело словно машина и, как привыкает действовать, так уже и продолжает. И когда приучают его ко лжи и обману, то уже не может идти другим путем. А из-за этого и сам человек наедине с самим собой тоже вынужден идти на ложь и обман.

Получается, что человек вынужден обманывать самого себя и не в силах сказать себе правду, ведь не особенно заинтересован ее увидеть. И можно сказать, что тот, кто думает, что обманывает друга — в действительности, обманывает Творца, потому что кроме человека, есть только Творец. Ведь изначально человек назван творением лишь в собственном восприятии, поскольку Творец пожелал, чтобы человек ощущал себя существующим отдельно от Него. Но на самом деле «вся земля полна Творцом».

И потому, обманывая товарища, он обманывает Творца, и огорчая товарища, огорчает Творца. А если человек привык говорить правду, это приносит ему пользу в отношении Творца, то есть, если пообещает что-либо Творцу, то постарается сдержать обещание, потому как не привык обманывать. Тогда удостоится, чтобы стал «Творец его тенью». И если человек выполняет свои обещания, соответственно, и Творец тоже выполнит свое обещание по отношению к человеку, как сказано: «Благословен говорящий и делающий».

Существует правило: быть сдержанным в разговоре, чтобы не раскрыть свое сердце и не дать возможности нечистым силам присоединиться к святости. Ведь пока человек окончательно не исправлен, раскрывая что-то сокровенное, он дает нечистым силам возможность обвинить его перед высшим управлением. И тогда они насмехаются над его работой и говорят: «Что за работу он делает для Всевышнего, если вся эта работа — лишь ради самого себя?»

И в этом ответ на труднейший вопрос. Ведь известно, что «заповедь влечет за собой другую заповедь», так почему же мы видим, что часто человек выпадает из духовной работы?

А дело в том, что нечистая сила осуждает и оговаривает его работу, а затем спускается и забирает его душу. То есть уже после того как пожаловалась Творцу, что работа человека не чиста, и он работает ради своего эгоизма, спускается и забирает его живую душу — тем, что спрашивает человека: «Что дает тебе эта работа?!» И тогда, даже если уже удостоился какого-то света живой души — снова теряет его.

И выход здесь только в скромности, чтобы нечистая сила не узнала о работе человека, как сказано: «Сердце устами не раскрыл». Так как нечистая сила знает только то, что раскрывается разговором и действием, и лишь за это может уцепиться.

И нужно знать, что страдания и удары в основном приходят к человеку из-за обвинений, а потому, насколько это возможно, нужно остерегаться разговоров. Более того, даже если говорят о чем-то обыденном, тоже раскрываются тайны его сердца, как сказано: «Душа его исходит с речами». И в этом и заключается «Союз слова», который надо опасаться нарушить.

А главное — остерегаться во время подъема, поскольку во время падения тяжело удержаться на высоком уровне и сохранить достигнутое.

68. Связь человека со сфирот

Услышано 12 Адара (17 Февраля 1943 г.)

До грехопадения:
- Тело Адама Ришон было из Бины дэ-Малхут дэ-Малхут мира Асия.
- И было оно наполнено светом НАРАН (Нефеш, Руах, Нешама) мира Брия и НАРАН мира Ацилут.

После грехопадения упало тело (желания) Адама в Мишха дэ-хивия (змеиная кожа), клипу бхины далет, называемую «прахом этого мира». Внутрь этого тела (эгоистических желаний) облачается внутреннее тело (духовные желания) — клипат Нога, состоящая наполовину из хороших желаний и наполовину из плохих. Все хорошие действия человека происходят только из тела клипы Нога.

Занимаясь Каббалой, человек постепенно возвращает это тело к полному добру, а тело Мишха дэ-хивия отделяется от него. И тогда он удостаивается светов НАРАН, согласно своим действиям.

Связь светов НАРАН человека со сфирот.

Света НАРАН человека исходят из малхут трех сфирот: Бины, Зеир Анпина и Малхут каждого из миров АБЕА.

• Если он удостаивается НАРАН света Нефеш, то получает его от трех малхут: малхут Бины, малхут ЗА и малхут Малхут мира Асия.

• Если он удостаивается НАРАН света Руах, то получает его от трех малхут: малхут Бины, малхут ЗА и малхут Малхут мира Ецира.

• Если он удостаивается НАРАН света Нешама, то получает его от трех малхут: малхут Бины, малхут ЗА и малхут Малхут мира Брия.

• Если он удостаивается НАРАН света Хая, то получает этот свет от трех малхут: малхут Бины, малхут ЗА и малхут Малхут мира Ацилут.

Поэтому сказано, что человек размышляет лишь сердцем, ведь все его тело считается сердцем. И хотя человек состоит из четырех видов желаний: неживого, растительного, животного и человеческого, — но все они поселились в «сердце» человека.

Поскольку после грехопадения тело Адама Ришон упало в клипу Мишха дэ-хивия — клипу бхины далет, называемую «прах этого мира», то все размышления человека, все его мысли исходят из сердца, то есть из тела Мишха дэ-хивия.

Когда же он преодолевает эти эгоистические мысли с помощью изучения Каббалы и работы над собой (что является единственным средством для достижения отдачи Творцу), то эти занятия очищают его тело (желания), и клипа Мишха дэ-хивия отделяется от него. А прежняя сила, толкавшая человека к духовному, которая называется клипат Нога и представляет собой внутреннее тело, наполовину состоявшее из добра, и наполовину — из зла, сейчас целиком становится добром. И теперь человек достигает подобия свойств с Творцом.

И тогда, в мере своих действий, человек удостаивается света НАРАН. Вначале он постигает НАРАН света Нефеш мира Асия. Затем, когда исправляет все желания, относящиеся к миру Асия, он получает НАРАН света Руах мира Ецира, и т.д. — до достижения НАРАН света Хая мира Ацилут. И каждый раз возникает новая конструкция в сердце человека. Если прежде его внутреннее тело из клипы Нога было наполовину хорошим, наполовину плохим, — то сейчас очищается это тело с помощью занятий Каббалой и полностью превращается в доброе.

Когда у человека было тело Мишха дэ-хивия, он должен был думать и размышлять, исходя лишь из велений сердца. Это означает, что все его мысли были направлены только на то, как наполнить желания, к которым его вынуждала клипа, и не было у него никакой возможности думать и намереваться вопреки желаниям сердца. А сердце его тогда представляло собой Мишха дэ-хивия — наихудшую из клипот.

Но с помощью занятий Каббалой человек удостаивается исправления, даже если занимается не ради отдачи, а ради себя (ло лишма) — однако требует и просит Творца, чтобы Он помог ему, делая все, что только в человеческих силах, и ожидает милости Творца, который поможет ему достичь намерения ради отдачи (лишма). А все вознаграждение, которого он требует от Творца за свои труды, — это удостоиться возможности доставить наслаждение Творцу. И в таком случае, как сказано мудрецами: «Свет возвращает к Источнику».

Тогда очищается тело Мишха дэ-хивия, то есть отделяется это тело от человека, и он удостаивается совершенно другого строения — Нефеш мира Асия. Так он умножает свои усилия и идет дальше, пока не обретает строение из нефеш и руах Бины, и Зеир Анпина и Малхут мира Ацилут. И даже тогда нет у него никакого выбора, позволяющего подумать о чем-то другом, кроме того, к чему обязывает его новое духовное строение. То есть нет у него возможности размышлять ни о чем, что противоречит его строению, а должен он думать и совершать действия только с намерением отдачи Творцу — так, как обязывает чистое духовное строение.

Из сказанного следует, что человек не может исправить свои мысли. Он может исправить лишь сердце, чтобы оно было направлено прямо к Творцу, и тогда все его мысли будут только о том, как доставить наслаждение Творцу. Когда же он исправляет свое сердце, чтобы оно и его желания стремились только к духовному, тогда сердце становится сосудом (кли), в котором воцаряется высший свет. А когда высший свет наполняет сердце, сердце укрепляется. И так человек все время прибавляет свои усилия и продвигается дальше.

Поэтому сказано, что «велико то учение, которое приводит к практическим действиям». Свет, получаемый при занятиях Каббалой, приводит к практическим действиям — то есть этот свет возвращает человека к Источнику, что и является действием. Это означает, что свет создает в его сердце новое строение, а прежнее тело, которое было от Мишха дэ-хивия, отделяется от него. И тогда человек удостаивается духовного тела, когда внутреннее тело, называемое клипа Нога, бывшее наполовину добром, наполовину злом, полностью становится добром. И сейчас человек наполняется светом НАРАН, которого он достиг своими действиями, умножая свои усилия и продвигаясь.

А прежде чем обретет человек новое строение, как бы он ни старался очистить свое сердце — оно остается неизменным. И тогда он считается «выполняющим волю Творца». И следует знать, что начинается работа именно с «выполнения Его воли». Однако это не называется совершенством, поскольку в этом состоянии человек не может очистить свои мысли, не будучи в силах избавиться от сомнений, ведь сердце его — от тела клипы, а человек способен размышлять только согласно велению сердца.

Лишь свет, получаемый при занятиях Каббалой, возвращает человека к Источнику. И тогда разделяющее тело отделяется от него, а внутреннее тело, клипа Нога, являвшаяся наполовину добром, наполовину злом, целиком становится добром. Таким образом, методика Каббалы приводит к действию, благодаря созданию нового строения в человеке, что и называется практическим действием.

69. Вначале будет исправление всего мира

Услышано в месяце Сиван (Июнь 1943 г.)

Вначале достигается исправление мира, а затем происходит полное освобождение, то есть приход Машиаха, когда «увидят глаза твои Учителя твоего», «и наполнится земля знанием Творца». Это соответствует тому, что вначале исправляется внутренняя часть миров, а затем наружная часть. Но необходимо знать, что при исправлении наружной части миров достигается более высокая ступень, чем при исправлении внутренней части.

Исраэль относится к внутренней части миров, как сказано: «А вы — малый из народов». Но исправлением внутренней части исправляется также наружная, внешняя часть, только постепенно, малыми порциями. И каждый раз понемногу исправляется внешняя часть (как «грош к грошу собирается целый капитал»), пока вся внешняя часть не будет исправлена.

Лучше всего различие между внутренней и наружной частью видно тогда, когда человек выполняет какое-то исправление и ощущает, что не все его органы (желания) согласны выполнять его. Словно у человека, соблюдающего пост, только его внутренняя часть согласна с ограничением, а внешняя часть страдает от него, ведь тело всегда находится в противоречии с душой. Поэтому только душами, а не телами, отличается Исраэль от других народов. А телами они подобны, ведь и тело Исраэль заботится только о себе.

И когда исправятся отдельные части, относящиеся к Исраэль, исправится в общем и весь мир. Поэтому, в той мере, в которой мы исправляем себя, в той же мере исправляются все народы мира. И потому сказано мудрецами: «Удостоившийся — исправляет и оправдывает не только себя, но и весь мир», а не сказано: «оправдывает Исраэль». Именно «оправдывает весь мир», потому что внутренняя часть исправляет внешнюю.

70. Сильной рукой и изливающимся гневом

Услышано 5 Сивана (8 Июнь 1943 г.)

Почему написано: «Сильной рукой и изливающимся гневом буду править Я вами» (Ихезкель 20)? Но ведь говорится, что нет насилия в духовном? Как сказано: «Не Меня призывал ты, Яков, ибо тяготился ты Мной, Исраэль...» То есть, если человек исправил свои желания, работа на Творца из неимоверно тяжкой обращается в наслаждение и вдохновение. А если не исправился, то «Не Меня призывал ты, Яков...» — значит, это не работа ради Творца. (Объяснение Магида из Дубны.) Но если так, что означает — «сильной рукой буду править Я вами»?

Кто истинно желает прийти к работе ради Творца, чтобы слиться с Ним подобием свойств, войти в чертог Творца, тот не сразу получает возможность этого. Проверяют его, быть может, есть в нем и иные желания, кроме желания слиться с Творцом. И если действительно нет у него иного желания, позволяют войти.

А как проверяют человека, что есть в нем только одно желание? Создают ему помехи тем, что дают посторонние мысли и подсылают к нему посторонних людей, чтобы помешать, чтобы оставил он свой путь и пошел в жизни как все.

И если человек преодолевает все возникающие перед ним препятствия и прорывается через них, и невозможно остановить его и свести с пути обычными помехами, то Творец посылает ему армады нечистых сил, отталкивающих человека именно от слияния с Творцом и ни от чего другого. И это называется — сильной рукой Творец отталкивает его. Ведь если Творец не проявит «сильную руку», тяжело оттолкнуть Его, потому что есть у него огромное желание к слиянию с Творцом, только к этому, а не к иным наслаждениям.

Но того, в ком нет достаточно большого желания, Творец может оттолкнуть слабой помехой — Он посылает человеку большое стремление к чему-нибудь в нашем мире. И человек оставляет всю духовную работу, и нет необходимости отталкивать его сильной рукой.

Но если человек преодолевает препятствия и помехи, то нелегко свернуть его с пути и можно оттолкнуть его только сильной рукой. И если человек преодолевает препятствия и сильную руку Творца и ни в коем случае не желает сойти с пути к Творцу, а именно желает слияния с Творцом, и ощущает, что отталкивают его, то человек говорит, что Творец «изливает Свой гнев на него», иначе позволил бы ему войти. И кажется человеку, что Творец гневается на него и потому не дает ему войти в Свои чертоги и слиться с Творцом.

Поэтому, прежде чем человек желает сдвинуться с места и прорваться к Творцу, нет такого состояния, чтобы он сказал, что Творец гневается на него. Только после всех отталкиваний, если он не отступает и настойчиво пытается сблизиться с Творцом, когда раскрываются ему «сильная рука и гнев» Творца — тогда осуществляется сказанное: «Буду править Я вами». Поскольку только ценой больших усилий раскрывается ему власть Творца и удостаивается он войти в Его чертоги.

71. Во тьме плачь, душа моя

Услышано 5 Сивана (8 Июнь 1943 г.)

«Во тьме плачь, душа моя, ведь гордец я». Ведь тьма — это следствие заносчивости народа Израиля. Но можно ли плакать пред Творцом, ведь сказано о Творце: «Сила и радость в Нем». Что же означает «плач» в духовном понимании?

Плач имеет место тогда, когда человек не может помочь себе. Тогда он плачет, чтобы кто-то помог ему. А «во тьме» означает — в противоречиях, скрытии, непонимании, спутанности, которые раскрываются ему.

В этом и есть смысл сказанного: «Во тьме плачь, душа моя». Потому что «все во власти небес, кроме страха перед Творцом».

И поэтому сказано: «Плач стоит внутри дома», — когда свет наполняет только внутреннюю часть кли, и не раскрывается наружу, вследствие отсутствия кли, которое бы получило его, имеет место плач.

Тогда как во «внешнем доме», когда свет может светить наружу и открыться низшим, то видится «сила и радость в Нем». А когда не может давать низшим, то это состояние называется «плач», потому что нуждается в кли низших.

72. Уверенность — одеяние света

Услышано 10 Нисана (31 Марта 1947 г.)

Уверенность — это одеяние света, называемого «жизнь». Согласно правилу: нет света вне кли. Поэтому свет, называемый светом жизни, может светить только облачившись в какое-то кли (желание). А желание, заполненное светом жизни, называется «уверенностью», так как человек видит, что любое самое тяжелое действие он в состоянии совершить.

Получается, что свет познается и ощущается в этом кли уверенности. Поэтому мера жизни человека определяется мерой ощущения им уверенности (мерой света, который светит в кли) — потому что ощущаемая им уверенность и определяет меру жизни в нем.

Поэтому человек может видеть сам, что все время, пока он находится в ощущении жизни, уверенность светит ему во всем, и не видит ничего, что могло бы помешать ему достичь желаемого. А все потому, что свет жизни, то есть сила свыше, светит ему и передает ему силы, «выше человеческих», ведь высший свет не ограничен в своих возможностях, подобно материальным силам.

Когда же свет жизни исчезает из человека, что ощущается как потеря меры жизненной силы, человек становится умником и философом, и каждое свое действие он оценивает: а стоит ли его делать или нет. И становится он осторожным и

Уверенность — одеяние света

рассудительным, а не горящим и стремительным как прежде, когда начал спускаться с сильного жизненного уровня.

Но не хватает ума человеку, чтобы понять, что вся его премудрость и ухищренность, с которой судит сейчас о каждом явлении, появилась именно потому, что исчез из него некогда наполнявший его свет жизни. И потому он думает, что стал умным — не то, что раньше, как было до потери света жизни, когда был он стремителен и опрометчив.

Однако необходимо знать, что вся достигнутая им сейчас мудрость, получена от того, что исчез из него свет жизни, наполнявший его прежде. Ведь свет жизни, который ранее давал ему Творец, был мерой всех его действий. А сейчас, когда он находится в стадии падения, нечистые, эгоистические силы (ситра ахра) получают возможность являться к нему со всеми своими будто бы справедливыми претензиями.

И здесь можно дать единственный совет — человек должен сказать себе: «Сейчас я не могу разговаривать со своим телом и спорить с ним, потому что я мертв. И я жду воскрешения этого мертвого тела. А пока я начинаю работать «выше разума», то есть я говорю своему телу, что во всех своих претензиях ты право, и согласно разуму — нечем мне возразить тебе. Но я надеюсь, что начну работать заново. А сейчас я принимаю на себя бремя Торы и заповедей (работу с намерением «ради Творца») и становлюсь гером, о котором сказано: «Гер подобен заново рожденному». И я жду от Творца своего спасения (от эгоизма), веря, что Он обязательно поможет мне, и я снова вернусь на прямой путь к Нему.

А когда снова обрету духовные силы, то будет у меня что ответить тебе. Пока же я обязан идти выше знания, потому что не хватает мне святого (ради Творца и отдачи) разума. Поэтому ты можешь, тело мое, в этом состоянии победить меня своим разумом. Потому нет мне иного пути, как только верить в мудрецов, указавших мне выполнять Тору и заповеди (то есть исправления отдачей) верой выше моего разума и пребывать в уверенности, что силой веры я удостоюсь помощи свыше, как сказано: «Пришедшему исправиться помогают».

73. После Сокращения

Услышано в 1943 г.

После Сокращения (цимцума алеф) стали 9 первых сфирот (тет ришонот) местом святости, а малхут, на которую было сделано сокращение, образовала место для миров, состоящих из:

1. пустого пространства (маком халаль) — места для клипот, эгоистических желаний «ради себя»,
2. места свободного выбора (маком пануй) — свободного для внесения в него того, что выбирает человек: святость или, не дай Бог, наоборот.

А до сокращения все мироздание заполнял один простой свет. И только после сокращения появилась возможность выбора: делать добро или зло.

И если избирают добро, нисходит в это место Высший свет — о чем сказано у Ари, что свет Бесконечности светит низшим. Бесконечностью называется желание Творца насладить творения. И хотя есть много миров, 10 сфирот, множество имен, но все исходит из Бесконечности, называемой «Замысел творения».

А имя каждой сфиры или мира указывает на особенность распространения света из Бесконечности через определенную сфиру или определенный мир. И дело в том, что не в состоянии низший получить свет без предварительной подготовки и исправления, которая сделает его способным получить этот свет. Исправления, которые необходимо проделать человеку, чтобы суметь получать свет свыше, называются «сфирот».

То есть в каждой сфире заключено свое особое исправление. Поэтому есть множество таких исправлений, которые существуют только относительно получающих свыше свет, ведь низший получает свет из Бесконечности с помощью этих исправлений, приспосабливающих его к получению. И в этом смысле говорится, что получает он свет от определенной сфиры. Но в самом свете нет никаких изменений.

Отсюда пойми, почему своей молитвой к Творцу мы обращаемся к свету Бесконечности, зовущемуся – Святой, Благословенно Имя Его. Ведь это связь между нами и Творцом, называемая «Его желание насладить творения». И хотя в намерении молитвы заключено множество имен, смысл в том, что свет нисходит и наполняет низших с помощью исправлений, находящихся в именах, потому что именно за счет исправлений, которые находятся в именах, может пребывать этот свет в низших.

74. Мир, год, душа

Услышано в 1943 г.

Известно, что нет ничего «существующего» без того, чтобы кто-то не ощущал его. Поэтому, когда мы говорим «Нефеш дэ-Ацилут», мы подразумеваем, что в определенной мере постигаем нисходящий высший свет и эту меру мы называем «свет Нефеш».

А мир означает правило данного постижения, то есть все души постигают одинаковую картину, и каждый постигающий определенную ступень, постигает это имя, называемое «Нефеш». Это значит, что не какой-то один человек постиг данную картину – а на каждого приходящего на эту духовную ступень, непременно, согласно его индивидуальной подготовке и исправлению, изливается высший свет в том же самом виде, называемом «Нефеш».

Это явление можно понять из примера нашего мира: когда один говорит другому, что идет в Иерусалим, и произносит имя города, то все знают этот город. И никто не сомневается, о каком месте говорится, потому что все, побывавшие в этом месте, уже знают, о чем идет речь.

75. Будущий мир и этот мир

Услышано на праздничной трапезе в честь обрезания, в Иерусалиме

Есть будущий мир, и есть этот мир. Будущий мир называется «вера», а этот, настоящий мир, называется «постижение».

О будущем мире сказано: «Будут вкушать и наслаждаться», то есть в том состоянии наслаждаются безгранично, потому что получению с верой — нет границ.

Но получение за счет постижения имеет границы, потому что происходит в самом творении, а творение ограничивает получаемое. Поэтому состояние «Этот мир» — ограничено.

76. Ко всякому жертвоприношению добавь соль

Услышано 30 Шевата на трапезе в честь завершения 6-й части, в Тверии.

Указано в Торе: «Ко всем твоим жертвоприношениям Мне — добавляй соль». Это означает «Союз соли». И по сути, союз — как бы против разума. Ведь если двое делают доброе друг другу во время, когда царит между ними дружба и любовь, то нет необходимости в заключении соглашения или союза.

Но вместе с тем мы видим, что именно в то время, когда между людьми царит любовь и она явно выражается в их поступках, принято заключать соглашения и союзы. Потому что соглашения и союзы заключаются не для настоящего времени, а для будущего. И если в будущем отношения испортятся, и не всем сердцем они будут друг с другом, то уже заранее существует соглашение, которое обяжет их вспомнить заключенный между ними союз, чтобы и в настоящем состоянии продолжить обоюдную любовь.

И в этом смысл сказанного: «Ко всем твоим жертвоприношениям Мне – добавляй соль». То есть все усилия и жертвы в работе ради Творца должны сопровождаться заключением «Союза соли – вечного пред Творцом».

77. Душа человека учит

Услышано 8 Элуля (24 Августа 1947 г.)

«Душа человека учит его».
Известно, что Тора изучается только для потребностей души, то есть теми, кто уже достиг своей души. Но все-таки и они должны стремиться и искать раскрываемое в Торе остальными душами, чтобы учиться от них новым путям, которые предлагают древние каббалисты из своих раскрытий в Торе. От этого и учащиеся от них каббалисты смогут легко подниматься по высшим ступеням постижения, переходя с их помощью со ступени на ступень.

Но есть Тора, которую запрещено раскрывать, потому что каждая душа обязана сама произвести выбор, анализ и исправление, а не кто-то другой вместо нее и ради нее. Вот почему, пока души не закончили свою работу, запрещено раскрывать им эту Тору. Поэтому большие каббалисты скрывают многие свои постижения. Но во всем остальном, кроме этого, есть большая польза для душ в изучении и получении раскрытия других каббалистов.

Душа человека учит его, как и что получать и использовать в помощь от раскрытий Торы другими каббалистами, а что раскрывать самому.

78. Тора, Творец и Исраэль — одно целое

Услышано в месяце Сиван (Июнь 1943 г.)

«Тора, Творец и Исраэль — одно целое».

Поэтому, когда человек учит Тору, он обязан учить ее «лишма» (не ради себя, а только ради Творца), то есть учить с намерением, чтобы Тора обучила его, потому что слово Тора означает «обучение». И поскольку «Тора, Творец и Исраэль – одно целое», Тора обучает человека путям Творца – тому, как Творец облачается и скрывается в Торе.

79. Ацилут и БЕА

Услышано 15 Таммуза в 1-й день недели Пинхас
(18 Июля 1943 г.)

Ацилут – выше хазэ парцуфа, отдающие желания (келим дэ-ашпаа).
БЕА (Брия, Ецира, Асия) – получение ради Творца.
Подъем Малхут в Бину:
Поскольку человек весь во власти желания самонасладиться, он не в состоянии совершить никакого действия, если оно не «ради себя».
Поэтому сказано мудрецами: «Из ло лишма приходят к лишма» (от намерения ради себя приходят к намерению ради Творца). То есть начинают занятия Торой ради выгоды в этом мире, а затем учат и ради выгоды в будущем мире. И если человек учит так, то должен прийти к учебе ради Творца, ради Торы – лишма, чтобы Тора обучала его путям Творца.
И прежде всего, он обязан обрести исправление Малхут с помощью Бины (что называется: «подсластить Малхут Биной»). То есть поднять Малхут, желание получать наслаждения в Бину, желание отдавать, чтобы вся его работа была только ради отдачи.
И ...мгновенно наступает тьма! Тьма во всем мире для него, потому что тело дает энергию только для получения, а не для отдачи.
В таком случае, нет иного выхода, как только молиться Творцу, чтобы светом Своим помог человеку работать ради

отдачи. И об этом сказано: «МИ вопрошает». МИ — называется Бина. А «вопрошает» — от слов: «вопрошают (просят) о дожде» — что означает молитву о силе Бины, с просьбой о которой надо обращаться к Творцу.

80. Спиной к спине

Лицевая и обратная сторона:
Лицо, передняя сторона означает альтруистическое получение света или его отдачу, излучение.

А отрицательное, обратное этому состояние, называется спиной, обратной стороной, когда невозможно ни получать ради отдачи, ни отдавать.

Когда человек начинает свою духовную работу, он находится в состоянии «спина к спине», поскольку еще пребывает в своих эгоистических желаниях, и если получит свет, наслаждение в эти желания, то повредит свету, так как окажется обратным ему. Ведь свет исходит из своего источника, который только отдает. Поэтому получающие используют келим дэ-Има, называемые обратной стороной, то есть не желают получать, чтобы не навредить себе.

И также Творец не дает им света, исходя из того, чтобы не навредить им. Свет стережет себя, чтобы получающие его не повредили ему, и потому это состояние называется «спиной к спине».

Поэтому сказано, что в каждом месте, где ощущается отсутствие совершенства и недостаток, есть возможность нечистым силам присасываться и получать. Поскольку это место еще не очистилось от эгоистического желания (авиюта) и там невозможно ощутить свет и совершенство. Ведь высший свет находится в постоянном покое и везде, и как только создается исправленное экраном место (желание), немедленно заполняется оно высшим светом. А если есть ощущение недостатка высшего света, то конечно остается желание (авиют), вся основа которого в стремлении насладиться.

81. Подъем МАН

Вследствие разбиения желаний (швират келим), упали искры (осколки экрана и отраженного света) в миры БЕА. Но там упавшие искры не в состоянии пройти исправление. Исправление возможно только при условии, если они поднимутся в мир Ацилут.

А когда человек производит добрые деяния с намерением ради Творца (отдача с помощью экрана), а не ради себя, тогда поднимаются эти искры в мир Ацилут. Там они включаются в экран высшего, находящийся в голове ступени, пребывающий в постоянном слиянии (зивуге) со светом. Как только искры включаются в экран, он производит зивуг (слияние с высшим светом) на эти искры. И, родившийся от этого зивуга, свет распространяется вниз во все миры в мере, вызванной поднявшимися искрами.

Это подобно процессу осветления экрана (ослаблению экрана, издахехут масах) в мире Акудим, когда свет исчезает из гуф, вследствие подъема экрана вместе с решимо от табура в пэ дэ-рош. Причина же в том, что когда творение прекращает получать свет, вследствие ослабления экрана, и освобождается от авиюта (силы желания), то масах дэ-гуф поднимается обратно в пэ дэ-рош. Ведь он снизошел прежде в гуф (тело) только потому, что свет распространился сверху вниз, то есть в получающие келим (желания). А рош (голова) парцуфа всегда считается действующей «снизу-вверх», потому что противится получению, распространению света.

Поэтому, как только гуф перестает получать свет сверху-вниз, вследствие отсутствия экрана, ослабнувшего от столкновения внутреннего и окружающего светов, это означает, что масах дэ-гуф (экран тела) освободился от авиюта (использования желаний, толщины) и поднимается со своими решимо (записями от прошлого состояния). Также и когда человек занимается Торой и заповедями ради Творца, а не ради себя, то искры поднимаются снизу-вверх, со ступени на ступень, в масах дэ-рош (экран головы) мира Ацилут. И когда включаются в этот масах, рождается парцуф по величине экрана, и добавляется свет во всех мирах. И человек, вызвавший возвышение и свет во всех мирах, также получает свечение.

82. Молитва, которая нужна всегда

Услышано наедине, в неделю Ваера (Ноябрь 1952 г.)

Вера относится к Малхут, которая означает разум и сердце, то есть отдачу и веру. А свойство противоположное вере называется Орла (крайняя плоть) и означает знание. И человеку присуще дорожить свойством Орла. Тогда как вера, которая называется свойством Святой Шхины, сброшена в прах. То есть такая работа вызывает презрение, и все стараются избежать этого пути. Но только он называется путем праведников и святости.

Творец желает, чтобы именно таким путем творения раскрыли Его Имена (свойства), потому что тогда безусловно не повредят высшему свету, ведь будут основываться лишь на отдаче и слиянии с Творцом. И в этом случае, не смогут присосаться тут нечистые желания, которые питаются только от получения и от знания.

Но в том месте, где властвует Орла, не может Шхина получить высший свет, чтобы не упал этот свет в клипот. И потому страдает Шина, ведь не может войти в нее высший свет для его передачи душам.

И здесь все зависит только от человека. Ведь высший может лишь передать высший свет, но сила экрана, то есть нежелание нижнего получать эгоистически, зависит от работы самого человека. Именно мы сами обязаны принять это решение.

83. «Вав» правая и «вав» левая

Услышано 19 Адара (24 Февраля 1943 г.)

Есть свойства: «Это» и «Эта». Моше называется «Это», потому что он «Друг Царя». Остальные пророки относятся к «Эта», или к свойству «куф-хей» («ко»), о чем говорит «яд-ко» (рука твоя), левая буква «вав».

А есть правая буква «вав» — «собрание букв заин», «объединяющих две буквы вав» как «один, включающий их в себя», в чем заключается тайна «йуд-гимел» (числа 13), говорящего о полной духовной ступени.

Есть правый вав и левый вав[4]. Правый вав называется Древом жизни, а левый вав называется Древом познания, где находится защищенное место. А две эти буквы вав называются йуд-бет (двенадцать) субботних хлебов: шесть в ряд и шесть в ряд, что означает тринадцать исправлений, состоящих из двенадцати и еще одного, совмещающего в себе их все, которое называется удача и «очищение». А также оно включает тринадцатое исправление, называемое «и не будет очищено»[5], то есть собрание букв заин, где «заин» означает Малхут, содержащую их внутри себя. А пока она не удостоится такого исправления, когда «не вернется более к глупости своей», называется «и не будет очищена». А тот, кто уже удостоился, чтобы «не вернуться более к глупости своей», называется «очищенным».

И в этом смысл слов песни: «Отведаем вкус 12-ти субботних хлебов — это буква в имени Твоем, двойная и слабая». А также: «Буквами вав будешь связана, а буквы заин соберутся в тебе». «Буквами вав будешь связана» означает, что происходит соединение свойств двумя буквами вав, что символизируют двенадцать субботних хлебов, представляющие «букву в имени Его».

Буква — это основа, и сказано о ней, что она двойная и слабая, потому что буква вав удвоена, и левая буква вав называется «Древом Познания», где находится защищенное место. И потому стали они слабее (что называется «легче»), и так образуется место, где можно легко работать. А если бы не было этого удвоения от соединения с Древом Познания, то пришлось бы работать с правым «вав», который означает Древо Жизни, и кто бы тогда смог подняться, чтобы получить свет Мохин?

Тогда как левый вав дает охрану, под которой все время находится сам человек. И благодаря этой охране, которая принимается им верой выше знания, его работа становится

---

[4] Написание буквы «вав» в виде слова включает в себя две буквы «вав», слева и справа

[5] ...Грех очищает и не очистит... (Шмот 34:7)

желанна. Потому это называется «послаблением», ведь это легко, то есть с легкостью можно найти место для работы.

Таким образом, в каких бы состояниях ни находился человек, он всегда может быть работником Творца, потому что он ни в чем не нуждается, а все делает выше знания. Выходит, что не нужен ему никакой разум (мохин) для того, чтобы с ним работать на Творца.

И этим объясняется сказанное: «Ты накрываешь предо Мною стол на виду у врагов Моих» (Псалом 23). Где «стол» (шульхан) от слова «отошлет ее» (шильха), как написано «И отошлет ее из дома своего, выйдет она из его дома и пойдет» (Дварим, Ки-тецэ 24) — то есть выход из духовной работы.

Это значит, что даже во время выхода из духовной работы, то есть в состоянии падения, все равно есть у человека возможность работать. Человек преодолевает свои падения верой выше знания и говорит, что и падения тоже даны ему свыше, и благодаря этому исчезают враги. Ведь эти враги думали, что из-за падений человек придет к ощущению своей полной ничтожности и сбежит с поля боя. А в итоге вышло наоборот, и сами враги исчезли.

В этом смысл слов: «Стол, что пред Творцом». И именно благодаря этому, человек получает раскрытие лика Творца. А суть в том, что человек покоряется всем судам и ограничениям, даже самым большим, принимая на себя власть Творца на все времена. И так он всегда находит себе место для работы, как написано, что рабби Шимон Бар Йохай сказал: «Негде мне скрыться от тебя».

84. И изгнал Адама из рая, дабы не взял от Древа Жизни

Услышано 24 Адара (19 Марта 1944 г.)

И спросил Творец Адама: «Где ты?» И ответил он: «Голос Твой услышал я... и испугался, потому что наг я, и спрятался».

И сказал Творец: «Как бы не простер он руки своей, и не взял также от Древа Жизни»... И изгнал Адама. (Берешит)

Что же это за страх, который напал на обнаружившего свою наготу Адама настолько, что заставил его спрятаться? Дело в том, что прежде, чем вкусил от Древа Познания, Адам питался от Бины, и это — сама свобода. А затем, вкусив от Древа Познания, он увидел, что наг — и испугался, что может принять свет Торы и использовать его эгоистически, что называется «для нужд пастухов Лота». А понятие «пастухи Лота» противоположно вере выше знания, называемой «пастухи Авраама», при которой человек, удостаиваясь раскрытия света Торы, не использует его для обоснования своей работы.

Но человек, говорящий, что уже не нуждается в укреплении веры, потому что свет Торы служит ему основанием для работы, относится к «пастухам Лота», который принадлежит «проклятому миру» и означает проклятие. В противоположность вере, являющейся благословением.

Человек же должен сказать, что именно, когда он идет верой выше знания, открывается ему свет Торы — для подтверждения правильности такого пути. Но он не нуждается в этом свете в качестве поддержки, чтобы работать внутри знания. Ведь таким образом приходят к получающему кли, на которое было сокращение, а потому это называется проклятым местом, а Лот означает «проклятый мир».

Поэтому спросил Творец Адама: «Почему боишься ты взять этот свет? Из опасения, что можешь нанести вред (получить ради себя)? Но кто сказал тебе, что ты наг? Видно, это из-за того, что вкусил ты от «Древа Познания», и потому появился в тебе страх! Ведь пока ты вкушал от всех остальных деревьев райского сада, то есть использовал свет как «пастухи Авраама» (ради Творца), не боялся ты ничего!»

И изгнал Творец Адама из рая, дабы «не простер он руки своей, и не взял также плод и от Древа Жизни». А страх был от того, что он сделает исправление и включится в «Древо Жизни», и не станет исправлять грех от вкушения с «Древа Познания». Но ведь если прегрешил на «Древе Познания», то именно его и должен исправить.

Поэтому изгнал Творец Адама из «Райского сада», чтобы исправил прегрешение «Древа Познания», а затем появилась бы у него возможность снова войти в «Райский сад».

Суть «райского сада» (Ган Эден) — в подъеме Малхут в Бину, где она может получить свет Хохма, называемый «рай» (Эден). Малхут же называется «Сад» (Ган), а Малхут, наполненная светом Хохма, называется «Райским садом» (Ган Эден).

85. Плод великолепного дерева

Услышано в 1-й полупраздничный день Суккота (27 Сентября 1942 г.)

Написано: «И возьмите себе в первый день плод великолепного дерева, ветви пальмовые, отростки дерева густолиственного и речной ивы» (Эмор 23).

Что такое «плод великолепного дерева»? «Дерево» означает праведника, который называется «дерево в поле». Плоды — это то, что рождается деревом, то есть плоды праведников — их добрые дела. И должны они быть украшением его дерева из года в год, то есть в течение всего года: «шесть месяцев в мировом масле и шесть месяцев в благовониях» (как сказано в «Мегилат Эстэр»), и достаточно тому, кто понимает.

Тогда как грешники — словно «труха, уносимая ветром».

Пальмовые ветви (пальмовые лапы), две ладони — это две буквы хэй имени Творца АВАЯ. Первая хэй (Бина) и вторая хэй (Малхут), с помощью которых удостаиваются «Золотого сосуда, полного воскурений».

Ветви, лапы (капот) — от слова насилие (кфия), когда человек насильно принимает на себя власть Творца. То есть даже хотя его разум не согласен с этим, но он идет «выше разума» и это называется «насильное слияние».

Пальмы (тмарим) от слова страх (морэ), что означает трепет (иръа) — как сказано: «Сделал Творец так, чтобы трепетали пред Ним». И поэтому пальмовая ветвь называется «лулав».

Ведь пока человек не удостоился слияния с Творцом, есть у него два сердца, что называется «ло-лев» (нет сердца), то есть он не посвящает свое сердце Творцу. А когда удостаивается свойства «ло» (Ему), от чего становится «сердце Творцу», то называется «лулав».

А также должен человек сказать: «Когда станут мои деяния подобны деяниям отцов моих», вследствие чего он удостаивается стать «ветвью древа святых праотцев» (те же слова означают «отросток дерева густолиственного») — трех веток мирта, называемых «адасим».

Но вместе с тем, необходимо достичь состояния «ветвей речной ивы», которые лишены вкуса и запаха. И надо быть счастливым и радоваться подобному состоянию в работе Творца, хотя не ощущает в ней человек ни вкуса, ни запаха. Только в таком виде называется работа «Буквами Единого Имени», потому что благодаря ей удостаиваются полного единения с Творцом.

86. И построили нищие города

Услышано от моего отца и учителя, 3 Шевата

(31 Января 1941 г.)

Говорится в главе «Исход», что евреи построили в Египте нищие города для фараона — Питом и Рамсес. Но почему же в другом месте сказано, что это были великолепные города? Ведь «нищета» означает бедность и убогость, а к тому же, еще и опасность (нищий и опасность — созвучные слова).

И еще непонятно — когда спрашивал праотец Авраам Творца: «Где уверенность в том, что унаследуют мои потомки великую землю?» (Глава «Лех Леха») И что же ответил ему на это Творец? Сказал Он Аврааму: «Знай, что будут потомки твои в изгнании — страдать от рабства и подвергаться унижениям 400 лет».

И как понять это, ведь Авраам хотел уверенности за будущее своих детей — а Творец не обещал ему для них ничего, кроме изгнания? Однако Авраам будто бы успокоился таким ответом.

А ведь мы видим, что когда Авраам спорил с Творцом о жителях Содома, долго длился этот спор, и каждый раз он возражал: «А может быть...» Здесь же, когда Творец сказал, что будут его потомки в изгнании, он тут же удовлетворился ответом, и не было у него никаких возражений — а принял это как обещание о наследовании земли.

И надо понять этот ответ, а также, почему сказано, что Фараон приблизил евреев к Творцу. Как это возможно, чтобы окончательный грешник Фараон пожелал сблизить евреев с Творцом?

Сказано мудрецами, что в будущем, в конце исправления всего творения, Творец приведет злое начало человека (ецер ра) и зарежет его на глазах у праведников и грешников. Праведникам кажется злое начало человека большим и сильным, как великая гора, а грешникам — как тонкая нить. И одни плачут, и другие плачут. Праведники восклицают: «Как же мы смогли покорить такую высокую гору!», а грешники восклицают: «Как же мы не могли преодолеть столь тонкую нить?!» (Трактат Сукка 52)

И сказанное вызывает одни сплошные вопросы:

1. Если уже зарезано злое начало человека, откуда еще существуют грешники?

2. Почему плачут праведники, ведь они, наоборот, должны радоваться?

3. Как могут одновременно существовать два таких противоположных мнения о злом начале человека — от огромной горы до тонкой нити, если речь идет о состоянии полного исправления злого начала человека, когда правда становится ясна каждому?

Сказано в Талмуде, что злое начало человека вначале представляется, как тонкая паутинная нить, а затем, как толстая оглобля. Как сказано: «Горе вам, влекущие грех веревками лжи и вину — словно оглоблями тележными».

Необходимо знать, что духовная работа, данная нам Творцом, строится на принципе веры выше знания. И это вовсе не потому, что мы не способны на большее и вынуждены принимать все на веру. Хотя этот принцип кажется нам унизительным и нестоящим, и человек надеется, что когда-нибудь сможет освободиться от веры выше знания.

На самом же деле, это очень высокая и важная духовная ступень, бесконечно возвышенная. Нам же она кажется низкой лишь в силу нашего эгоизма. Эгоистическое желание состоит из «головы» и «тела». «Голова» — это знание, а «тело» — это получение. Поэтому все, что противоречит знанию, ощущается нами как низменное и животное.

Отсюда понятен вопрос Авраама к Творцу: «Где уверенность в том, что потомки мои обретут Святую землю (то есть выйдут в духовный мир)»? Ведь как смогут они принять веру, если это против их знания? А кто в силах идти против (выше) знания? И как же тогда получат они свет веры, от которого лишь и зависит достижение духовного совершенства?

И на это ответил ему Творец: «Знай, что будут потомки твои в изгнании». То есть Творец объясняет Аврааму, что Он уже заранее приготовил нечистую силу, подлое и злое начало человека, Фараона — Царя Египетского. Слово «фараон» (паро) состоит из тех же букв, что и «затылок» (ореф), а Египет (мицраим) можно прочитать как «мецер-ям» (морской перешеек). Как пишет Ари в книге «Врата намерений» в главе о празднике Песах, что «фараон» присасывается к человеку, к его «затылку», и высасывает себе все благо, которое нисходит свыше к человеку, тем, что задает человеку вопрос: «Кто такой Творец, что я должен слушать его голоса?» Человек слышит этот вопрос в себе, как свой. И как только слышит его в себе, немедленно оказывается во власти Фараона, злого, эгоистического начала человека — о чем сказано: «Не поклоняйтесь чужим богам». Но лишь одним этим обращением, одним этим вопросом, мы тут же преступаем тот запрет: «Не поклоняйтесь...»

Эгоистические желания человека, называемые Фараон, желают высасывать свет из желаний отдачи, и потому сказано, что Фараон приблизил сынов Израиля к Творцу. Но как это возможно, чтобы нечистые силы помогали обрести святость, ведь они должны отдалять человека от Творца?

И объясняет книга Зоар, что именно так творится скрытое преступление, словно удар змея, который тут же прячет голову в своем теле. Ведь это тайное преступление, в котором заключена сила змея, жалящего людей и приносящего смерть в мир, пока еще пребывает в полной силе, и невозможно отвратить его. Это словно змей, который кусает человека и тотчас же прячет голову свою в тело — и убить его тогда невозможно.

А еще написано в Зоаре, что порой змей пригибает голову и ударяет своим хвостом. То есть он позволяет человеку принять на себя бремя веры, которая называется верой выше знания, что означает «пригибание головы». Но при этом «ударяет хвостом». «Хвост» означает «итог». То есть он пригибает голову только для того, чтобы затем получить все ради своего наслаждения. Сначала он дает человеку разрешение принять на себя веру, но лишь для того, чтобы потом забрать все в свою власть. Ведь клипа знает, что нет иного способа получить свет, как только за счет святости.

В этом и заключается смысл сказанного, что Фараон приблизил сынов Израиля (желающих духовно возвыситься) к Творцу, чтобы затем забрать у них все в свое владение. И об этом пишет Ари, что Фараон перехватывал весь высший свет, нисходящий к низшим, и забирал все для собственного наслаждения.

И в этом смысл слов: «И построили нищие города», которые были нищими именно для Исраэль. Ведь сколько они ни прилагали усилий в изгнании, все забирал себе Фараон. И оставался народ Израиля нищим.

А есть второй смысл в слове «нищий» — от слова «опасность», ведь ощутили себя в большой опасности, что могут остаться в таком состоянии на всю свою жизнь. Но для Фараона работа Израиля была плодотворной, как сказано, что города Питом и Рамсес были красивы и великолепны. Поэтому сказано, что построили они нищие города — для Исраэль, а для фараона — прекрасные города Питом и Рамсес, потому что все, заработанное Израилем, падало к нечистым силам, к клипот. Исраэль же не видели ничего хорошего от своей работы.

И когда увеличивали сыны Израиля свои усилия в святости, в вере и отдаче, то появлялось у них, как следствие их усилий, духовное. Но как только падали до знания и получения, так сразу же попадали во власть нечистых желаний Фараона. И тогда пришли они к окончательному решению, что рабство должно быть только в виде веры выше знания и отдачи.

Но видели они, что нет у них сил самостоятельно выйти из-под власти Фараона. Поэтому сказано: «И вскричали сыны Израиля от этой работы», ведь испугались, что могут остаться в изгнании навсегда. И тогда «Услышан был их голос Творцом», а потому удостоились выйти из изгнания.

Но прежде чем увидели, что находятся во власти клипот, нечистых желаний, и стало им больно и страшно, что могут остаться там навсегда, не было у них нужды обращаться к Творцу, чтобы помог им выйти из эгоизма. Ведь не ощущали вред, который приносят им эти эгоистические желания, мешающие им слиться с Творцом. А иначе, человеку важнее работа ради «знания и получения», тогда как работа в виде «веры и отдачи» кажется ему низкой и неуважаемой. А потому предпочитает «знание и получение», к которому обязывает человека его земной разум.

Поэтому Творец уготовил сынам Израиля изгнание, чтобы почувствовали, что нет у них никакого продвижения к Творцу, и вся их работа поглощается нечистыми желаниями (клипот), называемыми «Египет». И тогда увидели, что нет иного пути, как только принять на себя низкую и неуважаемую в их глазах работу в «вере выше знания» и стремление к отдаче. А иначе они останутся во власти нечистых сил.

Получается, что приняли они веру, поскольку видели, что нет иного пути, и только поэтому согласились на эту унизительную работу. И называется это – работой, зависящей от результата. Потому что приняли эту работу лишь для того, чтобы не упасть во власть нечистых сил. Но если бы исчезла эта причина, то исчезла бы конечно и потребность в работе. То есть, если бы исчез эгоизм, который постоянно поставляет нечистые мысли, от которых они падают во власть нечистых сил, нарушая запрет поклоняться чужим богам, то не было бы необходимости и в этой унизительной для них работе.

Отсюда поймем сказанное мудрецами: «Эгоизм, злое начало человека, вначале подобно тонкой паутине, а в конце становится будто оглобли телеги».

Известно, что прегрешить можно:

— по принуждению,
— по ошибке,
— по злому умыслу.

Эгоистическое желание получать наслаждения изначально находится в человеке и поэтому определяется как принуждение, потому что не в силах человек аннулировать его. А потому считается не преступным грехом (хэт), а невольным прегрешением (авон), ведь человек поневоле вынужден выполнять указания этого желания в себе. Как написано: «Горе вам, влекущие невольный грех веревками лжи...»

Невозможно оттолкнуть от себя это желание, или возненавидеть его, потому что человек не ощущает его как преступление. Но из этого небольшого прегрешения затем вырастает преступный грех, весом в тележные оглобли. И из этого эгоистического желания рождаются затем клипот — целая система нечистых миров, подобная и параллельная чистой системе (как сказано: «Одно напротив другого создал Творец»), откуда и происходит злое начало человека. То есть все это рождается из желания, подобного тонкой нити.

А поскольку уже раскрылось, что это грех, то становится понятно, как необходимо стеречь себя от самой тонкой нити эгоизма. И тогда они понимают, что, если желают войти в духовное, нет иного пути, как только принять на себя унижающую работу в вере и отдаче. А иначе видят, что останутся под властью Фараона, Царя Египетского.

Получается, что в изгнании есть польза, ведь в нем ощутили, что эгоистическое желание является грехом. И потому решили, что нет иного пути, как только приложить все усилия, чтобы достигнуть желания к отдаче. Поэтому ответил Творец Аврааму на вопрос, как можно быть уверенным, что его потомки унаследуют святую землю: «Знай, что будут твои потомки в изгнании... страдать и подвергаться унижениям». Ведь именно в изгнании раскроется им, что даже тонкая нить эгоизма — это уже грех, и тогда примут на себя истинную работу, чтобы отдалиться от греха.

Об этом сказал рабби Йегуда, что в будущем «Исчезнет смерть навеки». Поскольку Творец забьет злое начало и не останется от него больше, чем на толщину волоса, что не ощущается как грех (ведь тонкий волос не заметен глазу). Но все равно остаются грешники и праведники, и все тогда желают слиться с Творцом. Но грешники еще не исправили нечистое желание толщиной в волос, оставшееся в них со времени, когда ощущалось все злое начало человека, а потому была возможность почувствовать его как грех.

И сейчас, когда злое начало осталось лишь величиной с волос, нет у грешников причины исправить это эгоистическое желание на альтруистическое, потому что нечистое желание толщиной с волос не ощущается как нечистое. Однако все же не могут слиться с Творцом из-за различия их свойств, ведь сказано: «Не могу Я находиться вместе с эгоистом». Исправление грешников в том, чтобы быть прахом у ног праведников: поскольку злое начало аннулировано, то нет у праведников причины идти «верой выше знания».

А если нет причины, то кто может принудить их? И сейчас праведники видят, что грешники остались с эгоизмом толщиной с волос, и не исправили его, пока еще существовало злое начало человека, и еще можно было его исправить, ведь все злое желание было раскрыто и ощущалось грехом. Теперь же, грех не ощущается, став незаметным, словно волос.

А потому как нет ощущения греха, то нет и возможности его исправить. Но также и нет возможности слиться с Творцом, потому что различие свойств осталось. И все исправление грешников состоит в том, что пойдут по ним праведники. Ведь когда видно, что уже нечего боятся системы нечистых сил, и убито злое начало человека, то зачем же теперь им работать в «вере выше знания»? Но видят, что грешники не в состоянии достигнуть слияния с Творцом, не имея на это причины, ведь зло стало неразличимым — однако оно мешает слиянию, внося отличие свойств.

И видя это, праведники понимают, насколько было хорошо, когда была у них причина работать на отдачу, хотя казалось им, будто работают в отдаче лишь потому, что существует зло. Сейчас же видят, что мешающий им грех был им во благо, и на самом деле, главный смысл — в самой этой работе, а не в том, что работали из-за страха попасть во власть нечистых желаний. И как доказательство, видят, что грешники, которые не исправили зло толщиной с волос, остаются снаружи, ведь нет у них теперь возможности достичь слияния с Творцом.

Получается, что праведники получают силы идти вперед от грешников, которые становятся прахом под их ногами, и движутся благодаря оставшемуся в них греху. И тогда раскрывается, что сама эта работа — важна, а не вынуждена, как казалось им прежде, когда присутствовало в них злое начало. А сейчас видят, что и без злого начала, стоит работать в вере и отдаче.

И потому сказано: «И одни плачут, и другие плачут». Известно, что плач — это малое состояние, то есть ВАК, и есть разделение между ГАР и ВАК, ведь свет малого состояния (ВАК) светит из прошлого. То есть получают они жизненные силы и свет из пережитого в прошлом, тогда как свет ГАР светит в настоящем, совершая зивуг (слияние).

И потому плакали мудрецы, говоря: «Как же сумели мы преодолеть такую высокую гору», ведь сейчас видят они, что было до уничтожения злого начала, когда власть его была огромной, как сказано: «Одно напротив другого создал Творец (святость против нечистоты)». И Творец проявил к ним большое милосердие, дав им силу победить в войне против эгоистического начала. А сейчас веселятся они и радуются чуду, случившемуся с ними тогда, то есть в прошлом — что означает «свет малого состояния» (Мохин дэ-катнут).

Грешники же плачут потому, что нет у них теперь возможности слиться с Творцом, хотя и видят они, что их злое начало — как тонкий волосок. Но поскольку нет сейчас злого начала, то нет у них и способа обратить кли получения в отдачу. Видят только, что остались снаружи — и потому плачут.

А исправление их в том, чтобы стать прахом под ногами праведников. Ведь видят праведники, что хотя и нет сейчас злого начала, все равно не могут удостоиться грешники слияния. И тогда говорят праведники: мы думали, что должны идти путем отдачи только из-за злого начала, но сейчас видим, что это настоящее кли, и даже если бы не было злого начала, все равно такой путь — это истина, и путь веры — это чудесный путь.

И из этого пойми, почему остались грешники после уничтожения злого начала. А все потому, что должны были стать прахом под ногами праведников. И если бы не осталось грешников, то кто бы раскрыл ту великую истину, что путь веры не означает любовь, зависимую от вознаграждения! То есть не из страха злого начала нужно идти путем веры, а из-за любви, не зависящей от награды. И хотя уже нет больше злого начала — все равно, лишь одной верой можно удостоиться слияния с Творцом.

И еще слышал я однажды: почему нужна нам именно вера? Только из-за живущей в нас гордыни, не дающей нам принять веру. И хотя вера — это высокое и прекрасное свойство, значимость и высшее предназначение которого недоступно для понимания низших, но только в силу заключенной в нас гордыни, то есть эгоистического желания, нам представляется, что это низменное и животное действие.

А в другой раз слышал: когда мы видим, что не желаем принять веру, мы падаем с нашей ступени. И раз за разом мы поднимаемся и падаем, пока не решим в сердце, что нет другого средства, как только принять веру. И весь этот путь был лишь ради того, чтобы обрести веру. О чем и написано: «И построили нищие города (для Израиля) Фараону».

87. Шаббат Шкалим

Услышано 26 Адара (7 Марта 1948 г.)

В «Шаббат Шкалим», перед освящением Субботы, рассказал Бааль Сулам, что в Польше существовал обычай, по которому все богачи в Субботу, называемую «Шаббат Шкалим», приезжали к своим духовным руководителям, чтобы получить от них монету (шкалим).

И это потому, что невозможно уничтожить и стереть Амалека без шкалим, ведь прежде чем получает человек шкалим, нет еще в нем нечистой силы Амалек (клипат Амалек). Но когда он берет шкалим, является ему огромная клипа, называемая «Амалек», и тогда только начинается работа по стиранию Амалека. А до этого нечего человеку стирать.

И в добавление, он привел высказывание Магида из Козниц о словах заключительной молитвы в Йом Кипур: «Ты отделил человека вначале (то же переводится как «от головы») и узнаешь его стоящим пред Тобой». Спросил об этом Магид: «Как можно стоять без головы?» То есть смысл в том, что голова отделяется от человека, и как такое возможно? А объяснение в том, что: «Будешь подсчитывать поголовно сыновей Израиля» (Шмот 30). А голову обретают при условии, что дают половину шекеля, и благодаря этому удостаиваются головы.

А потом спросил... Почему приготовлено больше вина к трапезе, чем еды? Это неправильно, ведь положено, чтобы «еда превышала питье». Поскольку питье только восполняет еду, как сказано: «Поел и насытился, и благословил». Но так не получится, если питье превышает еду. А дело в том, что еда означает Хасадим, а питье — Хохма.

А еще сказал, что Суббота перед наступлением месяца Адар, включает в себя весь месяц Адар. Поэтому, «когда наступает Адар, умножается радость». И сказал, что есть разница между Субботой и праздничным днем. Суббота означает любовь, а праздник означает радость. И различие между радостью и любовью в том, что любовь существует сама по себе, а радость — это только следствие, рождающееся от какой-то причины. И в этой причине и заключена суть, а следствие является лишь порождением этой сути. Поэтому Суббота зовется «любовью и желанием», а праздник — «радостью и весельем».

Также он объяснил ответ рабби Йоханана Бен Закая своей жене, сказавшего: «Я словно министр перед Царем, а он, рабби Ханина Бен Доса — словно раб перед Царем, а потому есть у него возможность молиться». И, казалось бы, что должно быть наоборот, и у министра есть больше возможностей высказать свое мнение Царю, чем у раба?

Но дело в том, что «министром» называется тот, кто уже удостоился личного управления свыше. И потому он не видит необходимости в молитве, ведь все хорошо. Тогда как «рабом» называется находящийся на ступени вознаграждения и наказания. И у него есть возможность молиться, поскольку видит, что еще есть в нем такое, что нуждается в исправлении.

И добавил к этому объяснение из статьи Талмуда (Бава Меция), где рассказывается, как одного теленка вели на бойню. Пошел он, уткнулся головой в подол одежды ребе и заплакал. Сказал ему ребе: «Иди, ведь для этого ты был создан». Сказали: «За то что не сжалился — придут к нему страдания».

«Для этого ты был создан» — означает личное управление, в котором нечего ни прибавить, ни убавить, и где страдания также принимаются как благословения. А потому притянул к нему страдания. И говорит Гмара, что спасся он от страданий тем, что сказал: «И милосердие Его — на всех Его созданиях» (Псалом 145).

Однажды, служанка ребе подметала дом и вымела крысят, которые были там. Сказал ей ребе: «Оставь их!», написано: «И милосердие Его — на всех Его созданиях». Ведь постиг тогда, что и молитва остается навечно, и поэтому появилась уже у него возможность молиться. А потому ушли от него эти страдания.

А на исходе святой Субботы объяснил сказанное в Зоар: «Ведь на Якова пал выбор Творца». Кто избрал кого? И отвечает Зоар, что «Творец избрал Яакова» (Берешит 161, стр. 2). Но спрашивает Зоар: «Если Творец избрал Яакова, получается, что Яаков ничего не сделал, а это было личное управление свыше?» А если Яаков выбрал, то получается, что Яаков действовал, то есть находился в условиях вознаграждения и наказания.

И ответил, что сначала человек должен идти путем вознаграждения и наказания. А когда заканчивает этап вознаграждения и наказания, тогда удостаивается увидеть, что все было следствием личного управления им свыше и «Лишь Он один совершает и будет совершать все действия». Но прежде чем человек завершит свою работу на этапе вознаграждения и наказания, невозможно понять личного управления.

И в воскресенье ночью после урока объяснил хитрость Яакова, о которой написано: «Пришел брат твой с обманом» (Берешит 27). И разумеется не было тут никакого обмана, иначе не было бы написано о Яакове: «Избранный из Праотцев», если бы он был обманщиком. А объясняется его хитрость тем, что человек пользуется мудростью (Хохма), но не ради самой мудрости (Хохма), а чтобы извлечь из этого какую-то пользу, которая ему необходима. И видит, что прямым путем невозможно этого достигнуть. Поэтому он использует какую-то мудрую хитрость (Хохма), ради достижения необходимого. Это называется премудростью (Хохма).

В этом смысл сказанного: «Хитрый разумом», то есть обладающий мудростью (Хохма) благодаря разуму. Ведь он желает получить мудрость (Хохма) не ради самой мудрости (Хохма), а ради совсем другого, что заставляет его притянуть свет Хохма. То есть желает притянуть Хохма, чтобы восполнить Хасадим.

Ведь прежде чем Хасадим обретают Хохма, они остаются в малом состоянии (катнут). Но затем, когда человек притягивает свет Хохма, и несмотря на это, предпочитает Хасадим свету Хохма, тогда Хасадим становятся более важными, чем Хохма. И это называется ступенью ГАР дэ-Бина, когда он использует Хасадим по собственному выбору. И это означает «мудрость благодаря разуму», поскольку в ИШСУТ Хохма раскрывается на уровне ВАК, а в Аба вэ-Има раскрывается Хохма из-за того, что они предпочитают Хасадим и остаются с Хасадим.

Но даже хотя Бина и означает исправление «хафец хэсед» (желающий только отдачи), не считается, что она сама выбирает Хасадим, поскольку действует Цимцум Бет (второе сокращение), при котором нет света Хохма. Тогда как, в большом состоянии (гадлут), когда приходит свет Хохма, она уже использует Хасадим благодаря своему собственному выбору.

88. Вся работа — только на перепутье двух дорог

Услышано на исходе Субботы Бешалах (25 Января 1948 г.)

Любая работа имеет место только при наличии двух путей, то есть двух возможностей, как сказано: «Живи в Моих заповедях, а не умирай в них». А Заповедь умереть, но не преступить, действует только в трех случаях: авода зара (поклонение чему-то кроме Творца, то есть своему эгоизму), шфихут дамим (кровопролитие, убийство), гилуй арайот (запретная близость). Но ведь из истории нам известны праведники, отдававшие жизнь за любую Заповедь?

Вся наша работа и усилия имеют место только в состоянии, когда человек должен хранить Тору, потому что только тогда он ощущает законы Торы как тяжелую ношу и невыносимые ограничения, будто все его тело не согласно с условиями Торы.

Но когда человек удостаивается, чтобы Тора оберегала человека, то не ощущает в этом никакой тяжести в работе «ради Творца», потому что сама Тора стережет человека, как сказано: «Душа человека учит его».

89. Чтобы понять написанное в Зоар

Услышано 5 Адара (15 Февраля 1948 г.)

Чтобы понять написанное в Зоар, необходимо прежде понять, что же Зоар желает нам сказать. А это зависит от меры отдачи человека идее этой книги, то есть его самопожертвования «Торе и заповедям», которые бы привели человека к очищению, чтобы очистился от эгоистической любви к себе. Ведь ради этого он занимается Торой и выполняет заповеди (учит, как постичь Творца и делать альтруистические действия). И в этой мере он может понять истинно сказанное в книге Зоар. А иначе есть клипот, эгоистические желания самого человека, которые скрывают и запирают истину, заключенную в книге Зоар.

90. В Зоар, Берешит

Услышано 17 Адара II (28 Марта 1948 г.)

В Зоар, Берешит, стр. 165, о тайнах Торы: «Приставлены к правителям охранники свыше, и занесен пылающий, огненный меч над каждым войском и военным станом... И выходят оттуда порождения разных видов и со всех уровней».

Когда выделяется в работе левая линия и необходимо ее смягчить правой линией, это происходит на трех уровнях:
1) в их корне – в Аба вэ-Има,
2) в Малхут,
3) в ангелах Творца.

В Аба вэ-Има это называется «охранники правителей». В Малхут это называется «огненный, вертящийся меч». А в ангелах это называется: «И выходят оттуда порождения разных видов и со всех уровней».

91. Подмененный сын

Услышано 9 Нисана (18 Апреля 1948 г.)

В книге Зоар повествуется о Рувене, сыне Леи. А когда был Яаков с Леей, то воображал Рахель. Правило же говорит, что если он думал о другой, то рожденный в такой ситуации ребенок называется «подмененным».

Зоар же объясняет, что хотя думал Яаков о Рахели, но был уверен, что находится с Рахелью, а «подмененным» сын называется, если бы думал о Рахели, а на самом деле был в это время с Леей и знал об этом. А если думал о Рахели и был уверен, что он с Рахелью, то рожденный не считается «подмененным».

Смысл в том, что духовные ступени относятся друг к другу как причина и следствие и как печать к отпечатку: каждая низшая ступень – это отпечаток от более высшей. А печать и отпечаток всегда имеют противоположные свойства. Поэтому то, что в мире Брия называется нечистым желанием (клипа, эгоизм), в более низшем мире Ецира считается чистым желанием (кдуша, альтруизм, святость). А то, что в мире Ецира считается нечистой клипой, считается чистым в мире Асия.

Когда праведник, исправлением своих желаний, достигает определенной духовной ступени, он сливается с ее чистыми свойствами. И если во время своей духовной работы, он думает о иной духовной ступени, на которой считается нечистым то, что здесь считается чистым, то следствие, рожденное от такого действия (единения), называется «подмененным», потому что это ступени — обратные по своим свойствам друг другу.

Но Яаков, мысль которого была о Рахели, думал о чистом свойстве «Рахель» и о действии также думал, что это на самом деле «Рахель», и поэтому и в мысли, и в действии был на одной ступени «Рахель» — а потому здесь не присутствует свойство «Лея», и значит, нет «подмены».

92. Смысл удачи

Услышано 7 Сивана (14 Июня 1948 г.)

Удачей называется то, что выше разума. То есть хотя согласно здравому смыслу и логике должно было произойти одно развитие событий, но знак удачи вызвал другой, более благоприятный исход. Разумом называется причинно-следственное логическое мышление, когда ясно, что определенная причина вызывает строго определенное следствие. Но быть выше разума и логики — означает, что первопричина не связана со следствием. Такое происшествие называется «выше разума», и мы относим его к знаку удачи, поскольку оно вызвано не закономерной причиной — а удачей.

Все влияния и отдача исходят от света Хохма. Когда светит Хохма, это называется левой линией и тьмой, и в это время свет скрывается и застывает как «лед». И вроде бы надо получать от левой линии, что называется «в меру своих заслуг». То есть заслуги человека — это причина появления света хохма, и заслуги и свет связаны как причина и следствие.

Но сказано, что «Сыновья, жизнь и пропитание зависят не от заслуг человека, а от удачи» — то есть от средней линии, где свет хохма уменьшается до такой степени, что его можно получить с намерением «ради Творца». Уменьшение и зивуг на среднюю линию называется «масах дэхирик».

Получается, что свет Хохма светит не по своей настоящей причине, не за счет левой линии, а наоборот, вследствие своего уменьшения, что и происходит «выше разума» (вопреки разуму) и потому называется «удача».

93. Плавники и чешуя

Услышано в 1945 г.

Сказано мудрецами, что если есть чешуя, то есть и плавники, но если есть плавники, еще неизвестно, есть ли чешуя.

Чешуя (каскесет) — от слова «кушия» (вопросы). А слово «кушия» (вопросы) от слова «коши», тяжесть, которая возникает в работе «ради Творца». То есть чешуя (каскесет) — это келим, в которые получают ответы на вопросы, потому что ответы ощущаются не внешним разумом, а внутренним. Внутренний разум — это высший свет, который наполняет человека, и только тогда успокаиваются в нем все его вопросы.

Потому, чем больше у человека вопросов, в той мере и наполняет его затем высший свет. Поэтому каскесет является признаком чистоты, исправленности. Ведь только имея каскесет, человек может прийти к тому, чтобы очистить себя (от эгоистических требований), потому что желает избавиться от вопросов. И все, что в его силах, он делает, чтобы очистить себя и быть достойным высшего света.

Снапир (плавник) также является признаком чистоты (альтруистичности, «ради Творца»). Потому что снапир — от слов «сонэ пэ ор» (ненавидящий высший свет). Ведь если у человека возникают вопросы, это потому, что есть в нем ненависть к высшему свету. Но если у него есть снапир, необязательно, чтобы у него были вопросы. Ведь может быть, он ненавидит высший свет не потому, что его одолевают трудные вопросы, а потому что стремится к наслаждениям и думает, что все равно у него ничего не получится с его исправлением и возвышением.

Поэтому признаки чистого кли: именно и снапир, и каскесет — вместе, когда есть у человека рыба («даг» — от слова «даага», забота, беспокойство). Ведь рыба — это мясо, одетое в плавники (снапир) и чешую (каскесет) — то есть высший свет светит в этих двух признаках чистоты. Но если человек вроде бы делает усилия, учится, но не возникает в нем вопросов против работы «ради Творца», значит нет в нем признаков чистоты, исправления. Потому что признаки очищения — это в первую очередь вопросы против духовного.

А если нет вопросов, то негде и поместиться в нем высшему свету. Ведь нет у него причины, заставляющей его наполниться высшим светом, потому что и без высшего света он также видит себя в хорошем состоянии.

Поэтому Фараон, Царь Египта, желая оставить сынов Израиля в своей власти, приказал, чтобы не выдавали им солому (каш), из которой они делали кирпичи (как сказано: «И отправился народ собирать солому...») Ведь в таком случае, никогда бы не возникло у человека потребности, чтобы Творец вывел его из этого нечистого состояния в исправленное.

94. Берегите души свои

Услышано в 1945 г.

Сказано: «Берегите души свои». Имеется в виду стеречь свою духовную душу. Тогда как животную душу нет необходимости указывать стеречь, ведь человек сам бережет ее, без всяких указаний Торы. Поскольку Заповедь (один из 620 законов мироздания) в основном проявляется, когда человек выполняет ее именно потому, что ему указали, а если бы не было указания, не делал бы этого. И выполняет это действие только ради заповеди.

Поэтому, когда человек выполняет Заповедь, он должен посмотреть, а не совершал бы он то же действие даже и без заповеди?

Тогда он должен тщательно проверить и найти там такое, на что мог бы сказать, что исполняет это только потому, что есть указание свыше. В таком случае его действие освещает свет заповеди, то есть с помощью заповеди очищается кли, которое может наполнить высший свет. Поэтому основная забота — стеречь духовную душу.

95. Отсечение крайней плоти

Услышано на праздничной трапезе в честь Брит Мила,

в 1943 г., в Иерусалиме.

Малхут, сама по себе, называется «низшая мудрость». Малхут, присоединенная к Есод, называется верой. На Есод есть покрытие, называемое «Орла», крайняя плоть, роль которой в отделении Малхут от Есод, чтобы не позволить Малхут связаться с ним.

Сила крайней плоти в том, что она рисует человеку картину, в которой вере не придается никакой важности, подобно праху. Это называется «Шхина во прахе».

Когда человек убирает эту мешающую силу, создающую в нем представление о вере как о ненужном, и, наоборот, говорит себе, что именно сама эта сила — низменна и ничтожна в глазах его словно прах, то такое исправление называется «обрезание». Этим он отсекает от себя крайнюю плоть и выбрасывает ее в прах.

Тогда святая Шхина выходит из праха, и раскрывается величие веры. Такое состояние называется «Геула» (Освобождение), потому что удостаивается человек возвысить Шхину из праха.

Поэтому необходимо сконцентрировать все свои усилия на том, чтобы устранить мешающую силу и обрести веру. Только из веры исходит совершенство. (И в этом возможно постоянное совершенствование, в зависимости от того, насколько человек желает проникнуться верой в каждом своем частном желании, анализе.)

Такое совершенствование называется: «Ограничить себя до крохотной маслины и до яйца» (то есть до строго оговоренного размера, ниже которого человек уже не в состоянии различить).

«Маслина» — подобно тому, как сказала голубка, выпущенная Ноем: «Предпочитаю я горькую, словно маслины, пищу, но с неба». «Яйцо» — подобно тому, как в самом яйце нет ничего живого, и сейчас не видно в нем никакой жизни, хотя потом из него рождается живое. То есть человек ограничивает себя и предпочитает духовную работу, хотя она и вызывает в нем горечь, словно маслина, и не видит он в своем состоянии и в своей духовной работе никакой жизни.

Но вся сила в его работе исходит из того, что желает возвысить Шхину из праха. И вследствие такой работы, человек удостаивается Освобождения, а пища, которая прежде казалась ему горькой, подобно маслине, и лишенной жизни, подобно яйцу, представляется в его глазах полной высшей жизни и сладости.

Поэтому сказано: «Прозелит (гер) подобен новорожденному младенцу» в том, что обязан сделать «Брит мила» (обрезание), и тогда постигает веселье. Поэтому в традиционной процедуре «Брит мила», когда отсекают младенцу крайнюю плоть, хотя ребенок страдает, все близкие радостны. Потому что верят, что душа ребенка радуется. Также и в выполнении духовного действия «Брит мила»: человек должен радоваться, несмотря на ощущение страданий, потому что верит, что его душа, проходя эти исправления, веселится.

Вся духовная работа человека должна быть в радости. Это исходит еще из самой первой заповеди, данной человеку, которая выполняется над человеком его родителями с радостью. Также в радости должна выполняться каждая Заповедь.

96. «Отходы гумна и винодельни» — в духовной работе

Услышано в вечер праздника Суккот в сукке (1943 г.)

«Гумно» означает Диним дэ-Дхура (суды и ограничения с мужской стороны), о чем сказано: «Скрылась и не осквернилась»

(Бемидбар 5). Это ощущение человеком свойства «горен» (гумно), когда он чувствует себя гером (чужим пришельцем) в духовной работе.

«Винодельня» означает Диним дэ-Нуква (суды и ограничения с женской стороны), о которых сказано: «Скрылась и осквернилась». Винодельня (йекев) — это ощущение недостатка (некев).

Есть два вида Сукки:
1. Облака славы.
2. Отходы гумна и винодельни.

Облако — вид скрытия, когда человек ощущает, что духовное скрыто от него. И если человек усилием воли преодолевает это облако, то есть ощущаемое им скрытие, то удостаивается облака славы. Это называется МАН дэ-Има, который действует в течение 6000 лет и является тайной, потому что еще не нисходит в природу, называемую «пшат» (простой смысл).

Отходы гумна и винодельни называются «простым смыслом» и природой, являющейся МАН дэ-Малхут, которая исправлена именно верой, и называется «итарута дэ-летата» (возбуждение, просьба снизу).

Однако МАН дэ-Има — это «итарута дэ-лэйла» (возбуждение свыше), которое не идет от природы. То есть со стороны природы, если человек не достоин получить свет, он не получит никакого света. Тогда как, благодаря возбуждению свыше, которое выше природы, свет проходит к низшим, как сказано: «Я, Творец, пребываю с ними во всей их нечистоте» или, как сказано в книге Зоар: «Хотя грешат, будто не грешат вовсе».

Но под воздействием пробуждения снизу, итарута дэ-летата, свет может нисходить к низшим, только если они способны получить его согласно своей природе, то есть собственным качествам. Это называется МАН дэ-Нуква, когда человек может исправить себя верой. И это называется исправлением, идущим со стороны самого человека, и относится к уровню Седьмого тысячелетия, которое называется «и один разрушенный», потому что «нет в самой Малхут ничего от себя».

А когда мы исправляем это состояние, удостаиваемся десятого тысячелетия, уровня ГАР. И такая душа находится в одном из 10 поколений. Однако есть «Седьмое тысячелетие», которое завершает период 6000 лет и называется «частное». А как известно, частное и общее в духовном всегда равны. Но оно относится к МАН дэ-Има, называемому «облака славы».

Цель работы — в нахождении на уровне «простого смысла» и природы. Ведь при такой работе у человека нет возможности упасть ниже, если он уже опирается на землю. Это потому, что он не нуждается в большом состоянии, ведь все время начинает будто заново.

И работает он всегда так, будто только что начал работать, принимая на себя власть Небес верой выше знания. Основа, на которой строится порядок работы, должна быть самой простой, чтобы быть абсолютно выше знания. И только самый наивный человек может настолько принизить себя, чтобы продвигаться без всякого основания, опираясь лишь на свою веру и не нуждаясь в другой поддержке.

А вдобавок, он должен принимать эту работу с большой радостью, будто обладает знанием и явным видением, на которое опирается для подтверждения своей веры, чтобы полагаться на веру выше знания совершенно в той же мере, будто есть у него знание. И если человек держится такого пути, то никогда не упадет, а всегда сможет быть в радости от того, что служит великому Царю.

И об этом сказано: «Одного жертвенного ягненка принеси утром, а второго ягненка — в сумерки, подобно утреннему дару и его возлиянию» (Бемидбар 28). Смысл в том, чтобы с той же радостью, которая была у него во время приношения жертвы, когда он ощущал «утро» (утром называется свет), и так светил ему свет Торы, что все было совершенно ясно — с той же радостью он должен приносить свою жертву, то есть выполнять свою работу даже тогда, когда настает «вечер».

И даже когда нет у него никакой ясности ни в Торе, ни в работе, несмотря на это, он все делает с радостью, потому что действует выше знания. Поэтому он не может оценить, в каком состоянии приносит большее наслаждение Творцу.

Поэтому рабби Шимон Бен Менасия называл это: «нечто подобное материалу». Материалом называется то, что не обладает знанием и разумом. Ухо, которое слышало глас Творца на горе Синай, не украдет, то есть ничего не получит для самого себя, а примет на себя власть Небес, не требуя большого состояния и оставаясь во всем выше разума. А он ушел и украл какое-то озарение для себя, то есть сказал: «Сейчас я могу быть работником Творца, ведь уже есть у меня знание и разум для этой работы, когда я понимаю, что стоит работать на Творца. И теперь я не нуждаюсь в вере выше знания».

И за это был он продан в судебный дом. «Судебный дом» означает человеческий разум и знание, которые судят действия человека – стоит ли совершать их или нет. А «продали его» означает, что он ощущает себя чуждым работе Творца.

И тогда приходит разум и задает известный вопрос: «Что дает тебе эта работа?» И приходит он лишь ради воровства, ведь уже получил какую-то поддержку для своей веры, и потому приходит и хочет отменить эту поддержку с помощью таких вопросов. Но все это только «для шести», то есть продали его на шесть лет, что означает Диним дэ-Дхура (мужской суд).

А если скажет раб: «Я люблю своего господина и не выйду на свободу!», то есть не захочет освобождаться от Его заповедей, то совершают над ним следующее исправление. Подводит его хозяин, то есть Господин всей земли «к двери или к мезузе», ограничивая его на принятии власти Небес, и «протыкает», делает отверстие у него в ухе. Делается ему это отверстие, чтобы еще раз смог услышать то, что слышал на горе Синай: «Не укради!» и «стань рабом Его навечно», ведь отныне он становится подлинным работником Творца.

Суккот – означает временное жилище. Если человек уже заслужил постоянное жилище, и ему нечего больше делать, остается ему только выйти во временное жилище, как в то время, когда находился он в пути во дворец Творца, и еще не дошел до постоянного дома. Тогда он все время ощущал необходимость достичь Царского дворца и встречал ушпизин (гостей). То есть в то время он выполнял работу как временный гость.

А сейчас он может вспомнить ту радость, которую испытывал тогда в работе, когда неустанно благодарил и прославлял Творца за то, что все время приближал человека к Себе. И эту радость он может продолжить теперь в Суккот. Именно на это намекает временное жилище. А потому сказано: «Выйди из постоянного дома и поселись во временном жилище».

«Главное — не рассуждения, а дело». Дело подобно материалу. Как объяснял рабби Шимон Бен Менасия: «нечто подобное материалу» означает, что главное — это действие, а разум — всего лишь его зеркальное отражение.

Но вместе с тем, действие относится к животному уровню, а разум — к человеческому. И суть в том, что если достигнуто совершенство на уровне действия, то это действие становится настолько великим, что приносит человеку разум Торы. А разум Торы означает человеческий уровень.

97. «Отходы гумна и винодельни» — 2

«Гумно» (горэн) в духовном означает уменьшение добрых дел, когда человек ощущает недостаток в работе с Творцом. Поэтому он уменьшает свои добрые поступки. А затем он приходит к состоянию «винодельня» (йекев), что означает «проклинать имя Творца».

Суккот означает радость, гвурот, приносящие веселье, возвращение с любовью, когда намеренные прегрешения прошлого обращаются в заслуги. И тогда даже «гумно» и «винодельня» включаются в святость. Поэтому основное свойство Суккота — это Ицхак (левая линия), и все сливаются в нем. (А основное свойство Песаха — любовь, правая линия). Поэтому написано, что Авраам родил Ицхака.

Ведь отец и сын — это причина и следствие. И если бы прежде не было свойства правой линии, которое называется «Авраам», невозможно было бы прийти к свойству «Ицхак», принадлежащему левой линии — но левая линия включается в правую. Потому говорится: «И ты отец наш», так как Авраам сказал: «Сотрут святость имени Твоего» (на обвинение: «Прегрешили сыновья твои»). И то же самое сказал Яаков. Это значит, что преступления сотрут святость имени, и если останутся неисправленными, то создадут брешь посредине.

То есть преступления среди народа Израиля — это словно брешь в святости.

Однако Ицхак так ответил на это обвинение: «Половина — на мне, половина — на Тебе», то есть часть преступлений и часть добрых дел — и те, и другие войдут в святость. А это возможно только благодаря возвращению по любви, когда его прошлые преступления обращаются в заслуги. И тогда не остается никакой бреши, как сказано: «И не будет бреши, и не будет вопля» (Псалом 144), а все будет исправлено и внесено в святость.

И в этом смысл сказанного мудрецами: «Отбросы и мулы (то же означает: расставания) Ицхака величественнее, чем серебро и золото Авимелеха». Отбросами называется ничтожная вещь, не представляющая никакой ценности. То есть человек воспринимает свое рабство Творцу как бросовую вещь, а затем отделяется от него, что называется «отбросами и расставаниями Ицхака». И поскольку Ицхак все исправил возвращением с любовью, обратив все свои прошлые преступления в заслуги, то получил от отбросов и расставаний прибыли больше, чем все серебро и золото Авимелеха.

Серебро (кесеф) означает влечение (кисуфин) к Творцу. А золото (захав) — от слов «дай это» (зе-хав), что означает стремление к Торе, то есть к постижению Торы. А поскольку Ицхак исправил все, достигнув возвращения по любви, и преступления засчитались ему заслугами, то, само собой, он стал очень богатым, богаче Авимелеха. Ведь выполняя заповеди, не исполнишь более 613-ти, тогда как грехам и преступлениям — нет предела. И потому разбогател Ицхак, как сказано: «И получил во сто крат (дословно: нашел сто врат)» — то есть на все сто процентов принадлежал святости, без всяких отбросов, ведь и отбросы тоже были им исправлены.

Поэтому навес для Сукки делается из отходов гумна и винодельни (или же как сказали мудрецы: из отходов, от которых обогатился Моше). Вот почему основа праздника Суккот связана с именем Ицхака, так как он означает «гвурот, приносящие веселье», а кроме того, Суккот связан с именем Моше.

98. Духовным называется вечное

Услышано в 1948 г.

Духовным называется то, что не исчезнет никогда. Поэтому желание насладиться в его настоящем виде получения ради себя, называется материальным, так как утратит эту форму и приобретет новый вид — ради Творца.

Реальность места в духовном определяется местом реальности, так как каждый, приходящий туда, в это место, видит одну и ту же картину. В отличие от этого, воображаемая вещь не называется реальным местом, поскольку является фантазией, которую каждый представляет себе по-своему.

И говорится, что у Торы есть 70 лиц, что означает 70 ступеней. На каждой ступени Тора представляется согласно той ступени, на которой находится человек. Однако мир — это реальность, так что каждый, поднявшийся на одну из 70 ступеней, из которых состоит данный мир, постигает то же, что и все, постигшие эту ступень.

В каббалистических книгах иногда встречаются объяснения фраз из Торы, наподобие: «Так сказал Авраам Ицхаку...», и рассказано, что тогда говорили, и разъясняется сказанное. И возникает вопрос: откуда известно, что они говорили друг другу?

А известно это потому, что каббалистом была постигнута ступень, на которой находился Авраам или кто-то другой, и поэтому постигший видит и знает то же, что видел и знал Авраам. Поэтому он знает, что сказал Авраам.

Вот почему, каббалисты объясняют фразы из Торы, ведь они тоже постигли ту же ступень. А любая ступень в духовном — это реальность, которую видят все, подобно тому как все, приезжающие в город Лондон в Англии, видят то, что есть в этом городе, и слышат о чем там говорится.

99. Грешник или праведник — не сказано

Услышано 21 Ияра, в Иерусалиме

Сказал рабби Ханания Бар Папа: «Имя ангела, отвечающего за беременность — Ночь. Берет он каплю семени, представляет ее Творцу и спрашивает: «Властитель мира, что выйдет из этой капли: герой или слабый, мудрец или глупец, богач или бедняк? А грешником ему быть или праведником — не говорит». (Трактат «Нида», 16, стр.2)

Но, как правило, глупцу невозможно стать праведником, ведь сказали мудрецы: «Не согрешит человек, пока не вселится в него дух глупости». А тем более тот, кто всю жизнь свою провел глупцом. Выходит, если родился человек глупым, то нет у него никакого выбора, ибо приговорен он к глупости. И почему тогда подчеркивается, что не сказано, быть ему праведником или грешником, будто оставлен ему выбор? Ведь что толку не указывать — праведник он или грешник, если суждено ему быть глупцом, что равнозначно приговору быть грешником.

И сказал рабби Йоханан: «Увидел Творец, что малочисленны праведники — взял и рассадил их во всех поколениях», «ведь Творец вершит устои земли и основал на них вселенную». И объясняет Раши: «И основал на них вселенную», значит, разнес по всем поколениям, чтобы служили основой для существования мира.

«Малочисленны они» — это значит, все меньше их и совсем уходят. И что же сделал Он, чтобы умножить праведников? Взял и рассадил их во всех поколениях. И спрашивается, в чем польза от разнесения праведников по всем поколениям — разве станет их от этого больше? Какая разница, в одном поколении все праведники или в разных, и почему объясняет Раши, будто умножаются праведники от того, что появляются в каждом поколении?

И чтобы понять это, нужно дополнить и объяснить сказанное мудрецами о том, что Творец вершит над каплей семени, быть человеку мудрым или глупым, то есть таким, кто родится слабым, не имеющим сил для преодоления своей злой природы, кто родится со слабым желанием и неспособным. Ведь уже даже на подготовительном этапе, только начиная духовную работу, человеку необходима способность воспринять Тору и мудрость каббалы, как написано: «Дает Он мудрость разумным». Хотя и возникает вопрос: если они уже и так умны, зачем им еще мудрость? Не правильнее ли дать мудрость тем, кто глуп?

А дело в том, что мудрым называется тот, кто стремится к мудрости, хотя еще и не обрел мудрость. Но поскольку есть в нем такое желание, а желание называется «кли», выходит, что человек, имеющий желание и стремление к мудрости — это сосуд (кли), в котором может светить мудрость. А тот, кто глуп, то есть не стремится к мудрости, и все его желания направлены лишь на свою выгоду, не способен ни на какую отдачу.

Но как же тогда возможно человеку, родившись с такими свойствами, достичь ступени праведника? Выходит, что нет у него выбора, и что толку не указывать, грешником ему быть или праведником, как бы оставляя выбор за ним? Ведь если родился он слабым или глупым, то уже лишен всякого выбора, поскольку не способен ни на какое преодоление и стремление к мудрости Творца.

Но для того, чтобы даже у глупца был выбор, сделал Творец исправление, о котором сказано мудрецами: «Увидел Творец, что малочисленны праведники — взял и рассадил их во всех поколениях». И сейчас мы поймем, какая в этом польза.

Известно, что нельзя объединяться с грешниками, даже если не поступаешь подобно им. Ведь сказано: «Не сиди в компании насмешников». Выходит, что человек грешит уже тем, что находится в обществе несерьезных людей, даже если сидит учит Тору и выполняет заповеди. А иначе бы сказали, что запрещено ему не выполнять Тору и заповеди. Но запрещено ему именно такое общество, потому что человек перенимает мысли и желания людей, которые ему приятны.

И наоборот. Если сам человек не обладает силой желания и устремления к духовному, но находится среди людей, стремящихся к духовному, и эти люди приятны ему, то он получает от них силу преодоления и проникается их желаниями, стремлениями и идеалами. Несмотря на то, что согласно собственным свойствам, он не обладает такими желаниями, стремлениями и силой духа. Но именно благодаря расположению и уважению к этим людям, он получает новые стремления и силы.

Из этого пойми сказанное: «Увидел Творец, что малочисленны праведники...» — то есть не каждый человек способен быть праведником, потому что отсутствуют в нем нужные свойства, ведь родился он глупым или слабым. Но должен быть у него выбор, хотя и не может решить это собственными силами. И для этого Творец «рассадил праведников во всех поколениях». А потому есть у человека свобода выбора пойти в то место, где находятся праведники, и подчиниться их руководству. И тогда он получит от них силы, которых не хватает ему со стороны его собственной природы.

И в этом польза от того, что рассажены праведники по всем поколениям, чтобы в каждом поколении было к кому обратиться и прилепиться, и получить от них силы, нужные для восхождения на ступень праведника. И благодаря этому и сам человек потом становится праведником.

Получается, что не говорится, быть ли человеку праведником или грешником потому, что есть у него выбор, ведь может пойти и прилепиться к праведникам, которые станут ему наставниками. И от них он получит силы, чтобы самому потом стать праведником. А если бы все праведники были в одном поколении, то не было бы никакой возможности у глупых и слабых людей приблизиться к Творцу — то есть не имели бы они выбора. Но благодаря тому, что рассажены праведники по всем поколениям, у каждого человека есть возможность пойти и приблизиться к праведникам, которые присутствуют в каждом поколении. А иначе, стала бы для него Тора смертельным ядом.

И пойми это на материальном примере. Когда два человека стоят друг против друга, то правая сторона одного находится против левой стороны другого, а левая сторона одного — против правой стороны товарища. И есть два пути: один — правый, это путь праведников, которые заботятся только об отдаче. А левый — это путь тех, кто заботится лишь о собственном благе и этим отделяется от Творца, который весь в отдаче. А потому отделяются они от истинной жизни. Вот почему грешники при жизни своей называются мертвыми.

Получается, что пока человек еще не удостоился слияния с Творцом — их двое. И когда человек учит Тору, которая называется правым путем — он, тем не менее, стоит против левой стороны Творца. То есть он изучает Тору ради самого себя, что отделяет его от Творца. А потому становится для него Тора смертельным ядом, оставляя его в разлуке с Творцом. Ведь он желает за счет Торы получить наполнение для своего тела, то есть увеличить с ее помощью свои эгоистические приобретения. А потому обращается она для него в смертельный яд.

Когда же человек сливается с Творцом, то остается лишь Одна власть, и человек объединяется с Творцом в одно целое. И тогда его правая сторона становится правой стороной Творца, а тело становится одеянием для души. И проверить, идет ли он истинным путем, можно по тому, занимается ли он нуждами своего тела лишь в той мере, насколько это требуется его душе.

А если кажется ему, что получает больше, чем необходимо для облачения его души, то воспринимает это словно человек, который надевает на себя не подходящую одежду. И тогда он заботится, чтобы одежда не была слишком длинной или широкой, а в точности подходила телу. Точно так же и человек, заботясь о своем теле, должен следить, чтобы требования тела не превышали потребности его души, то есть чтобы тело облачалось на душу.

Но не каждый желающий слиться с Творцом, сможет к Нему приблизиться. Ведь это против природы человека, рожденного с эгоистическим желанием и способного любить лишь самого себя. Потому нам так необходимы праведники поколения. Тогда человек может прилепиться к настоящему раву, все желание которого лишь к отдаче. И человек чувствует, что не способен на добрые дела, то есть нет в нем намерения к отдаче Творцу. Но благодаря тому, что прилепляется к истинному раву и хочет заслужить его расположение, то есть делает то, что любит рав, и ненавидит то, что рав ненавидит, он может слиться со своим Учителем и получить от него такие силы, которыми сам не наделен от рождения. И с этой целью рассажены праведники во всех поколениях.

Но возникает вопрос, зачем рассаживать праведников во всех поколениях, чтобы помогали глупым и слабым — если можно не создавать глупых людей? Кто заставляет Творца провозглашать над каплей семени, что выйдет из нее глупый или слабый человек? Разве не мог бы Он всех создать мудрецами?

А дело в том, что глупые так же необходимы, ведь они — носители эгоистического желания. Но мы видим, что нет у них никакой возможности приблизиться к Творцу собственными силами, как написано: «И выйдут, и увидят трупы людей, отступивших от Меня, ибо огонь их не погаснет, и червь их не умрет, и будут они мерзостью для всякой плоти (Исайя 66)». И станут они «прахом под ногами праведников», благодаря чему смогут праведники увидеть, какое добро сделал для них Творец, сотворив их мудрецами и героями и таким образом приблизив их к Себе. И тогда будет у праведников возможность воздать хвалу и благодарность за это Творцу, ведь увидят, в какой низости можно находиться. И это называется прахом под ногами праведников, которые смогут идти вперед благодаря тому, что прославляют Творца.

Однако нужно знать, что низкие ступени также необходимы, и низкое состояние ступени нельзя назвать излишним и сказать, что и маленьким ступеням лучше бы сразу рождаться большими. Ведь это подобно земному телу, у которого, разумеется, есть более важные органы, такие, как разум и глаза, а есть не такие важные органы, как желудок и кишечник, пальцы рук и ног. Но нельзя сказать, что какой-то орган лишний, поскольку исполняет второстепенную роль — напротив, все органы важны. И точно так же в духовном, нам необходимы и глупые, и слабые.

И потому говорит Творец: «Вернитесь ко Мне, и тогда вернусь Я к вам». Творец говорит: «Вернитесь!», Исраэль же говорит наоборот: «Верни нас к Себе, и тогда мы вернемся». Это означает, что когда человек выпадает из духовной работы, сначала Творец говорит: «Вернитесь!», и благодаря этому приходит к человеку подъем в работе Творца. И тогда человек начинает кричать: «Верни нас!»

Тогда как во время падения человек не кричит «верни нас», а наоборот, бежит от этой работы. Поэтому должен человек знать, что если он кричит: «Верни нас!», так это благодаря возбуждению свыше – от того, что прежде Творец сказал ему: «Вернись!». И от этого поднялся человек и может теперь кричать: «Верни нас!»

И об этом сказано: «И когда поднимался ковчег в путь, говорил Моше: восстань, Господи, и рассеются враги Твои». «Когда поднимался в путь» – это значит во время работы Творца, что означает подъем, и тогда Моше говорил: «Восстань!» Когда же останавливался, говорил: «Вернись Творец!» А во время остановки в работе Творца, нужно чтобы Творец сказал: «Вернитесь!», что означает: «Вернитесь ко Мне!», то есть Творец дает пробуждение. Поэтому нам нужно знать, когда говорить: «Восстань!», а когда – «Вернись!»

И в этом смысл сказанного в главе Экев: «И помни весь тот путь, которым вел тебя Творец, чтобы узнать, что в сердце твоем – будешь ли хранить заповеди Его или нет». «Хранить заповеди Его» – значит «вернуться» к Нему. А «или нет» – означает «восстань!». И необходимо как одно, так и другое. А рав знает, когда «восстать», а когда «вернуться», потому что эти «42 перехода» – это подъемы и падения, которые полагается пройти в духовной работе.

100. Письменная и устная Тора

Услышано в неделю Мишпатим (1943 г.)

Письменная Тора вызвана возбуждением свыше, а устная Тора – возбуждением желания человека снизу, самим человеком. И обе вместе они называются: «Шесть лет работай, а на седьмой год выйди на свободу» (Шмот 21).

Основная работа происходит именно там, где есть сопротивление, и называется «мир» (альма) от слова алама (скрытие).

Ведь там, где есть скрытие – есть сопротивление, а значит, есть место для работы.

Поэтому сказано: «Шесть тысячелетий существует мир, а в одно – будет разрушен», то есть разрушится скрытие, и потому исчезнет возможность работы. Но Творец создает для человека особое скрытие, которое называется «крылья», чтобы была у него возможность работать.

101. Победителю над розами

Услышано 23 Адара I (28 Февраля 1943 г.)

Победителю над розами. Песнь сыновей Кораха. Понимающему песнь любви.

Чувствует сердце мое слово доброе. Говорю я: деяния мои – царю. Язык мой – перо скорописца.

Прекраснейший ты из сынов человеческих, влита прелесть в уста твои... (Псалом 45)

Победителю – тому, кто уже победил розы (аль шошаним), то есть достиг раскрытия святой Шхины, явления Творца, что означает переход от состояния траура к состоянию праздника и веселья (веселье, сасон – также пишется в буквой «ш», как и шошаним). И поскольку это состояние включает в себя множество духовных подъемов и падений, падения называются шошаним (розы) от слова шейнаим (зубы), согласно выражению «бей его в зубы». Ведь нет иного ответа на вопросы грешника в человеке, как только бить его в зубы. А многократно давая эгоизму по зубам (шейнаим), человек приходит к состоянию шошаним, в котором заключено много веселья (сасон), и потому о нем говорится во множественном числе: «розы» (шошаним).

Сыновья Кораха – корах от слова карха (выпадение волос). Сэарот (волосы) – внешний парцуф, скрывающий внутренний. Волосы (ед. ч. сэара) означают астара (скрытие), от слова саара (буря, возмущение). И известно, что «по мере страдания – вознаграждение». То есть, когда человек ощущает возмущение и волнение (состояние «сэарот») — есть у него возможность для внутренней духовной работы. И когда он исправляет это состояние, то буря (саара) сменяется на сэара (волосок — по написанию словно «врата»), как сказано: «Это врата (шаар) к Творцу».

Если человек исправил все состояния возмущения против духовной работы (саарот) и преодолел все скрытия (астарот), то ему не над чем больше работать, а потому нет возможности получать вознаграждение. Получается, что когда человек приходит к состоянию корах (отсутствие «волос», возмущения), он уже не способен поддерживать в себе веру, которая называется «врата к Творцу».

Но если нет врат — невозможно войти в Храм Творца. Ведь это основа основ, потому что на вере построено все здание. А «сыновья Кораха» (Бней Корах, баним — сыновья) — от слова авана, Бина (понимание), потому что человек в состоянии «сыновья Кораха» понимает, что корах — это состояние в левой линии, от которой происходит Ад. Поэтому желает продолжить дружбу и любовь, которая была у него в прежнем состоянии, то есть до того как преступил ее, о чем сказано: «Творца услышал я и испугался» (как отвечает Адам после прегрешения). А притянув силы из прошлого состояния, может устоять и подниматься от ступени к ступени. Поэтому сказано, что сыновья Кораха не умерли. Ведь они поняли (авана, Бина), что оставаясь в состоянии корах, не смогут продолжать жить — и потому не погибли.

Понимающему песнь любви — понимающему, что мера любви к Творцу должна быть совершенной.

Чувствует сердце мое — это переживания в сердце, которые не раскрываются устами. То есть уста не выдают ощущаемого в сердце, а лишь «нашептывают губы».

Слово доброе (хорошая вещь, доброе свойство) — хорошей вещью называется вера.

Говорю я: «Деяния мои Царю!» — Когда человек получает свет веры, он говорит, что деяния его Творцу, а не себе, и заслуживает состояния: «язык мой как перо скорописца», то есть удостаивается Письменной Торы, которая означает язык Моше.

Прекраснейший ты из сынов человеческих (яфъяфита ми бнэй адам — дословно: красота твоя от сынов человеческих) —

здесь говорится о святой Шхине, о том, что красота ее происходит от людей, от того, что люди думают, будто в ней ничего нет. Но именно из этого состояния и рождается ее красота.

Влита прелесть в уста твои. Слово «прелесть» относится к вещи, которая не имеет явных достоинств, но, тем не менее, привлекает, и поэтому говорят, что в ней есть какая-то прелесть.

В уста твои (сифтотэйха) — от слова соф (конец, край), то есть состояние, когда человек видит весь мир от края до края.

102. И возьмите себе плод цитрусового дерева

Услышано в Ушпизин Йосефа

Сказано: «И возьмите себе плод цитрусового дерева...» (Эмор). Праведник называется «деревом, дающим плоды». И в этом все отличие между святостью и нечистой силой, о которой говорится: «Чужой бог бесплоден и не родит плодов». Тогда как праведник называется «цитрусом», потому что его дерево приносит плоды круглый год.

И потому написано про Йосефа, что «он снабжал продуктами все народы». То есть он питал всех плодами, которые у него были — а у них не было плодов. И от этого каждый ощущал свое состояние — с какой стороны он: с хорошей или нечистой. Поэтому сказано, что Йосеф «кормил всех хлебом по числу детей».

«Детьми» (таф) называется уровень ГАР, в тайне сказанного: «и да будут они начертанием (тотафот) между глазами твоими», что означает головной тфилин. Потому зовется Йосеф сыном престарелых родителей, умным сыном. И в этом суть слов: «Ибо для поддержания жизни (мехия) послан я», что означает Моах-Хая, то есть уровень ГАР.

И об этом написано (Берешит): «Я же даю тебе сверх братьев твоих — один участок (Шехем), который взял Я из рук Эморея мечом Моим и луком Моим» (сыновья его получили две доли, а «участок» означает одну часть сверх того, как объясняет Раши).

То есть взял с помощью своих сыновей (а сыновьями называются плоды) и отдал Йосефу. И поэтому сказано о Шауле: «На голову выше (ми-шхемо) был он всего народа», что означает: «У тебя есть одежда, — тебе и быть нам главою».

Поэтому сказано: «Для чего приходят дети? Для того чтобы вознаградить тех, кто привел их». И спросил: «А зачем им мудрость? Ведь главное — не рассуждение, а действие». И ответил: «Для того чтобы вознаградить тех, кто привел их» — то есть мудрость приходит за счет действия.

Что касается спора между Шаулем и Давидом, то в Шауле не было ни одного изъяна, поэтому, как «минул год после его воцарения», не понадобилось дальше продлевать его царство, так как закончил он все в краткий срок. Давид же должен был царствовать сорок лет. Давид был из колена Йегуды, сына Леи — «скрытого мира». Тогда как Шауль был из колена Беньямина, сына Рахели — «раскрытого мира», а потому был противоположен Давиду. Вот почему сказал Давид: «Я хочу мира», то есть мои завоевания предназначены всем и я люблю всех, — «а они ведут к войне».

А также Авишалом был противоположен Давиду. И в этом суть греха, который совершил Иеровоам сын Навата, когда Творец схватил его за полы платья и позвал: «Я и ты, и сын Ишая (то есть Давид) гулять будем в Райском Саду». А он спросил: «Кто будет идти во главе?» Ответил ему Творец: «Сын Ишая будет во главе». И тогда ответил он: «Не хочу!»

А дело в том, что согласно порядку ступеней сначала идет «скрытый мир», а затем «раскрытый мир». И в этом смысл сказанного: «Есть у меня все» (Как сказал Яаков) и «Есть у меня много» (Как сказал Эйсав). Потому что «много» означает уровень ГАР, а «все» означает ВАК. И об этом написано: «Как же поднимется Яаков? Ведь мал он!» Потому Яаков отобрал у Эйсава первородство, и затем получил «все», имея также уровень ГАР, что пришло к нему через Йосефа, как написано «и кормил всех Йосеф».

И потому сказано про Лею, что была она «ненавистна», ведь от нее проистекает вся ненависть и раздоры, бытующие среди «учеников мудрецов», то есть каббалистов. И в этом суть спора Шамая и Гилеля. А в итоге, две эти ветви объединятся, то есть колено Йосефа и колено Йегуды. И поэтому сказал Йегуда Йосефу: «Позволь, Господин мой» (то же означает: «во мне Господин мой»), после чего возникает союз Йегуды и Йосефа. Но Йегуда должен быть во главе.

Поэтому святой Ари, который был Машиахом сыном Йосефа, мог раскрыть так много мудрости, ведь обладал разрешением от «раскрытого мира». А спор этот продолжается еще с тех времен, когда «толкались сыновья в утробе ее» (Эйсав и Яаков), ведь получил Эйсав красивые одеяния, которые были у Ривки.

103. Благорасположенный сердцем

Услышано вечером Субботы Берешит (Октябрь 1942 г.)

Сказано: «От всякого благорасположенного сердцем берите приношение Мне» (Шмот. Трума), а «сам предмет приношения происходит от святости». Отсюда видно, что человек с помощью святости, исправления себя, приходит к «приношению», использованию своего эгоизма с намерением «ради Творца» (к свойству Святой Шхины, которая называется «Приношение Мне»). И если достигает того, что может расположить к этому все свое сердце, пожертвовав его полностью, то удостаивается сделать «приношение» — полностью слиться с Творцом (со Святой Шхиной).

Сказано также: «В день свадьбы, в день веселья его». Хатуна (свадьба) — от слова нахут (приниженный). Если человек принимает на себя работу Творца даже в самом приниженном виде, и вместе с тем выполняет эту работу с весельем, потому что она важна в его глазах, то он называется хатан (жених) для Шхины. Где слово хатан происходит от слова приниженный, то есть согласный на работу в любых приниженных обстоятельствах, потому что важна работа, а не как она выглядит в его еще неисправленных глазах.

104. Вредитель скрывался в потопе

Услышано вечером Субботы Берешит (Октябрь 1942 г.)

Зоар (в главе Ноах) говорит, что «Был потоп, и внутри потопа скрывался вредитель». И спрашивает: «Но ведь сам потоп — вредитель, убивающий все живое. Так почему же еще в нем скрывается вредитель? Каково отличие потопа от вредителя?»

Сам потоп — это телесные, материальные страдания, внутри которых скрывается еще один вредитель, который борется против духовного и вредит тем, что телесные страдания приводят человека к посторонним (от духовного) мыслям настолько, что убивают также и его духовную жизнь.

105. Незаконнорожденный, ученик мудреца — предпочтительнее первосвященника, обывателя

Услышано 15 Хешвана (1 Ноября 1944 г.), в Тель-Авиве

Сказано, что «если незаконнорожденный — ученик мудреца, то он предпочтительнее первосвященника, простого обывателя».

«Незаконнорожденный» (мамзер) происходит от слова «эль-зар» (чужой бог). Если человек нарушает запрет обращаться к иным силам (своим же эгоистическим желаниям властвовать над происходящим), рождаются в нем незаконнорожденные (мамзэрим), обращающиеся к иным богам, силам. (То есть связывается он с нечистой силой, со своим эгоизмом, желая наполнить свои эгоистические желания.) Нечистая сила называется эрва, неприличное место. Поэтому в таком случае считается, что человек явился к эрва, и зачала она от него незаконнорожденного.

А «Мнение обывателей противоположно мнению Торы». (Обывателем называется человек, находящийся еще в своих обывательских, то есть эгоистичных желаниях.) Поэтому есть противоречия между простыми людьми и мудрецами Торы, и существует огромная разница, рождает ли человек «незаконнорожденного». Ведь ученик мудреца считает, что и это также от Творца, и представляемое ему сейчас состояние, называемое «незаконнорожденный» — также послано ему Творцом (то есть Творец сделал так, чтобы из его усилий родился «незаконнорожденный»).

Тогда как грешник говорит, что это просто посторонняя от святой, от Творца, мысль, которая явилась к нему в результате его прошлого греха. И потому ему нужно только исправить свой грех. Мудрец же в силах верить, что и это состояние он обязан увидеть во всем его истинном виде, но одновременно с этим принять его и принять на себя власть Творца до самопожертвования.

То есть, даже когда происходит то, что кажется ему совершенно неважным настолько, что нет в мире ничего более никчемного, ненужного и скрытого, все равно и такое состояние необходимо отнести к Творцу и понять, что Творец создает ему эти ситуации, рисует перед ним эту картину действительности, называемую «посторонние мысли об управлении». А он должен реагировать на такую малую важность духовного — выше разума и работать, будто раскрывается ему вся бесконечная важность духовной работы.

Первосвященником (Великим Коэном) называется тот, кто работает на Творца и выполняет так много в Торе и заповедях, что нет никакого изъяна в его работе. Поэтому, если человек принимает на себя условия духовной работы, то закон ее таков, что незаконнорожденный, ученик мудреца — прежде Великого Коэна.

То есть он принимает свое состояние «незаконнорожденного» как ученик мудреца. Мудрецом (хахам) называется Творец, а учащийся (тальмид) у Творца быть подобным Ему называется учеником мудреца, тальмид-хахам. И только ученик мудреца может сказать, что все получаемое им, ощущаемое им в мире во время его духовной работы, приходит прямо от Творца.

Тогда как Коэн пока остается простым обывателем, даже если работает на Творца и прикладывает много усилий в Торе и Заповедях, но еще не удостоился учиться работе от Творца, не называется учеником мудреца. И потому в таком состоянии никогда не сможет достичь истинного совершенства, ведь разделяет мнение обывателей. А мнение Торы есть только у того, кто учится у Творца. И только ученик мудреца знает ту истину, что все приходящее к нему нисходит от Творца.

Поэтому сказано в Торе, что рабби Шимон Бен Менасия все время отдавал Торе, и днем и ночью, умножая свои усилия больше остальных — пока не остановился и не смог дальше увеличивать свои усилия, то есть дошел до такой точки, когда нечего ему было добавить, а как бы наоборот.

Великий комментатор Торы РАШИ объясняет, что само имя Бен Менасия говорит о том, что он «понимает в отступлении» (эвин аменусэ), то есть отступает от пути, но понимает (мевин), знает истину, и каковы его действительные качества. Но в таком случае он останавливается и не может двинуться с места, пока не приходит раби Акива и не говорит, что необходимо умножить учеников мудрецов (тальмидей-хахамим).

И только сближением с учениками мудрецов человек может получить поддержку. Эту помощь может оказать ему только ученик мудреца и никто другой, ведь как бы велик он ни был в Торе, все равно называется просто земным обывателем, если не удостоился учиться от самого Творца. Поэтому обязан человек принизить себя перед учеником мудреца, чтобы принять на себя то, что ученик мудреца даст ему, без всяких препираний и сомнений, выше своего разума и понимания.

Сказано: «Тора длиннее земли». То есть Тора начинается за пределами земли, и поэтому невозможно ничего начать с середины, ведь начало находится за пределами земли, то есть после материи, эгоизма. Поэтому Первосвященник назван земным обывателем, ведь хотя и делает большую работу, но если еще не удостоился света Торы, то находится на уровне земли, в своем эгоизме.

Для того чтобы прийти к состоянию лишма, ради Творца, необходимо много учиться и прилагать усилия из состояния ло лишма, ради себя. То есть приложением усилий в состоянии «ради себя», человек достигает истины: он видит, что все желает только эгоистически. Но, не приложив огромных сил, невозможно увидеть истину.

А в другой раз сказал Бааль Сулам, что человек должен много учиться Торе лишма, чтобы удостоиться увидеть истину и понять, что он учится ло лишма, ради себя. Работа лишма — в вознаграждении и наказании, и относится к Малхут, а Тора ло лишма называется Зеир Анпин, личное управление.

Поэтому цари Израиля, все достигшие уровня постижения личного управления себя Творцом, остановились на том, что нечего им было дальше делать и нечего добавить к сделанному. Поэтому сказано, что не властвует над царями Израиля никакой суд и судья, и нет у них части в будущем мире, потому что не делают ничего, ведь видят, что все делается Творцом.

Поэтому упомянуто в Торе имя жены Ахава — Изабель, от и-зевель (где отбросы?), которая спрашивала: «Где есть в мире отбросы?», ведь видела, что все хорошо. А муж ее, Ахав (ах-ав — брат-отцу), то есть брат Творцу. Тогда как царей дома Давида — тех судят, потому что цари дома Давида обладают силой соединить Творца со Шхиной, хотя это две разные вещи, раскрытие и скрытие, личное управление и управление вознаграждением и наказанием.

И в этом сила больших праведников, которые в состоянии объединить Творца и Шхину, то есть личное управление с управлением вознаграждением и наказанием. И они-то понимают, что только из слияния обоих рождается желаемое ими окончательное совершенство.

106. 12 субботних хлебов

Услышано в месяце Элуль (Август 1942 г.)

В полуденную субботнюю трапезу принято совершать благословение на 12 субботних хлебов (халот), о чем поется в субботней песне: «Отведаем вкус 12-ти субботних хлебов, означающих букву в имени Твоем, двойную и слабую».

Ари пишет, что вследствие Цимцума Бет образовались два вава, обозначающие правую и левую сторону парцуфа (потому буква «двойная»). Из-за этого исправления Цимцум Бет, произошло соединение свойств милосердия и суда (Малхут, получающих келим и Бины, отдающих келим) — поэтому ограничения (суды) становятся менее жесткими, чем до «подслащения» Биной и исправления. И затем две буквы вав светят в Малхут, в букву заин. (Малхут обозначается буквой заин, числовое значение которой семь, потому что Малхут — седьмая сфира, начиная от сфиры Хесед).

Седьмой день соответствует состоянию Гмар тикун (конечному исправлению), которое приходит в будущем. Но он светит из своего состояния издали, также и все 6000 лет, в течение которых мир исправляется. Эти 6000 лет называются «шестью днями сотворения», которые создал Творец для работы. А Суббота является днем отдохновения, как написано: «А в день седьмой закончил Он работу и отдыхал».

И так светит Суббота все 6000 лет, подобно временному отдыху — как путник, несущий всю неделю тяжелую ношу, останавливается на отдых на один день, чтобы получить новые силы и продолжить свой путь. Но после последней Субботы (в Гмар тикун) уже не наступят будни, потому что нечего более исправлять и нечего добавить к работе.

107. Два ангела

Услышано в неделю Тецавэ (Февраль 1943 г.), в Иерусалиме

В субботний вечер, перед благословением Субботы над чашей вина, поют: «Приходите с миром ангелы мира от Царя всех ангелов, благословенного Творца. ...Уходите с миром ангелы мира от Царя всех ангелов, благословенного Творца».

Два ангела сопровождают человека к началу Субботы: добрый и злой. Добрый называется «правым», и с его помощью человек приближается к работе Творца, что называется «правая рука приближает». Злой называется «левым», он отталкивает человека от работы, то есть внушает ему посторонние мысли, как в разуме, так и в сердце. А когда человек усилием воли преодолевает помехи от злого ангела и, несмотря на помехи, сближается с Творцом, то он каждый раз идет вперед и, превозмогая зло, прилепляется к Творцу. Получается, что благодаря обоим ангелам он сближается с Творцом, то есть оба они выполняли одно задание — привели человека к слиянию с Творцом. И тогда человек говорит: «Приходите с миром».

Когда же человек уже заканчивает свою работу и вносит всю левую сторону в святость, о чем сказано: «Негде мне скрыться от Тебя», то не остается больше работы у злого ангела, потому что человек своими усилиями превозмог все помехи и трудности, чинимые злым ангелом. И тогда злой ангел покидает человека, а человек говорит: «Уходите с миром».

108. Если оставишь Меня на день, на два дня оставлю тебя

Услышано в 1943 г., в Иерусалиме

Каждый человек отдален от Творца тем, что желает получать. Но если человек стремится только к наслаждениям этого мира, а не к духовному, считается, что он отдален от Творца на один день. То есть на расстояние в один день — только на одно качество, которое удаляет его от Творца из-за того, что погружен в желание получить наслаждения этого мира.

Однако если человек приближает себя к Творцу, тем, что аннулирует свой эгоизм относительно наслаждений этого мира, он называется близким к Творцу. Но если затем он сорвался и утратил свой духовный уровень, поскольку начал эгоистически желать наслаждения будущего мира, то считается отдаленным от Творца тем, что желает получать духовные наслаждения ради себя, и также падает настолько, что желает получать земные наслаждения, наслаждения этого мира. Поэтому считается, что теперь удалился от Творца на два дня:

1. Желанием получать наслаждения этого мира, куда вновь упал в своих желаниях.

2. Желанием получать духовные наслаждения — наслаждения духовного, будущего мира. Ведь так как выполнял духовную работу, он обязывает Творца платить ему вознаграждение за его усилия в Торе и заповедях.

Получается, что вначале человек шел один день и приблизился к работе Творца. А затем как бы два дня шел назад, то есть удалился от Творца двумя видами получения:

1. Получением этого мира.
2. Получением будущего мира.

И поэтому выходит, что он шел в обратную сторону.

И выход здесь один — всегда идти путем Торы, то есть путем отдачи. А порядок должен быть таким, что вначале необходимо предостерегаться, соблюдая две основы:

1) выполнять само действие заповеди,
2) ощущать наслаждение в заповеди, благодаря вере в то, что есть наслаждение Творцу от того, что он выполняет заповеди.

Следовательно, человек обязан выполнять заповеди в действии, а также верить, что Творец наслаждается от того, что низшие выполняют Его заповеди. При этом нет отличия большой заповеди от малой, то есть Творец получает наслаждение даже от самого незначительного действия, которое выполняют ради Него.

А затем надо проверить результат своего действия, и это главное, что нужно увидеть человеку — то есть испытывать наслаждение от того, что он доставляет наслаждение Творцу. И здесь основной акцент в работе человека, о котором сказано: «Работайте на Творца в радости». И это должно быть его вознаграждением за работу, когда чувствует наслаждение в том, что удостоился обрадовать Творца.

Поэтому сказано в Торе: «А гер, который внутри тебя, поднимется над тобой все выше и выше». «Он будет одалживать тебе, а ты не возвращай ему».

Герой (перешедшим в иудейство) называется эгоистическое желание насладиться в то время, когда человек входит в духовную работу и начинает работать на Творца. А до этого он называется гоем. (Гой — это то желание насладиться ради себя, с которым человек рождается в нашем мире и в котором существует до тех пор, пока не становится героем.)

«Он одалживает» — означает, что эгоизм дает человеку силы духовно работать, но дает их в виде ссуды, взаймы. Если работает день в Торе и Заповедях, то, даже если и не получает на месте вознаграждение, но верит, что ему заплатят позже за все, что он вложил в эту работу. Поэтому после рабочего дня, он является к человеку и требует вернуть долг, то есть обещанное ему вознаграждение за то, что тело приложило усилия, выполняя Тору и заповеди. Но человек отказывается ему платить. Тогда гер начинает кричать: «Что же это за работа, за которую не выплачивают вознаграждение?!» И затем он уже не желает давать силы выполнять духовную работу человеку, желающему работать как Исраэль.

«Но ты не возвращай ему» — Если ты даешь ему питание и приходишь к нему просить, чтобы дал тебе силы работать, то он отвечает, что не обязан тебе ничего, что нет за ним никакого долга, чтобы возвратить за питание. Ведь он уже прежде дал тебе силы работать. И это было на условии, что ты вернешь ему данное тебе, но в том виде, в котором он желает, то есть ты купишь за эти силы то, что он желает. А теперь, вместо того чтобы рассчитаться, человек еще раз является и еще раз просит в долг.

Поэтому эгоистическое желание в нем становится более мудрым и уже заранее делает расчет, насколько выгодно ему участвовать в замыслах человека. Иногда оно становится скромным и говорит, что желает ограничиться только необходимым, достаточно ему того, что есть у него. И поэтому оно не желает давать человеку силы для духовной работы. Иногда оно говорит человеку, что путь, которым он идет, это опасный путь, и может быть он вообще тратит свои силы понапрасну. Или же оно говорит, что усилия во много раз превышают вознаграждение, поэтому оно не согласно давать силы, чтобы работать.

И если человек желает получить от своего тела (от своего желания) силы идти по пути Творца, то есть работать в отдаче, чтобы все его действия вели к возвеличиванию Творца, то тело говорит ему: «А что мне будет от этого?» То есть задает известные вопросы: «Кто? и Что?» Точно, как возражение Фараона: «Кто такой Творец, что я обязан слушаться Его голоса?» и возражение грешника: «Что дает вам эта работа ради Творца?»

Эти вопросы совершенно справедливы со стороны тела, эгоистического желания человека, ведь на самом деле таковы были его условия. Поэтому, если не слушать голос, то есть волю Творца, то всегда тело явится с претензиями, почему не выполняются его условия, почему оно ничего не получает.

Но должен он слушать голос Творца. Как только в очередной раз ощущает некоторое отступление от духовного пути и должен начать сначала свое сближение с Творцом, что называется, был в духовном падении, выходе из духовного, и начинает духовный подъем, вход в духовное (что повторяется с ним множество раз), он должен сказать своему телу: «Знай, что я желаю войти в духовную работу и мои намерения только отдавать, а не получать ничего, и нечего тебе надеяться, что ты хоть что-нибудь получишь за свои усилия, а знай, что все уйдет только на отдачу».

А если тело спрашивает: «Что будет мне от этой работы?», то есть «А кто вообще получает плоды этой работы, на которую я должен отдать столько сил?», или спрашивает еще более просто: «Ради кого я должен так тяжело работать?», то необходимо ответить ему, что я верю мудрецам, которые постигли и передали мне, что я должен верить простой верой, верой выше знания, что Творец заповедовал нам принять на себя веру в то, что Он велел нам выполнять Тору и заповеди. И должен человек верить в то, что есть у Творца наслаждение от того, что мы выполняем Тору и заповеди верой выше знания, и радоваться, что своей работой доставляет наслаждение Творцу.

В итоге, мы видим, что есть здесь четыре условия:
1. Верить в мудрецов, что они передали нам истину.

2. Верить в то, что Творец заповедал выполнять Тору и заповеди только верой выше знания.

3. Есть радость Творцу от того, что создания выполняют Тору и заповеди на основе веры.

4. Человек должен получать радость и наслаждение от того, что он удостоился радовать Творца, и величина и важность работы человека измеряется мерой веселья, ощущаемого человеком во время его работы, что зависит от меры веры человека в эти четыре условия.

Отсюда выходит, что если ты выполняешь условие: «Когда услышишь ты голос Творца...», то есть будешь выполнять сказанное Творцом, то все силы, которые ты получаешь от своего тела, не будут считаться получаемыми в качестве ссуды, которую обязан вернуть, «...если не будешь слушать голос Творца». И если тело спрашивает, почему оно обязано давать силы для духовной работы, когда ты ему ничего не обещаешь взамен, ты обязан ответить ему, что для этого оно и создано, и что поделать, если его ненавидит Творец, как сказано, что Творец ненавидит тела.

И более того, сказано в книге Зоар, что Творец в особенности ненавидит тела именно работающих на него, потому что они желают получить вечность — вознаграждение не только от этого мира, но, в основном — вознаграждения духовные, вечные.

Поэтому именно здесь и есть условие "...он одалживает, но ты не возвращай". То есть ты не должен ничего возвращать своему телу за энергию и усилия, которые оно дало для выполнения духовной работы.

Но если ты возвратишь ему какое-нибудь наслаждение, оно должно быть только в виде ссуды, а не вознаграждения или возврата. То есть оно должно дать тебе за это силы для работы. Но, ни в коем случае, не давать ему никакого наслаждения бесплатно.

А тело обязано постоянно давать тебе энергию для работы и совершенно бесплатно. Ты же не давай ему никакого вознаграждения и постоянно требуй с него обеспечивать тебя силой для работы, как дающий взаймы требует с должника. И тогда тело всегда будет рабом, а ты — его господином.

109. Два вида мяса

Услышано 20 Хешвана

Обычно различают два вида мяса: мясо животных и мясо рыб. У обоих есть признаки нечистоты, и Тора дала нам эти признаки для того, чтобы мы знали от чего отдаляться и не впали в нечистоту.

В рыбе признаки чистоты — это наличие плавников и чешуи. И если человек видит эти признаки, то уже знает, как остерегаться и не упасть в нечистые желания.

Плавник (снапир) — от слов «сонэ-пэ-ор» (рот-ненавидящий-свет). Малхут называется пэ (рот). Весь свет (ор) приходит в парцуф от нее, ведь она означает веру.

А когда человек ощущает веру как ничтожное, подобное праху земли — это время, состояние, когда он явно знает, что должен исправлять свои действия, подняться из состояния Шхина во прахе.

А что означает чешуя (каскесет)? Когда человек преодолевает состояние снапир, то есть состояние, когда он вообще не мог работать, то начинают проникать в него мысли-помехи (кушия) о высшем управлении, которые называются каш (солома, от слова кушия — трудные вопросы). И тогда он выпадает из работы Творца. Но затем он начинает прилагать усилия в вере выше знания, и приходит к нему очередная помеха — мысль о неправильном управлении мира Творцом.

То есть получается, что есть у него уже два каш, от чего и образуется слово «чешуя» (кас-кесет — буквы шин-син взаимозаменяемые). И каждый раз, когда человек преодолевает верой выше знания очередные нехорошие мысли об управлении Творца, он поднимается, а затем опускается. И тогда человек видит, что не в состоянии преодолеть множество помех, и нет у него иного выхода из его состояния, как только вскричать Творцу, о чем сказано: «И завопили сыны Израиля от этой работы, и услышал их Творец и вывел их из Египта», то есть спас от всех страданий.

Сказано мудрецами, что говорит Творец: «Не могу Я быть вместе с себялюбцем», потому что они обратны друг другу своими свойствами. Ведь есть два вида тела в человеке: внутреннее и наружное.

Во внутреннее тело одевается духовное наслаждение, то есть вера и отдача, называемые моха (разум) и либа (сердце).

В наружное тело одевается материальное наслаждение, называемое знание и получение.

Посередине, между внутренним и наружным телами, есть среднее тело, которое не имеет своего названия, но если человек делает добрые деяния, то есть действия отдачи, то его среднее тело прилепляется ко внутреннему. А если человек делает недобрые действия, то есть действия получения, то его среднее тело прилепляется к наружному. Таким образом, среднее тело получает жизненную силу — или духовную от отдачи, или материальную от получения.

И поскольку внутреннее и наружное тело обратны по свойствам, то если среднее тело прикреплено ко внутреннему, то это становится причиной смерти для внешнего тела. И наоборот, если среднее тело прикреплено к наружному, это становится причиной смерти внутреннего тела. Ведь вся свобода выбора человека — только в том, куда отнести среднее тело: продолжить его слияние со святостью или наоборот.

110. Поле, благословенное Творцом

Услышано в 1943 г.

Сказано в Берешит: «Поле, благословенное Творцом». Шхина называется полем. Иногда поле, садэ, становится ложью, шекер. Буква хэй состоит из двух букв, буквы вав и буквы далет. Буква вав внутри буквы хэй обозначает душу, а буква далет обозначает Шхину. А когда душа человека одевается в Шхину, получается буква хэй. Но если человек желает прибавить к вере знание и получение, этим он продолжает букву вав вниз, то есть к нечистым силам, и из буквы хэй получается буква куф, а буква далет становится буквой рэйш.

Из-за того, что буква далет, означающая свойство даль (бедный), не довольствуется верой, а желает добавить, это свойство обращается из далет в рэйш, как говорится: «А этот, даже царствуя, рожден убогим» (Коэлет). И становится слово даль (бедный) словом раш (нищий, убогий), потому что вносит в себя дурной глаз — как в разум, так и в сердце, о чем сказано: «И обгладывает ее вепрь лесной» (Псалом 80). И глаз этот «зависимый», потому что возвращается к разделению, кода нечистая сила станет ангелом святости.

И в этом смысл сказанного: «Благословен Творец навечно!», потому что человек приходит к состоянию, когда уходит из него вся жизненная сила, но он каждый раз укрепляется, и тогда удостаивается стать как «Поле, благословенное Творцом». А дурной глаз обращается в добрый.

И поэтому называется глаз зависимым, ведь пребывает в сомнении — быть ему добрым или дурным. И потому возвращается к разделению, о котором сказано: «Один достоин другого», как сказано: «Не было большей радости, чем в тот день, когда создал Творец небо и землю».

И потому, в итоге, осуществится сказанное: «Будет Творец — един и имя Его — едино», в чем заключался замысел творения. И все становится как одно целое в своем исправленном конечном состоянии, потому что у Творца прошлое, настоящее и будущее соединены вместе и равны. Поэтому Творец смотрит на окончательный вид творения, каким оно предстанет в конце своего исправления, когда включены в него все души в мире Бесконечности в своем совершенстве, и нет там никакого недостатка.

Но творения пока ощущают отсутствие совершенства, и им кажется, что необходимо еще добавить и исправить в себе то, что на них возложено, что называется: «То, что создал Творец для выполнения». То есть все недостатки и гнев (как сказано: «В злобном человеке нет ничего, кроме гнева») — это истинная форма проявления эгоизма, и все исправления направлены только на то, чтобы обратить его в отдачу. И в этом вся работа человека.

Ведь до сотворения мира все было в Едином Творце, как сказано: «Он и имя Его – едино». То есть, хотя имя Его выходит из Него и раскрывается снаружи, уже называясь Его именем, но все же они едины. И в этом смысл слов: «Один достоин другого».

111. Выдох, голос, речь

Услышано 29 Сивана (2 Июля 1943 г.), в Иерусалиме

Есть в духовном такие понятия, как «выдох», «голос», «речь», а также, «лед» и «ужасный».

«Выдох» – это отраженный от экрана свет, ограничивающая сила, не позволяющая получить более чем в состоянии получить с намерением ради Творца, «чтобы не вернуться вновь к глупости своей». А когда достигает «выдох» своей полной меры, то это ограничение, то есть экран с отраженным светом, называется «голос».

«Голос» – это предупреждение, то есть говорит человеку, чтобы не преступал Законы Торы. Если же нарушит, немедленно потеряет вкус Торы. Поэтому, если знает точно, что, нарушив духовные Законы, потеряет вкус духовного и связь с ним, то остерегается нарушить ограничение.

И тогда он приходит к состоянию «речь», что означает Малхут, и способен сделать зивуг дэ-акаа, соединение, слияние Творца со Шхиной, отчего свет Хохма нисходит вниз.

Есть две ступени:
1. отдача ради отдачи (без получения),
2. получение ради отдачи.

Когда человек видит, что может получить ради отдачи, то естественно не желает оставаться в рабстве «отдача ради отдачи». Ведь от получения человеком наслаждения ради Творца у Творца возникает большее наслаждение, потому что свет Хохма наполняет желания получить этот свет и насладиться им, в чем и заключалась цель творения. Поэтому видит человек, что нет смысла оставаться в работе «отдача ради отдачи», в свете Хасадим, ведь это — свет исправления, а не цели творения.

Но здесь он немедленно приходит к прерыванию вкуса Торы и остается без ничего, потому что свет Хасадим является одеянием на свет Хохма, и если недостает этого одеяния, то даже если есть у него свет Хохма, все равно не во что ему облечь его.

И тогда он приходит к состоянию, которое называется «жуткий ледяной холод». Потому что в Есод парцуфа Аба, парцуфа Хохма, есть свет Хохма, но нет света Хасадим, который бы облачил в себя свет Хохма. Поэтому Есод парцуфа Аба называется узким от недостатка света Хасадим, но длинным от наличия света Хохма. Свет Хохма может светить только будучи облаченным в свет Хасадим, а вне одеяния в свет Хасадим, свет Хохма застывает и обращается в лед. Словно застывшая вода — хотя и есть вода (свет Хасадим называется «вода»), но если она не распространяется вниз, то становится льдом.

Есод парцуфа Има, парцуфа Бина, называется «ужасным», потому что он короткий от недостатка света Хохма (вследствие Цимцума Бет) и широкий от присутствия света Хасадим.

Поэтому только при действии обоих, Есод дэ-Аба и Есод дэ-Има, можно прийти к распространению света Хохма в свете Хасадим.

112. Три ангела

Услышано в неделю Ваера (Октябрь 1942 г.)

Необходимо понять:
1. Зачем трое ангелов навестили Авраама после Брит Мила (обрезания)?
2. Почему Творец навестил его и что сказал ему во время визита?
3. Почему посетитель забирает 60-ю часть болезни?
4. Почему Авраам отдалился от Лота?
5. Смысл переворота земли в городах Сдом и Амора?

6. Смысл просьбы Авраама не уничтожать Сдом?

7. Почему жена Лота посмотрела назад и обратилась в соляной столб?

8. Что было в ответе Шимона и Леви жителям Шхема по поводу обрезания, когда сказали: «а иначе это бесчестье для нас»?

9. Что за два «расставания» остались от Лота и были исправлены в дни царей Давида и Шломо?

В каждом духовном состоянии мы различаем три его компонента: мир-год-душа. Также и в действии Брит Мила — союзе обрезания, союзе человека с Творцом, есть эти три компонента: мир-год-душа. (Вообще, есть четыре союза с Творцом: союз глаз, союз языка, союз сердца, союз крайней плоти, то есть союз обрезания. И союз обрезания содержит в себе все остальные.)

Кожа, крайняя плоть — это бхина далет, которую необходимо отторгнуть с ее места, чтобы упала до уровня праха, в малхут, когда малхут находится на своем месте — то есть на уровне праха.

Это происходит благодаря тому, что парцуф Аба дает ловэн, белый свет, который спускает вниз все частные малхут со всех 32 частей на место самой малхут, в самый низ творения. Вследствие этого, все сфирот отбеливаются от авиют малхут, от ее ограничения, «свойства суда», ведь из-за этого ограничения произошло разбиение экрана (швират келим).

А затем парцуф Има дает одэм, красный свет, от чего малхут получает свойства Бины, называемой «земля» (-адама), а не прах.

В Малхут различают два состояния: земля и прах.

Землей называется малхут, в которой есть свойства Бины. Такое состояние называется подъемом Малхут в Бину или «подслащение» Малхут.

Прахом называется малхут на своем месте, без поднятия в Бину. Такое ее состояние называется также мерой суда (строгости, ограничения).

Когда Авраам должен был родить Ицхака, являющегося совокупным свойством Израиля, ему необходимо было очистить себя с помощью действия Брит Мила (обрезания), чтобы

Израиль родился чистым (от желания самонасладиться, клипот).

Как и в каждом действии, так и в Брит Мила есть три определения «мир-год-душа»:

На уровне душа (нефеш) Брит Мила называется союзом обрезания, потому что отторгает крайнюю плоть и низводит ее до уровня праха.

«Мир» в союзе обрезания — это переворачивание Сдома и Аморы.

Соединение всех душ в мире (мир — это соединение всех душ), называется Лот. А действие обрезания в мире называется «переворачиванием Сдома». Излечивание боли после обрезания называется спасением Лота. Сам Лот — означает «проклятая земля», бхина далет.

Когда человек удостаивается слияния с Творцом, когда сравнивается с Ним по свойствам, и все его желание — только отдавать и ничего ради себя, он приходит к состоянию, когда ему нечего делать, нет места для работы. Ведь ради себя не нуждается ни в чем, а ради Творца — он видит, что Творец совершенен и не испытывает ни в чем недостатка. В таком случае человек как бы застывает на месте и страдает от обрезания, Брит Мила, потому что обрезание повлияло на его возможность работать.

Ведь обрезание — это отделение желания получить, над которым он уже не властвует. Поэтому ему нечего добавить к своей работе. На это есть исправление: даже после того как удостоился отсечь от себя эгоистическое желание, несмотря на это остаются в нем искры от бхины далет, которые ждут своего исправления. А они исправляются привлечением света большого состояния. Потому есть у человека и дальше возможность для работы.

Поэтому праотец Авраам, после совершения обрезания ощущал боль, и Творец явился к нему с визитом в виде ангела Рафаэля (рафуа — означает лечение) и излечил его.

(Есть всего четыре основных ангела: Михаэль — с правой стороны, Гавриэль — с левой стороны, Уриэль — спереди, Рафаэль — сзади. Сзади — означает, что он находится со стороны Малхут, с запада. И он вылечивает Малхут после отсечения крайней плоти, то есть последней части Малхут, далет дэ-далет, чтобы создать новое место для работы.)

А второй ангел явился, чтобы перевернуть Сдом. Поскольку отсечение крайней плоти «в душе» (из мир-год-душа) называется обрезанием, а «в мире» (из мир-год-душа) называется переворачиванием Сдома. И как после отсечения крайней плоти остается боль, которую необходимо излечить, так и после переворачивания Сдома возникает боль, называемая «расставания». Их излечение называется «Спасение Лота» и, излечившись, они в будущем дают «Два хороших расставания».

Но как вообще можно представить себе хорошие расставания? Также, как и после отсечения крайней плоти возникает боль вследствие отсутствия духовной работы, так и от расставаний, искр (нецуцим), оставшихся от бхины далет, возникнет место работы, потому что их необходимо исправить.

А исправить их невозможно до отсечения крайней плоти. Ведь вначале необходимо подняться и исправить 288 искр, а затем исправляют 32 искры, называемые «лев аэвэн» (каменное сердце). Поэтому вначале везде отсекают крайнюю плоть, и это должно быть втайне (сод), то есть неизвестно заранее, что эти искры остаются в виде решимот. А затем следует исправление до есод. И в этом смысл тайны (сод) излечения обрезания, то есть восполнения есод, когда добавлением к «сод» буквы йуд — из тайны (сод) получается есод.

И потому тот же ангел Рафаэль идет затем спасать Лота и приводит к «хорошим расставаниям», которые касаются Рут и Наоми, то есть моха и либа (разума и сердца). «Рут» означает «достойная», если не произносить букву алеф. «Наоми» означает «приятная» — то, что услаждает сердце, а затем получает подслащение благодаря Давиду и Шломо.

Но перед этим сказал ангел: «Не оглядывайся назад!», поскольку «Лот» означает бхину далет, которая тем не менее связана с Авраамом. Но «позади нее», то есть за бхиной далет, где остается лишь сама бхина далет без подслащения биной — там огромные морские чудовища: Левиатан и его жена. Потому убивают нукву и «засаливают», чтобы сохранить для праведников, которые придут в будущем — в конце всех исправлений.

Вот почему обернулась жена Лота посмотреть назад, как написано: «И оглянулась жена Лота и обратилась в соляной столб».

Необходимо сначала убить ее, и потому были разрушены Сдом и Амора. Но нужно спасти Лота, который называется «Левиатан» (то есть соединение бхины далет с Авраамом).

И это разрешает вечный вопрос: как мог ангел, излечивший Авраама, спасти также Лота? Ведь существует правило, не позволяющее одному ангелу исполнять две миссии. Но дело в том, что это — одна миссия. Ведь должно остаться решимо от бхины далет, но чтобы это было тайной. То есть пока человек не сделал себе обрезания, он не должен ничего знать об этом, и убивает бхину далет. А Творец сохранит ее, «засолит» для грядущих праведников, и тогда тайна (сод) обратится в есод.

Отсюда становится понятным разногласие между пастухами, купленными Авраамом и Лотом («покупка» означает духовное приобретение). Приобретения Авраама были ради того, чтобы увеличить его свойство, то есть веру выше знания, с помощью которой человек действительно удостаивается всего. Получается, что он желал приобретений ради того, чтобы они засвидетельствовали, что путь верой выше знания — это истинный путь. А свидетельством тому — то, что посылаются ему свыше духовные достижения. И с помощью них он старается идти только путем веры выше знания.

Но он желает этих духовных вознаграждений не потому, что это важные духовные ступени. То есть он верит в Творца не ради того, чтобы достичь с помощью веры больших духовных постижений — а нуждается в духовных постижениях, чтобы знать, идет ли он правильным путем. Получается, что после всех больших состояний, он желает идти именно путем веры, потому что тогда он видит, что делает что-то.

Тогда как пастухи Лота жаждут лишь духовных приобретений и больших постижений, то есть желают увеличить свойство Лота, который называется «проклятая земля» — желание насладиться ради себя и сердцем и разумом, бхина далет. Поэтому сказал Авраам Лоту: «Отдались ты от меня!», то есть бхина далет должна отделиться от него во всех трех связях мир-год-душа.

Отделение бхины далет называется отсечением крайней плоти:
- отделение крайней плоти «в душе» называется обрезанием,
- отделение крайней плоти «в мире» называется переворачиванием Сдома,
- отделение крайней плоти «в году» — это взаимное включение всех душ, означающее свойство Лота, от слова «проклятие», называемое «проклятая земля», и поэтому Авраам желал отделиться от него.

Но Лот все же был сыном Арана, что означает Цимцум Бет, который называется «ручей, вытекающий из Рая, чтобы оросить сад». А есть такое понятие, как «по ту сторону ручья», то есть за ручьем — что означает Цимцум Алеф. И есть различие между Цимцумом Алеф и Цимцумом Бет, потому что в Цимцум Алеф все ограничения находятся ниже всех сфирот святости, как они изначально вышли согласно порядку распространения миров. Тогда как в Цимцум Бет ограничения поднялись на место святости и уже могут за нее уцепиться. В этом смысле они хуже Цимцума Алеф и не распространяются дальше.

Земля Кнаан относится к Цимцуму Бет, и это означает очень плохие свойства, потому что они прицепляются к святости. Поэтому написано о них: «Не останется там в живых ни одна душа». Однако свойство Лот относится к бхине далет и его необходимо спасти. Потому трое ангелов приходят как один. Первый — чтобы благословить потомство, из которого выйдет народ Израиля. И здесь также содержится намек на заповедь Торы «плодитесь и размножайтесь», приводящую к раскрытиям тайн Торы, которые называются сыновьями (баним) от слова «понимание» (авана).

И всего этого возможно достичь только после исправления, которое называется «обрезание». В этом тайный смысл слов, сказанных Творцом Аврааму: «Утаю ли Я от Авраама, что Я сделаю?» (Берешит) Ведь Авраам боялся уничтожения Сдома, опасаясь потерять все свои получающие келим. И потому он сказал: «А если есть в этом городе 50 праведников?» — поскольку полный парцуф содержит 50 ступеней. А потом спросил: «А если наберется там 45 праведников?» — то есть авиют бхинат гимел, который означает «40» и плюс «далет дэ-итлабшут», то есть ВАК – половина ступени или 5 сфирот. И так он спрашивал, пока не сказал: «А если есть 10 праведников?», то есть уровень Малхут, в которой лишь 10. Но когда он увидел, что даже уровень Малхут не может выйти оттуда, тогда согласился Авраам с разрушением Сдома.

Выходит, что когда Творец пришел навестить Авраама, тот молил о Сдоме. И об этом сказано: «Сойду же и посмотрю: если по мере дошедшего ко Мне вопля его поступали они» – то есть полностью погрязли в эгоистических желаниях, – «тогда все – конец! а если нет, то буду знать». Значит, если есть в них свойство отдачи, то Он узнает это и присоединит их к святости. Но поскольку увидел Авраам, что не выйдет из них ничего хорошего, то согласился на разрушение Сдома.

И в этом смысл написанного: «А Лот поселился в окрестностях и раскинул шатры до Сдома» – то есть до того места, где обитает само желание насладиться, но еще на земле Израиля.

Однако по ту сторону ручья, то есть на стороне Цимцума Алеф, где господствует сама бхина далет, невозможно работать, ведь на своем месте бхина далет побеждает и властвует. И только на земле Израиля, которая находится под Цимцумом Бет, и возможна вся работа.

И в этом тайна имени Авраам: «Сотворенный буквой хей» (бэ-хэй-браам) – то есть буква йуд разделилась на две буквы хей: на нижнюю хей (малхут) и верхнюю хей (бина), и Авраам взял себе включение низшей хей в высшую хей.

А из этого становится понятным история Шимона и Леви, обманувших жителей Шхема, после того, как Шхем возжелал Дину. И поскольку все его намерения исходили только из желания насладиться, то они сказали ему, что все жители Шхема должны сделать обрезание, то есть отменить свои получающие келим. Но поскольку намерение насладиться – это единственное, что у них было, то получилось, что этим обрезанием они убили себя, ведь после обрезания потеряли свое желание насладиться, что для них равносильно гибели.

Выходит, что жители Шхема, собственно, обманули сами себя, ведь их единственным намерением было – заполучить Дину, сестру Шимона и Леви. И думали они, что смогут получить Дину в эгоистические келим. Но когда уже сделали обрезание и хотели получить Дину, то выяснилось, что могут использовать только келим отдачи, а получающие келим потеряны ими после обрезания. И поскольку отсутствовали в них искры отдачи, ведь Шхем был сыном Хамора, который понимал только эгоистическое получение, потому не смогли они получить Дину в отдающие келим, что противно их корню. Ведь их корни — только в Хаморе, в желании насладиться, и в итоге не получили они ни там, и ни там. И потому сказано, что Шимон и Леви привели их к погибели, однако сами же они и виноваты в своей смерти — а не Шимон и Леви.

И по этому поводу сказали мудрецы: «Если обидел тебя этот подлец — тащи его в Бейт-Мидраш (то есть учиться)». Но что же означает «обидел»? Будто бы не всегда есть этот подлый обидчик — желание насладиться? Но дело в том, что не все считают свое эгоистическое желание подлым. Если же человек ощущает подлость своего эгоизма, то желает избавиться от него, как сказано: «Пусть всегда движут человеком его добрые помыслы, а не злое начало. Преуспеет в этом — хорошо, а не преуспеет — пусть занимается Торой, а если это не поможет — пусть прочтет молитву «Слушай Исраэль», а если и это не поможет — напомни ему о дне смерти».

Получается, что есть у него сразу три совета, и одного недостаточно без остальных. И это отвечает на извечный вопрос, почему Гмара заключает, что если не помог первый совет, то есть притащить его в Бейт Мидраш, то надо прочесть молитву «Слушай Исраэль», а если и это не поможет — напомнить ему о дне смерти. Зачем же тогда ему первые два совета, которые вряд ли помогут? Почему бы сразу не воспользоваться последним советом, то есть напомнить ему о дне смерти? И по этому поводу объясняется, что один совет не может помочь, а необходимы все три вместе.

1) Тащить в Бейт Мидраш — это значит к Торе.
2) Чтение молитвы «Слушай Исраэль» — означает Творца и слияние с Ним.
3) Напомнить о дне смерти — значит преданно отдать свою душу, как поступает Исраэль, подобно голубке, которая сама вытягивает шею (перед жертвенным ножом).

То есть все три совета объединяются в единое правило, которое называется: «Тора, Исраэль и Творец — это одно целое».

Относительно Торы и чтения молитвы «Слушай Исраэль» можно получить помощь Учителя. Но стать Исраэль, пройдя таинство обрезания, то есть передать свою душу Творцу, можно только благодаря собственной работе человека. Однако и в этом ему помогают свыше, как сказано: «Заключу Я Союз с ним». То есть Творец помогает человеку, но все же начать эту работу возложено на него самого. И в этом смысл сказанного: «Напомни ему о дне смерти» — то есть нужно все время напоминать себе об этом и не забывать, потому что это — основное в работе человека.

А решимот, которые нужно оставить после спасения Лота, относятся к «двум хорошим расставаниям», касающимся Амана и Мордехая. Ведь Мордехаю, который желает только отдавать, совсем не нужно притягивать света большого состояния. Но именно благодаря Аману, который хочет заполучить себе все света, пробуждается человек и желает притянуть свет большого состояния. Но когда он уже притянул этот свет, нельзя получать его в желания Амана, которые называются келим получения — а только в келим отдачи. И в этом смысл того, что говорит Царь Аману: «И сделай так еврею Мордехаю», что означает света Амана светящие в келим Мордехая.

113. Молитва «Шмоне-Эсре» (Восемнадцать благословений)

Услышано 15 Кислева, в Субботу

В молитве «Шмоне-Эсре» говорится, что Творец слышит каждого из народа Израиля с милосердием. И не понятно, ведь сначала говорится, что Творец слышит молитву каждого, то есть даже молитву того, кого не желательно слышать. А затем говорится, что Творец слышит народ Израиля с милосердием.

То есть Он слышит только молитву о милосердии, а иначе молитва не слышна.

И необходимо знать, что вся тяжесть, ощущаемая человеком в его духовной работе, вызвана противоречиями, возникающими на каждом ее шагу. Например, существует правило, что человек должен принижать себя. Но если он будет следовать этой крайности, то хотя и сказали мудрецы: «Будь предельно скромен», тем не менее, эта крайность не кажется правилом, так как известно, что человек должен идти против всего мира и не поддаваться множеству мыслей и идей, распространенных в нем. Как говорится: «Да возгордится сердце его на пути Творца». И если так, то это правило нельзя назвать совершенным?

А, с другой стороны, если он, наоборот, возгордится — это тоже нехорошо. Поскольку о каждом гордеце сказал Творец, что не могут Он и гордец жить вместе. И также мы видим противоречие в отношении страданий. Ведь если Творец посылает страдания какому-то человеку, и мы должны верить, что Творец хорош и творит добро, то, безусловно, эти страдания на пользу человеку. Так почему же мы молимся Творцу, чтобы отвел от нас страдания?

И нужно знать, что страдания даются исключительно для исправления человека, чтобы он был готов получить свет Творца. Назначение страданий в том, чтобы очистить тело, о чем сказали мудрецы: «Как соль подслащивает мясо, так страдания очищают тело». И добавили, что молитва заменяет страдания, ведь она тоже очищает тело. Молитва называется путем Торы, и потому она более эффективно очищает тело, чем страдания. Поэтому заповедано человеку молиться о страданиях, ведь это приносит добро и самому человеку лично, и всем в общем.

Противоречия вызывают трудности в духовной работе и перерывы в ней, когда человек не может продолжать работу, чувствуя плохое настроение. И кажется ему, что он не способен принять на себя бремя работы Творца и нести ее, как «бык под ярмом и осел под поклажей». И в такое время он называется «не желанным». Но после, когда все свои намерения он направляет на поддержание уровня веры, которая называется свойством Малхут, желая поднять Шхину из праха так, чтобы возвеличилось Имя Его в мире, выросло величие Творца, и святая Шхина не пребывала в нищете и бедности, тогда Творец слышит каждого и даже того, кто не очень желанен, то есть ощущающего себя еще далеким от духовной работы.

Так объясняется, что Творец слышит каждого. Когда Он слышит каждого? В то время, когда народ Израиля молится о милосердии, то есть о подъеме Шхины из праха — за обретение веры. Это напоминает человека, который не ел три дня, и когда он просит, чтобы дали ему что-то поесть, естественно, не просит никаких излишеств, а только поддержать жизнь.

И так же в работе Творца, когда человек ощущает себя находящимся между небом и землей, то не просит у Творца ничего лишнего, а только свет веры, чтобы Творец осветил глаза человека и помог ему обрести веру. И это называется поднятием Шхины из праха. И такая молитва принимается у каждого, в каком бы состоянии человек ни находился. Если он просит дать ему веру для спасения его души, то принимается его молитва.

Это означает просить милосердия, ведь он молится только о том, чтобы свыше сжалились и дали ему поддержать свою жизнь. Поэтому написано в Зоаре, что молитва о бедняке, то есть о святой Шхине, сразу принимается.

114. Суть молитвы

Услышано в 1942 г.

Как возможно милосердие по отношению к молитве? Ведь есть условие: «Если говорит тебе человек, что достиг духовного, не приложив всех усилий — не верь ему».

Совет же в том, что человек должен обещать Творцу, что выдаст все требуемые усилия после получения духовных сил — вернет все сполна.

115. Неживое, растительное, животное, человек

Услышано в 1940 г., в Иерусалиме

Неживое: нет у него свободы и власти над собой, а находится под властью хозяина и обязан полностью исполнить желание хозяина. А поскольку Творец создал все творения Себе во славу, как сказано: «Каждый, названный именем Моим, создан во славу Мне», то есть создал творение для Себя, то природа Творца, как хозяина, отпечатана в творениях. Поэтому ни одно творение не способно работать для ближнего, а делает все только ради себя.

Растительное: в нем уже проявляется начало самостоятельного желания — в том, что может поступать в чем-то против желания хозяина, то есть может делать что-нибудь не ради себя, а отдавать. И это уже противоречит желанию Хозяина, придавшему своим творениям желание получать для себя.

Но все же мы видим в земных растениях, что хотя они и совершают какие-то движения, распространяясь в ширину и высоту, есть в них во всех одна особенность — ни один из них не может быть против природы всех растений, а обязан придерживаться законов всех растений, и нет у него сил совершить что-нибудь против остальных. То есть нет у него самостоятельной жизни, его жизнь — это часть жизни всех растений. Все растения ведут один образ жизни, все они будто одно растение, частями которого являются.

Так же и в духовном: тот, кто уже имеет небольшие силы преодолеть свое желание насладиться — тем не менее, находится в рабстве окружающего его общества, еще не в состоянии идти против него. Но все же он может идти против своего желания насладиться, то есть уже действует с желанием отдавать.

Животное: у каждого животного есть своя особенность, и оно не находится в рабстве у окружающего общества — у каждого свое ощущение, у каждого свои свойства. И конечно, оно может в чем-то действовать против желания хозяина, то есть работать на отдачу, а также не подвластно окружению, ведь у него есть своя личная жизнь, не зависящая от жизни других.

Но животное не в состоянии ощутить более чем себя, то есть не в состоянии ощущать посторонних, а потому не может заботиться о других.

Человек: Обладает такими преимуществами:
1) поступает против желания хозяина,
2) не зависит от себе подобных, от общества, как растительное,
3) ощущает посторонних, а потому может заботиться о них и наполнять их.

Поскольку может страдать страданиями общества, то может и радоваться радостям общества. Может получать ощущение от прошлого и будущего, тогда как животный уровень ощущает только настоящее и только себя.

116. Заповеди не нуждаются в намерении

«Заповеди не нуждаются в намерении» и «нет вознаграждения за их выполнение в этом мире». Намерение — это мысль и вкус в заповеди. И это на самом деле — вознаграждение. Потому что, если человек вкушает вкус заповеди, а также понимает мысль ее, он не нуждается уже в большем вознаграждении. Поэтому, если заповеди не нуждаются в намерении, то, конечно же, нет за них вознаграждения в этом мире, потому что нет у человека смысла и вкуса в заповеди.

Выходит, что если человек находится в таком положении, когда нет у него никакого намерения, то не получает при этом никакого вознаграждения за заповеди, ведь вознаграждение за заповедь — ее разум и вкус. А если нет у него этого, то конечно же нет у него вознаграждения за заповедь в этом мире.

117. Приложил усилия и не нашел — не верь

Необходимая мера усилий — это наша обязанность. Преподнося человеку подарок, Творец хочет, чтобы тот почувствовал ценность подарка, иначе уподобится глупцу, о котором сказали мудрецы: «Каков глупец, теряет то, что дают ему». А поскольку не ценит подарок, то и не бережет его.

И как правило, человек не чувствует никакой ценности в вещи, которая не была ему необходима. А чем сильнее чувствует ее необходимость и страдает от ее отсутствия, тем большее вкусит наслаждение и радость, достигнув желаемого. По примеру человека, которому предлагают разные вкусные напитки, но если он не испытывает жажды, то не ощутит в них никакого вкуса, который «словно бальзам для измученной души».

И потому, когда устраивают угощение, чтобы насладить и порадовать друзей, то вместе с рыбой, мясом и всякими вкусными вещами подают на стол острые и горькие приправы, такие, как горчица, острый перец, маринады и соления. И все это для того, чтобы возбудить страдания голода. Ведь когда сердце отведает горький и острый вкус, то пробудится в нем голод и желание, который можно будет потом с наслаждением утолить на трапезе всякими угощениями.

И никому не придет в голову сказать: «А для чего мне эти специи, возбуждающие страдания голода? Разве не достаточно для хозяина приготовить лишь то, что утолит желание гостей, то есть саму еду, и не разжигать в них еще больший аппетит?» И ответ ясен всем, ведь хозяин хочет, чтобы гости насладились угощением, а чем больший голод они будут испытывать, тем большее наслаждение получат от трапезы.

Поэтому, чтобы удостоиться света Творца, необходимо страдать от его отсутствия. А ощущение, что его недостает, напрямую связано со вложенными усилиями — чем больше усилий прикладывает человек и стремится к Творцу во время самого сильного скрытия, тем больше начинает нуждаться в Творце, чтобы Творец раскрыл ему глаза и дал возможность идти дорогой Творца. И когда уже есть у него это кли — страдание от отсутствия Творца, тогда Творец помогает человеку свыше, и, естественно, такой подарок человек уже сможет сохранить. Таким образом, усилие — это обратная сторона (ахораим). А когда человек обретает обратную сторону, то получает возможность удостоиться лицевой стороны (паним) — раскрытия лика Творца.

И об этом сказано: «Глупец не стремится к пониманию», то есть не чувствует желания прилагать усилия, чтобы достичь понимания. Получается, что нет у него «обратной стороны», а значит, невозможно ему раскрыть «лицевую сторону», лик Творца. И об этом сказано: «По мере страдания — вознаграждение». То есть страдания, означающие приложенные усилия, и создают в человеке желание, кли, которое позволит ему получить вознаграждение. И чем больше будет его страдание — тем большей радости и наслаждения он сможет удостоиться впоследствии.

118. Колени, преклонившиеся пред хозяином

Есть такие понятия, как «жена» (или женщина) и «муж» (или хозяин). Женщиной называется «имеющая только то, что дает ей муж». А мужем (или хозяином) называется тот, кто сам обеспечивает себе все благо. «Колени» означают свойство преклонения, как сказано: «Преклони свои колена».

Преклонение может быть двух видов:

1. Когда человек преклоняется перед тем, кто больше него. И хотя не знает его истинной высоты, но верит в его величие, а потому склоняется перед ним.

2. Когда человек совершенно точно знает величие и высоту другого.

И различают также две веры в величие высшего:

1. Когда человек верит в величие высшего, потому что не имеет другого выбора. То есть нет у него никакой возможности узнать его истинную высоту.

2. Когда есть у человека возможность точно и определенно узнать истинную высоту высшего, но, несмотря ни на что, он выбирает путь веры, как сказано: «Величие Творца — скрыто». И хотя есть в его теле искры, желающие точно выяснить высоту высшего, чтобы не идти без разума, словно животное, он, тем не менее, выбирает путь веры.

Выходит, если человек не имеет другой возможности и потому следует путем веры — он называется женщиной, которая может лишь получать от мужа, как сказано: «Бессильный словно женщина». Тот же, кто обладает выбором, и при этом сражается за то, чтобы идти путем веры, называется мужчиной и воином. Поэтому выбравший следовать путем веры, имея возможность выбрать знание, называется мужем или хозяином, то есть тем, «кто не склонился перед хозяином» — ведь не склоняется к работе хозяина, которая требует знания, а идет путем веры.

119. Ученик, учившийся в тайне

Услышано 5 Тишрея (16 Сентября 1942 г.)

Рассказывает Гмара: «Был один ученик, который учился в тайне. Ударила его Брурия и сказала: «Во всем должен быть упорядочен союз Его с тобой!» Если упорядочен в РАМАХ (248 духовных органов), то осуществится».

Учиться «в тайне» (хашай), значит находиться в малом состоянии (катнут), от слов «хаш-маль». «Хаш» называются келим, желания лицевой стороны (отдающие), а «маль» — келим обратной стороны, ниже хазэ (получающие) и приводящие к большому состоянию (гадлут).

Тот ученик думал, что если заслужил исправления в келим «хаш», то есть желания отдавать, и все его намерения только ради отдачи, то уже достиг полного совершенства. Но целью творения и создания всех миров было насладить сотворенных — чтобы получили все высшие наслаждения, и человек смог постичь всю высоту своего уровня, все свои келим, даже ниже хазе, то есть все 248 (РАМАХ) частей души.

Поэтому напомнила ему Брурия (имя от слова «бирур» — выяснение) высказывание из Пророков: «Во всем упорядочен союз», то есть во всех 248-ми получающих желаниях. Иными словами, должен он продолжить свет также ниже хазе и достичь большого состояния.

И это называется «маль», то есть «речь», которая означает раскрытие, открывающее всю высоту его уровня. Но чтобы не навредить себе этим, нужно прежде достичь малого состояния (катнут), которое называется «хаш» и постигается в тайне, то есть еще не раскрыто. А затем он также должен выяснить часть «маль», относящуюся к большому состоянию (гадлут), и тогда раскроется во всю свою высоту.

И об этом сказано: «упорядоченный и хранимый», то есть если уже достиг малого состояния, обеспечивающего ему охрану, может продолжить свет в получающие келим и достичь большого состояния, и не бояться ничего!

120. Почему не едят орехи в Новый Год

Услышано на исходе праздника Рош-Ашана (1942 г.), в Иерусалиме

Смысл обычая не есть орехи в Новый Год в том, что гематрия (числовое значение) слова «орех» соответствует слову «грех». И возникает вопрос, ведь «орех» согласно своему числовому значению также соответствует слову «добро»?

И объясняет Бааль Сулам, что «орех» символизирует Древо Познания добра и зла, и пока человек не достиг возвращения к Творцу из-за любви, для него орех означает «грех». А уже удостоившийся возвращения к Творцу с любовью, обращает свои грехи в заслуги, и то, что было грехом, превращается для него в добро. И тогда ему уже можно есть орехи.

Поэтому нужно быть осторожным и есть лишь такую пищу, которая никак не намекает на грех — то есть только плоды с Древа Жизни. А такие плоды, гематрия которых связана с грехом, намекают на Древо Познания добра и зла.

121. Подобна суднам торговым

Сказано: «Подобна она суднам торговым, привозящим свой хлеб издалека» (Мишлей). В то время, когда человек отстаивает:

«Всё мое!», требуя, чтобы все его желания были посвящены Творцу, тогда просыпается, восстает против него нечистая сила (ситра ахра) и тоже требует: «Всё моё!»

И начинают они торговаться... Торговля означает, что человек хочет купить какую-то вещь, и покупатель спорит с продавцом о ее стоимости. То есть каждый настаивает, что справедливость на его стороне. И тут тело смотрит — кого ему выгоднее слушаться: получающего или силу отдачи, когда оба они заявляют: «Всё моё!» И видит человек свою низость, ведь пробуждаются в нем проблески несогласия с тем, чтобы исполнять духовную работу даже на самую малость, что называется «на самый кончик буквы йуд», и все его тело требует: «Всё моё!»

И тогда он «привозит свой хлеб из далека» — как результат отдаления от Творца. Ведь если видит человек, насколько далек от Творца, жалеет об этом и просит Творца приблизить его, благодаря этому «привозит свой хлеб». «Хлеб» означает веру, и так он удостаивается прочной веры, ведь «Сделал Творец, чтобы трепетали пред Ним». То есть все эти состояния, в которых он ощущает отдаление от Творца, приносит ему сам Творец для того, чтобы почувствовал потребность в трепете пред небесами.

И в этом смысл сказанного: «Ведь не хлебом единым жив человек, а всем, что исходит из уст Творца». Это означает, что жизненная сила святости приходит к человеку не только от приближения к Творцу и вхождения в духовное, то есть вступления в святость, но также вследствие выходов оттуда, то есть благодаря отдалению от Творца. Когда нечистая сила проникает в тело человека и справедливо требует: «Всё моё!», то преодолевая такие состояния, человек достигает прочной веры.

Он должен все происходящее отнести к Творцу и понять, что даже выходы из духовного исходят от Него. А когда удостаивается прочной веры, тогда видит, что абсолютно все, начиная от выхода из духовного и до входа в него — приходит только от Творца.

А потому обязан он быть скромным, ведь видит, что все делается только Творцом, как падения из духовного, так и вхождения в него. И по этой причине сказано о Моше, что был он скромным и терпеливым, ведь человеку нужно принять свою низость. То есть на каждой ступени он должен укрепляться в осознании своей ничтожности, а в тот миг, когда теряет его, тут же пропадает для него вся ступень «Моше», которой уже достиг — и довольно тому, кто понимает...

Это требует терпения, ведь все понимают свою ничтожность, но не каждый чувствует, что быть ничтожным — это хорошо, а потому не хочет с ней смириться. Тогда как праотец Моше был смиренным в скромности и потому звался скромным, то есть радовался своему низкому состоянию.

И существует закон: «Там, где нет радости, не может воцариться Шхина (Божественное присутствие)». Поэтому в период исправления невозможно присутствие Божественной Шхины — хотя исправление и необходимо. (По примеру отхожего места, куда вынужден человек зайти, хотя и понимает, что разумеется это не царский дворец).

И в этом смысл слов «благословение» и «первородство», которые состоят из одних и тех же букв (браха и бхора). «Первородство» означает ГАР. И нечистая сила желает свет ГАР, но только без благословений. Ведь благословение — это одеяние на свет мохин. И Эйсав желал своего первородства без облачения, а свет мохин без облачения запрещен для получения. А потому сказал Эйсав отцу: «Неужели не оставил ты для меня ни одного благословения?» «Ни одного благословения» означает противоположность благословению, то есть проклятие. О чем сказано: «Он любил проклятия — и они пришли. Не любил он благословений».

122. Объяснение к Шулхан Арух

Услышано вечером Субботы Ницавим, 22 Элуля (4 Сентября 1942 г.)

Нужно понять, о чем идет речь в «Шулхан арух», где говорится, что человек должен вернуться к чтению молитв этих страшных дней, чтобы, когда придет время молитвы, он уже был опытен и привычен к молитве.

Дело в том, что молитва — это ощущение, которое родилось в сердце как результат прежней работы в нем, то есть сердце должно согласиться с произносимыми словами (а иначе это называется обманом, и молитва неискренна, ведь не чувствует сердцем то, что говорит). Поэтому в месяце Элуль человек должен приучить себя к огромной работе. Главное, чтобы он смог просить Творца: «Запиши нас к жизни», — и сердце при этом было согласно, чтобы не лицемерил, а были его сердце и слова едины. Ведь человек видит то, что видят его глаза, а Творец видит то, что происходит в сердцах.

И человек просит Творца присудить его к жизни, а жизнь для него — слияние с Творцом, и он хочет достичь ее посредством того, чтобы вся его работа была только ради отдачи и не было у него совершенно никаких мыслей о собственном наслаждении.

Но в то время, когда ощущает он то, о чем говорит, сердце его может испугаться, что молитва его может быть принята, и не останется у него никакого желания ради самого себя. И представляется ему, что он оставляет все наслаждения этого мира, а вместе с этим и всех друзей, и родственников, и все свое имущество, и уходит в пустыню, где нет ничего, кроме диких зверей, и никто ничего не узнает о нем и его существовании. Ему кажется, что разом пропадает весь его мир, и он ощущает, что теряет мир, полный радости жизни, будто умирая по отношению к нему. И в то время, когда представляется ему такая картина, чувствует он, будто потерял разум. А иногда нечистая сила (ситра ахра) помогает ему нарисовать его состояние такими черными красками, что его тело отталкивает эту молитву. И получается, что молитва его не может быть принята, ведь он сам не хочет, чтобы ее приняли.

Поэтому нужна подготовка к молитве. Человек должен приучить себя к такой молитве, чтобы сердце и слова его были едины, а сердце может согласиться, если привыкнет к пониманию, что получение — это отдаление от Творца, а главное — жизнь — это слияние с Ним, отдача. И всегда должен прилагать усилия в работе Малхут, что называется «письмом», чернилами и предрассветными сумерками, не стремясь к тому, чтобы его работа была «ясной и понятной» (как созвучные имена «Ливни и Шими» из главы Шмот). То есть человек должен слушать Тору и заповеди не только, когда светло, а должен заниматься ими без всяких условий, не делая различия между черным и белым — чтобы в любом случае исполнял требования Торы и заповедей.

123. Отталкивает и предлагает Свою руку — одновременно

Услышано (воспоминания о моем отце и Учителе)

Смысл выражения «Малхут находится в глазах» в том, что создается экран и скрытие, застилающее глаза. Тогда как глаза дают человеку зрение, то есть позволяют видеть скрытое управление Творца.

Суть проб и опыта в том, что нет у человека возможности решить и выбрать ни то, ни это. То есть не может осознать желание Творца и намерения учителя. И хотя он в состоянии проделать работу, жертвуя собой, но не способен решить, будет ли его работа, которой он отдает всю душу, именно такой, какая нужна, или она расходится с желанием Творца и мнением учителя.

И для того чтобы сделать правильный выбор, необходимо выбрать то, что обязывает человека увеличивать усилия, потому что только усилия возложены на человека и ничего более. А если так, то вообще незачем человеку сомневаться, правильно ли он поступает, думает или говорит — а просто всегда должен увеличивать усилия.

124. Суббота Сотворения мира — и шести тысячелетий

Есть два вида Субботы: одна — Суббота Сотворения мира, Берешит, а другая — Суббота шести тысячелетий. И в чем же разница между ними?

Известно, что бывает отдохновение после завершения работы и бывает временный отдых, передышка. Отдохновение наступает, когда нечего уже добавить к работе. Тогда как «отдых» происходит от слов «встал передохнуть», чтобы получить энергию и возобновить силы, с которыми продолжит затем свою работу.

Суббота Сотворения мира означает завершение работы, к которой нечего больше добавить, и называется отдохновением. А Суббота шести тысячелетий — это отдых, за счет которого человек получает силу и жизненную энергию, чтобы продолжить свою работу в будние дни. И из этого пойми сказанное мудрецами: «Пожаловалась Суббота Творцу, что всем Он дал пару, а ей не дал. И ответил ей Творец: Исраэль будет тебе парой».

Ее парой называется Зеир Анпин, и если есть Нуква, то возможно соединение этой пары, благодаря которому рождаются потомки, то есть обновления и добавления. Нуквой называется недостаток наполнения, и если в каком-то месте ощущается недостаток, значит, есть возможность его исправить. И все исправления приходят для восполнения недостатков, притягивая высший свет в то место, где эти недостатки ощущаются. Получается, что изначально нет никаких недостатков, а все, что раньше казалось недостатком, на самом деле с самого начала приходит как исправление, позволяющее пролиться высшему изобилию свыше.

И похоже это на человека, увлеченного каким-то вопросом и прикладывающего усилия, чтобы его понять. Когда же постигает ответ, то уже не чувствует, какие мучения испытывал прежде от своего непонимания, а наоборот, радуется своей догадке. И радость эта измеряется мерой усилий, вложенных им для того, чтоб достичь понимания. Выходит, что время поиска называется Нуквой — ощущением недостатка. А когда человек объединяется с этим недостатком, то рождает следствие — то есть новое состояние. И на это жаловалась Суббота, ведь в Субботу нет работы, а потому не может быть никаких результатов и обновлений.

125. Наслаждающийся Субботой

Услышано 8 Сивана (15 Июня 1949 г.) в Иерусалиме

Каждый, кто наслаждается Субботой, получает в свое владение безграничный удел, как сказано: «Наслаждаться будешь в Творце, и Я возведу тебя на высоты земли, и питать тебя буду наследием Яакова, отца твоего» (Исайя). И не так, как Авраам, о котором написано: «Встань, пройди вдоль всей этой земли». И не как Ицхак, о котором написано: «Ибо тебе и твоему потомству отдам все эти земли». А как Яаков, про которого написано: «и распространишься на запад и на восток, на север и на юг».

И непонятно сказанное, если понимать его буквально, ведь разве не каждому человеку из Исраэль будет отдан весь мир, то есть безграничный удел?

И начнем с высказывания мудрецов: «В будущем Творец выведет солнце из его обители, и помрачится его сияние. И свершит оно суд над грешниками, а праведники благодаря нему исцелятся, согласно сказанному: «И вот придет тот день, пылающий как печь, и станут все надменные и все творящие преступление будто солома, и спалит их день тот грядущий, как сказал Творец Всесильный, что не оставит им ни корня, ни ветви» (Пророк Малахи) — ни корня в этом мире, ни ветви в мире будущем.

Праведники исцеляются им, как сказано: «И засияет вам, боящиеся имени Моего, солнце спасения, и исцеление — в крыльях его», а кроме того, еще и «утончаются» благодаря нему (Авода Зара 3, 2).

И надо разобраться в этой загадке, заданной мудрецами: что такое солнце и его обитель, и откуда возникает эта противоположность? Что такое «корень в этом мире и ветвь в мире будущем»? И почему сказано: «а кроме того, еще и утончаются благодаря нему». Почему не сказано просто: «исцеляются и утончаются благодаря нему»? Зачем сказано: «и кроме того»?

И проясняется это из слов мудрецов: «Исраэль ведет отсчет по луне, а другие народы — по солнцу». Дело в том, что свет солнца символизирует самое ясное знание, как говорится:

«ясно как день», то есть как свет солнца. А народы мира не получили Торы и заповедей, как написано, что возвратился Творец, обойдя все народы, потому что не захотели они насладиться светом Торы, означающим свет луны, отражающей свет Творца – свет солнца, то есть всеобъемлющий свет. И вместе с тем, есть у них стремление и желание исследовать Творца и познать Его самого.

Тогда как Исраэль ведет отсчет по луне, означающей Тору и заповеди, в которые облачается свет Творца. И поэтому Тора – это обитель Творца. И сказано в книге Зоар: «Тора и Творец – одно целое». То есть свет Творца облачается в Тору и заповеди, и Он и его обитель – составляют единое целое. А потому Исраэль ведут отсчет по луне, восполняя себя Торой и заповедями, и благодаря этому удостаиваются также Творца. Тогда как, другие народы не соблюдают Тору и заповеди, то есть не хранят обитель Творца, а потому нет у них даже света солнца.

И в этом смысл слов: «В будущем Творец выведет солнце из его обители». И сказано, что есть высокая необходимость в раскрытии Творца среди людей, ведь Творец жаждет этого и стремится. И в этом скрывается суть шести дней творения, то есть работы в Торе и заповедях, ведь «Все, что сотворил Творец – сотворил Он для почитателя Своего». И даже будничная работа – это тоже работа Творца, как написано: «Не для пустоты сотворил Он землю, а чтобы населить ее», и потому называется она обителью.

А Суббота – это свет солнца, день отдохновения для вечной жизни. Как сказано, что Творец приготовил мир в две ступени:

1) Когда раскроется Его Божественное присутствие (Шхина) благодаря Торе и заповедям в течение шести дней работы.

2) Когда раскроется Его присутствие в этом мире без Торы и заповедей.

И это тайна «беито-ахишена» (в свое время – и опережая время). Удостоятся – «опередят время», то есть придут к этому раскрытию путем Торы и заповедей. Не удостоятся – придут «в свое время», потому что развитие творения под гнетом безмерных страданий в итоге достигнет своего конца и приведет человечество к избавлению. Пока не воцарится Творец и Его Божественное присутствие в людях. И это называется «в свое время», то есть в результате естественного хода развития.

126. Мудрец пришел в город

Услышано на трапезе в честь праздника Шавуот (Май 1947 г.), в Тель-Авиве

«Мудрец пришел в город» (Мишлей). Мудрецом называется Творец. А «прийти в город» означает, что в Шавуот Творец раскрывает Себя миру.

Сказал ленивец: «Лев поджидает на дороге, а мудрец возможно не дома, а дверь наверное заперта». Но не зря сказано: «Если прилагал усилия и не нашел – не верь!» И если видит человек, что еще не удостоился близости с Творцом, то конечно же потому, что не вложил достаточно усилий, и потому называется ленивым.

Но почему он не работал? Если ищет близости с Творцом, так почему не хочет приложить к этому усилия, ведь даже никакой материальной цели не достигнешь без труда? И на самом деле, он готов прикладывать усилия, если бы только не лев на дороге, то есть нечистая сила, как написано: «Подстерегает лев в засаде». Человек, начавший путь к Творцу, встречает льва, преграждающего дорогу, и если проиграет эту битву, то уже не поднимется.

И потому боится он начинать этот путь, ведь кто может одолеть его? Поэтому говорят ему: «Нет никакого льва на твоем пути!» То есть «Нет никого кроме Него», ведь не существует иной силы в мире, как написано: «И все сотворенное создано Им для того, чтоб трепетали пред Ним».

И тогда находит он другую отговорку: «А мудрец возможно не дома!» Дом мудреца – это нуква, святая Шхина. А поскольку не может человек выяснить, идет путем святости или нет, то говорит, что мудрец наверное не дома. То есть это не Его дом, не дом святости, и откуда человеку знать, идет ли он истинным путем. И тогда говорят ему: «Мудрец дома!», то есть «душа человека научит его», и в конце концов он узнает, что движется путем святости.

И тогда возражает он: «А дверь наверное заперта!» То есть невозможно зайти внутрь дворца, потому что «не каждый, желающий приблизиться к Творцу, придет к Нему и приблизится». Но говорят ему: «Не заперта дверь!», ведь видим мы, что многие удостоились войти внутрь.

И тогда он отвечает: «Что бы ни было, все равно не пойду!» Ведь если он ленив и не желает прикладывать усилия, то становится умным и несговорчивым, опасаясь взвалить на себя напрасную работу. А на самом деле, тот, кто хочет работать, наоборот видит, что многие преуспели. Если же не хочет работать, то замечает, что есть такие, кто не добился успеха — хотя это только потому, что не приложили усилия. Но он ленив и желает лишь оправдать себя и свои поступки, а потому пускается в умные рассуждения. Истина же в том, что нужно принять на себя духовную работу без всяких споров и рассуждений, и тогда преуспеешь!

127. Разница между основным наполнением и добавлением света

Услышано в 4-й полупраздничный день Суккота
(30 Сентября 1942 г.), в Иерусалиме

Известно, что исчезновение света Мохин и прекращение зивуга (слияния) происходит только при добавлении света, а основа ступени ЗОН — это шесть сфирот (вав) и точка. То есть Малхут по своей сути — это не больше чем точка — черная точка, в которой нет ничего белого. И если человек принимает эту точку за свою основу и больше не говорит, что желает избавиться от такого состояния, а наоборот, принимает его как самое наилучшее, то это называется «прекрасным домом в сердце». Ведь он не осуждает это рабство, а считает его самой главной для себя ценностью. И этим он «поднимает Шхину из праха». А если он соблюдает эту основу, как самую для него важную, то уже невозможно ему упасть со своей ступени, потому что основное наполнение никогда не исчезает.

И когда человек принимает на себя условие работать в качестве черной точки, даже при самой глубокой тьме, какая только бывает в мире... Тогда говорит святая Шхина: «Негде мне скрыться от тебя». А потому: «Одним узлом мы связаны» и «не разорвать его никогда». Поэтому никогда не прекращается для него слияние.

Если же приходит к нему какое-то дополнительное свечение свыше, то он принимает его согласно условию: «не возможно (отказаться от наслаждения) и не намеревается (насладиться)», ведь это приходит от Творца без всякой просьбы со стороны человека. И об этом сказано: «Черна я и прекрасна. И если сможешь принять эту черную тьму — то увидишь мою красоту».

Об том сказано: «Кто глуп, пускай завернет сюда...» (Мишлей) И когда он оставляет все свои занятия и желает работать лишь на благо Творца, словно «несмышленым животным был я пред Тобой» (Псалом 73), тогда удостаивается увидеть окончательное совершенство. И в этом смысл слов: «Бессердечному она сказала...» Поскольку не было у него сердца, то обязан был стать глупым и доверчивым, иначе невозможно ему было приблизиться.

Но иногда человек попадает в состояние, которое называется «Шхина во прахе», когда его точка опускается в нечистые миры БЕА. И тогда он называется «розой меж шипов», у которой есть шипы и колючки, и в это время невозможно получить никакое наполнение, ведь он попадает во власть клипот. И такое состояние приходит благодаря действиям самого человека, ведь как человек действует внизу — так он и влияет на корень своей души наверху в святой Шхине. Поэтому, если человек внизу находится в рабстве у своего эгоизма — то он вызывает то же самое состояние наверху, позволяя клипе властвовать над святостью.

В этом значение «полночного исправления», когда мы молимся о восстановлении Шхины из праха, то есть о ее возвышении наверх, где бы она обрела важность. Ведь верх и низ — определяются по степени важности. И тогда называется она черной точкой. А во время полночного исправления человек набирается сил и говорит, что желает исполнить сказанное о «Ливни и Шими». Ливни — это свойство белого цвета (лаван), в котором нет ничего черного. А Шими означает «слышал я» (шмийя ли), то есть такое, что принимается разумом, когда становится для него приемлемым и допустимым принять на себя власть Творца.

А «полночное исправление» (тикун хацот) — это исправление разделением (мехица), то есть отделение святости от клипот, когда исправляется злое начало, заключенное внутри эгоистического желания, и присоединяется к желанию отдачи.

«Изгнание» (гола) состоит из тех же букв, что и «освобождение» (геула), которое отличается только буквой «алеф». То есть нужно притянуть в состояние изгнания Творца (Величайшего в мире — алуфо) и тогда мы сразу же почувствуем освобождение. И в этом тайный смысл слов: «Тот, кто по небрежности нанесет ущерб, пусть лучшим из достояния своего заплатит». И потому сказано: «Если сам человек судит себя внизу, то нет суда над ним свыше».

128. С головы той сочится роса на Зеир Анпин

Услышано в 3-й день недели Мишпатим (27 Февраля 1943 г.)

«С головы той сочится роса на Зеир Анпин» (Книга Зоар). У каждого волоса под его белым корнем есть лунка, о чем сказано (Йов 9): «Бурей сразит Он меня» (сэара — «буря», а также «волос»), и потому говорится, что «Отвечал Творец Йову из бури». И в этом смысл слов: «Каждый переписываемый, пусть вложит половину шекеля в священный шекель» — «одна бэка (выбоина) с головы — для искупления душ их» (Шмот).

Суть волос раскрывается из таких понятий, как чернота и чернила. Когда человек ощущает отдаление от Творца из-за того, что одолевают его чуждые духовному мысли — это называется «волосами» (сэарот). А «белый корень» — то есть белизна, возникает в то время, когда воздействует на него свет Творца, приближая его к Себе. И двое вместе называются они «свет и кли».

Вся работа начинается с пробуждения человека к работе Творца, когда он удостаивается «белого корня» и ощущает в работе Творца жизнь и свет. А потом приходит к нему какая-то мысль, чуждая духовному, благодаря которой он падает со своей ступени и отдаляется от работы. Чуждая мысль называется бурей (сэара) и волосом (сэара). А под волосом есть лунка, означающая недостаток и отверстие в голове.

Ведь прежде чем посетили его посторонние мысли, его голова была цела и совершенна, и был он близок к Творцу. Но благодаря чуждым мыслям, он отдаляется от Творца, а это означает, что уже появляется в его голове недостаток. И своими сожалениями о том, что это случилось, он открывает из этого отверстия «водный источник». Так становится волос каналом для передачи света, благодаря чему человек снова удостаивается белого корня для волоса.

А потом вновь одолевают его посторонние мысли и снова отдаляют его от Творца. И опять образуется лунка под волосом, то есть отверстие в его голове и недостаток. А он сожалеет об этом и еще раз порождает «водный источник», и тогда волос превращается в канал, проводящий свет.

Так это продолжается и продолжается, и те же состояния повторяются вновь и вновь — подъемы и падения, пока не умножатся эти «волосы» до полной меры. Ведь каждый раз, когда человек возвращается и исправляет состояние, он притягивает свет. А этот свет называется росой, как сказано: «Голова моя полна росой» (Песнь Песней). Поскольку свет приходит к человеку попеременными порциями, каждый раз капля по капле. Когда же он полностью заканчивает свою работу «и никогда больше не вернется к глупости своей», то «оживляет эта роса мертвых» (Зоар).

И в этом смысл «бека» (выбоины), означающей, что посторонние мысли сверлят ему голову. И в этом же суть половины шекеля, потому что человек — наполовину грешник и наполовину праведник. И следует понимать, что эти «половина на половину» не происходят одновременно, а в любой момент должно быть законченное состояние. Ведь если человек преступил одну заповедь и не исполнил ее, то уже не считается наполовину праведником, а считается полным грешником.

Но есть два времени. В одно время он праведник, то есть сливается с Творцом и полностью оправдывается. А потом приходит к нему падение, и он становится грешником. Как сказано: «Создан мир только для абсолютных праведников или для законченных грешников». И потому называется он «половиной», поскольку чередует два времени.

Поэтому сказано: «Для искупления душ их» — за счет «бека» (выбоины), когда он чувствует, что его голова не совершенна, ведь если проникает в него какая-то посторонняя мысль, то его разум перестает быть в совершенстве и в согласии с Творцом. А своим сожалением об этом он искупает свою душу. И так каждый раз, раскаиваясь и возвращаясь к Творцу, он притягивает свет — пока не наполнится светом в полной мере, как сказано: «Голова моя полна росой».

129. Шхина во прахе

Спросили его: «Дороги тебе твои страдания?» И ответил: «Ни они, ни награда за них. Плачу я о красоте, брошенной гнить во прахе» (Вавилонский Талмуд).

Главные страдания ощущаются в том, что выше знания. И чем больше страдания расходятся с разумом, тем они сильнее. Это называется верой выше знания, и от такой работы Творец получает наслаждение. Получается, что вознаграждение состоит в том, что работа эта доставляет удовольствие Творцу.

Но временно, пока не сможет человек превозмочь себя и оправдать управление Творца, до тех пор остается Шхина во прахе. То есть работа согласно вере, называемая Святой Шхиной, проходит в изгнании – низведенная в прах. И об этом сказал он: «Ни они, ни награда за них», то есть не может вытерпеть это временное положение. И на это ответил: «И о том, и об этом я плачу» (Вавилонский Талмуд. Трактат Брахот).

130. Тверия мудрецов наших, как хорошо увидеть тебя

Услышано 1 Адара (21 Февраля 1947 г.), в Тверии

Тверия мудрецов наших, как хорошо увидеть тебя! «Зрение» означает мудрость, Хохма. «Хорошо» означает, что там человек способен достигнуть мудрости уровня Хохма.

И Рабби Шимон Бар Йохай очистил рынки Тверии от нечистоты мертвечины, то есть желания насладиться, о котором сказано: «Грешники при жизни своей называются мертвецами». А вся нечистота принадлежит только уровню Хохма, поэтому именно в Тверии, где сосредоточена мудрость (Хохма), нужно было очистить рынки.

131. Приходящий очиститься

Услышано в 1947 г.

«Приходящему очиститься – помогают». Это значит, что человек всегда должен быть в состоянии «прихода». Но если он ощущает себя чистым и исправленным, то уже не нуждается в помощи, потому что получил исправление и ушел. Если же он чувствует, что идет, чтобы прийти, то конечно ему помогают, ведь желание человека преодолевает все преграды, потому что он просит истины.

«Ибо ласки твои лучше вина!» (Песнь Песней), то есть от вина можно опьянеть, а «пьяному кажется, что ему принадлежит весь мир», и нет у него никаких неудовлетворенных желаний, даже в шесть тысяч лет, пока продолжается исправление.

132. В поте лица твоего будешь есть хлеб

Услышано 14 Адара (6 Марта 1947 г.), в Тель-Авиве

«В поте лица твоего будешь есть хлеб» (Берешит). «Хлеб» означает Тору, о которой сказано: «Идите, ешьте хлеб мой» (так же, «сражайтесь») (Мишлей). То есть обязан человек учить Тору в страхе, в трепете, в поте лица и этим исправит прегрешение, совершенное на Древе Познания.

133. Свет Субботы

Услышано в 1947 г.

Свет субботы достигает гуф, тела, а потому в Субботу говорят: «Псалом Давида. Благослови, душа моя... и все нутро мое», то есть тело. Тогда как Рош Ходеш (начало нового месяца) относится к уровню нешама, достигает лишь души и не светит телу, а поэтому говорят только: «Благослови, душа моя...» и не добавляют «и все нутро мое», потому что не доходят до гуф, тела (см. Зоар стр. 97).

134. Пьянящее вино

Услышано в 1947 г.

Невозможно удостоиться всего света Торы в совершенстве, но опьяненный вином Торы, ощутит человек, что весь мир принадлежит ему, и несмотря на то, что еще не достиг совершенной мудрости (Хохма), будет думать и чувствовать, что есть у него все и в полном совершенстве.

135. Чистого и праведного не убивай

Услышано 2 Нисана (23 Марта 1947 г.), в Тель-Авиве

«Чистого и праведного не убивай» (Шмот 23).
«Праведный» — это тот, кто оправдывает Творца, и все, что чувствует, плохое оно или хорошее — принимает верой выше знания. И это — правая линия.
«Чистый» — означает чистый, честный взгляд на свое состояние, ведь «у судьи есть лишь то, что видят его глаза». И если он не понимает какого-то состояния или не может постичь, то не должен затушевывать качества, которые открываются сейчас его взгляду. Это называется левой линией, и он обязан обеспечивать существование их обеих.

136. Отличие между первыми и последними посланиями

Услышано в Пурим 1947 г.

В чем все отличие между первыми и последними царскими посланиями? (О событиях, рассказанных в Мегилат Эстер).

Письменный указ содержит распоряжение Царя, отданное из царского дворца. А царские советники подробно расписывают указ с объяснениями, чтобы стало понятно каждому. В оригинале было указано просто: «Чтобы были они готовы к этому дню» («Передать указ этот в каждую область как закон, объявленный всем народам, чтобы были они готовы к этому дню». Мегилат Эстер). А советники решили, что сказанное относится ко всем остальным народам, которые должны готовиться отомстить иудеям. И случилось это для того, чтобы Аман подумал: «Кому, кроме меня, захочет оказать почет Царь?» Поэтому в последних посланиях написал вслед за словами Царя: чтобы были «иудеи» готовы. Тогда как в первых посланиях не было написано в пояснение слово «иудеи», и потому была у них сила обвинять.

И дается эта сила потому, что иначе невозможно оправдать никакое желание получить свет, то есть распространить высший свет вниз. Ведь вся работа была ради отдачи, и значит не было возможности притянуть свет снизу. И выход в том, чтобы дать силу Аману, который желает именно самого большого света, о чем и говорит его имя: «Аман, агагитянин», от слова «гаг» (крыша) – то есть ступень ГАР.

137. Целафхад собирал хворост

Услышано в 1947 г.

«Целафхад собирал хворост (ветки деревьев)» (Бемидбар). И объясняет Зоар, что измерял он, какое дерево больше – Древо Жизни или Древо Познания. Праведник называется Древом Жизни, в котором все на отдачу, и здесь не за что зацепиться нечистым желаниям. Но совершенство заключено в Древе Познания, которое означает распространение света мудрости, Хохма, вниз, в чем состоит цель насладить творения. И запрещено измерять их, а нужно, чтобы «превратились они в один посох в руке твоей».

Выходит, что одно без другого — несовершенно. Мордехай же относился к Древу Жизни и не желал притягивать никакого света вниз, ведь ни в чем не ощущал недостатка. И потому необходимо было возвысить Амана, чтобы притянул он свет вниз. А когда проявится желание Амана, тогда Мордехай примет этот свет в свои свойства, получая его ради отдачи.

И отсюда понятно, почему после того, как Мордехай оказал услугу Царю и спас его от смерти, возвысил Царь Амана, его ненавистника, как сказали мудрецы, что «поступали по желанию каждого» — это значит по воле Мордехая и Амана, которые были ненавистны друг другу.

138. Боязнь и страх, овладевающие иногда человеком

Услышано в 1942 г.

Когда к человеку приходит страх, он должен знать, что единственной причиной тому является сам Творец, даже если дело касается колдовства[6]. Но если страх овладевает им все в большей степени, то и тут он не должен принимать это как случайность, а рассматривать как возможность, данную ему небом, и изучить, с какой целью она предоставлена ему свыше — вероятнее всего для того, чтобы сказать, что нет никого, кроме Творца. И если после всего этого боязнь и страх не оставляют его, то должны они служить для него примером подобного ощущения в работе Творца, чтобы трепет перед Творцом, которого он хочет удостоиться, был бы в нем так же велик, как и тот внешний страх тела, который овладел им сейчас.

---

[6] «Нет никого кроме Него», - сказал рабби Ханания, - «Даже если дело касается колдовства». Речь идет о той самой женщине-колдунье, которая пыталась взять немного земли из-под ног рабби Ханания, чтобы наколдовать ему погибель. Сказал ей он: «Бери! Но ничем это тебе не поможет, ведь «Нет никого кроме Него». (Вавилонский Талмуд)

139. Отличие шести дней творения от Субботы

Шесть дней творения относятся к Зеир Анпину, а Суббота относится к Малхут.

И спрашивается, но ведь Зеир Анпин по своему уровню выше Малхут, так почему же Суббота считается важнее будних дней? И более того, почему названы эти дни «будними» (от слова холь — «песок»)?

А дело в том, что весь мир питается от Малхут. И потому она называется «Собрание Израиля», ведь оттуда излучается доброе воздействие на весь Исраэль. Поэтому, хотя шесть будних дней и намекают на Зеир Анпин, но нет соединения Зеир Анпина с Малхут, и потому они считаются будничными (как песок) из-за того, что не проходит свет от Зеир Анпина к Малхут. И поскольку от Малхут не исходит святость, называются эти дни буднями. Тогда как в Субботу Зеир Анпин соединяется с Малхут, и от Малхут распространяется святость, и потому она называется Субботой.

140. Как люблю я Тору Твою

Услышано на исходе 7-го дня Песаха (1943 г.)

«Как люблю я Тору Твою! Весь день я размышляю о ней» (Псалом 119). Сказанное говорит о том, что Царь Давид, хотя уже и достиг совершенства, все равно стремился к Торе, потому что Тора больше и важнее, чем любое совершенство, существующее в мире.

141. Праздник Песах

Праздник Песах означает свет Мохин дэ-Хая. А дни Сфират Омер (отсчет Омера — 49 дней между Песахом и Шавуотом) относятся к свету Мохин дэ-Йехида. Поэтому во время отсчета Омера происходит исход света Мохин, ведь это время подъема МАН, а известно, что во время подъема МАН уходит свет. Но после окончания дней Омера свет Мохин возвращается на свое место.

Все потому, что малое состояние (катнут), существующее во время отсчета Омера — это катнут на уровне Йехида. Но вместе с этим, в будние дни есть свет Мохин дэ-Ишсут и в субботу — свет Мохин дэ-Аба вэ-Има.

142. Основная борьба

Основная борьба должна идти там, где есть право выбора. Тогда как, в соблюдении заповедей или нарушении, человек близок к проигрышу, и далек от выигрыша, а потому обязан исполнять их как установлено, без всяких рассуждений.

Но там, где разрешено ему выбирать, он должен вести войну и выполнять заповедь свободы выбора. И поскольку это всего лишь свободное действие (а не заповедь), то даже если потерпит в нем неудачу — не сделает такого уж большого прегрешения. А потому здесь он близок к награде, ведь если победит в этой войне, то внесет новые владения под власть святости.

143. Только на благо Израилю

Услышано от моего отца и Учителя

«Только на благо Израилю Творец — для чистых сердцем!» (Псалом 73) Известно, что слова «только» и «лишь» означают уменьшение, то есть в каждом месте, где в Торе написано «только» и «лишь» — происходит уменьшение.

С точки же зрения духовной работы это означает время, когда человек уменьшает себя и принижает. А принизить себя можно именно тогда, когда человек стремится возгордиться, то есть хочет быть большим, желая все понять, и душа его жаждет обрести способность все видеть и слышать, но несмотря на это, он принижает себя и соглашается идти с закрытыми глазами, исполняя Тору и заповеди с совершенной простотой и наивностью. И это «на благо Исраэль», где слово «исра-эль» (прямо к Творцу) состоит из тех же букв, что «ли рош» (Мне голова, разум).

То есть человек верит, что имеет святой разум, несмотря на то, что пребывает в состоянии «только», считая себя маленьким и низким, и говорит, что это «только» ему на благо. И тогда воплощается в нем «Творец – для чистых сердцем!», то есть удостаивается чистого сердца, о котором сказано: «И вырвал Я из вас каменное сердце и дал вам сердце из живой плоти». Живая плоть означает свет Мохин дэ-ВАК, который называется светом облачения и приходит со стороны Высшего. Тогда как свет Мохин дэ-ГАР должен прийти со стороны самого человека снизу, за счет его собственных выяснений.

И нужно пояснить, что означает ГАР Мохин и ВАК Мохин. Ведь на каждой ступени есть множество свойств ГАР и ВАК. И возможно имеется в виду, что малое состояние (катнут), называемое Гальгальта ве-эйнаим низшего, поднимается с МАН молитвой, с помощью кли поднимающего МАН, которое называется АХАП Высшего. Получается, что Высший поднимает низшего, а затем, для того чтобы получить ГАР светов и АХАП келим, низший должен подняться сам.

144. Есть один народ

Услышано в ночь Пурима после прочтения Мегилат Эстер, (1950 г.)

«Есть один народ, рассеянный и разделенный среди других народов» (Мегилат Эстер). Аман сказал, что по его мнению, удастся уничтожить иудеев, ведь они разобщены и каждый отделен от ближнего своего, а потому конечно же одолеет их наша сила. Ведь такое разделение ведет к удалению человека от

Творца, и потому Творец не поможет им, если они оторваны от Него.

Поэтому пошел Мордехай исправлять этот порок, как рассказывает Мегила: «Собрались иудеи... Собрались, чтобы отстоять свои души» — то есть благодаря объединению спасли души свои.

145. Почему мудрость дается именно мудрецам

Услышано в 5-й день недели Трума (11 Февраля 1943 г.)

Сказано, что Творец «дает мудрость мудрецам». И спрашивается, ведь следовало бы дать мудрость глупцам?

Но известно, что в духовном нет насилия, и каждому дается по его желанию. Ведь духовное — источник жизни и наслаждения, а как можно дать насильно что-то доброе? Поэтому, если мы видим, что занимаемся Торой и заповедями через силу, то есть должны преодолевать сопротивление своего тела, не согласного с этой работой, поскольку оно не чувствует в ней удовольствия — так разумеется это оттого, что оно не ощущает духовного, заключенного в Торе и заповедях. Духовного, которое является источником жизни и наслаждения, как написано в Книге Зоар: «Если работа для тебя бремя, значит, участвует в ней нечистая сила».

И потому мудрость можно дать только мудрецам, ведь глупцы не чувствуют в ней никакой необходимости. Лишь мудрецы нуждаются в мудрости согласно своей природе. Потому что мудрый любит мудрость, и к ней его единственное желание! А существует правило, что лишь желание движет всем — тогда человек будет прикладывать все усилия, чтобы обрести мудрость, а значит, в конце концов, ее удостоится. Поэтому любящего мудрость — можно уже назвать мудрецом, согласно его конечному состоянию.

Тогда как про глупца говорится: «Не стремится глупец к пониманию». Выходит, что именно для нас сказано: «Дана мудрость мудрецам», чтобы любящий мудрость не отчаялся от того, что еще не достиг ее, хотя и приложил к этому множество усилий. А продолжил свою работу, и тогда конечно же обретет мудрость, ведь он любит мудрость. И потому сказано: «Иди этим путем и безусловно преуспеешь».

Однако надо понимать, что может сделать человек, если от природы «рождается он диким ослом», и откуда же возьмется в нем желание жаждать мудрости?

На это дан нам совет: действуйте, «исполняя Его слово и слушаясь Его голоса» (Псалом 103). Поскольку, желая чего-то достичь, человек сделает всё для достижения желаемого. И если нет у него стремления к мудрости, значит, недостает ему именно желания обрести мудрость, а потому он начинает прикладывать усилия и действовать для того, чтобы обрести желание к мудрости — ведь это единственное, чего ему не хватает.

И порядок таков, что обязан человек прикладывать усилия в Торе и духовной работе, несмотря на свое нежелание, и это называется работой через силу, когда совершает действия, не желая того, что делает. И об этом сказали мудрецы: «Все, что в твоих силах сделать — делай!» и благодаря чудесной силе знания, возникнет в нем желание и страсть к мудрости. И тогда осуществится в нем написанное: «Дана мудрость мудрецам», когда удостоится услышать голос Творца, и действия, которые прежде выполнял против своего желания — станут для него желанными.

Поэтому, если мы хотим найти человека, любящего мудрость, то должны смотреть на того, кто прикладывает усилия для ее достижения, хотя пока и не удостоился любви к мудрости. Ведь благодаря своим усилиям, он удостоится ее полюбить, а когда обретет желание к мудрости, тогда заслужит и саму мудрость. По сути получается, что желание стать мудрым — это кли, а мудрость — это свет. И это означает, что в духовном нет насилия.

Свет мудрости — означает свет жизни, ведь под мудростью понимается не сухой рассудок, а сама жизнь, в чем заключается вся ее суть, без которой человек считается мертвым. И потому можно сказать, что мудрость называется жизнью.

146. Объяснение к Зоар

Услышано в 1938 г.

Сказано в Зоар: «Когда рождается человек, дают ему душу от чистого животного». То есть даже его животная душа согласна работать на Творца. А когда удостаивается большего, тогда дают ему «переменную душу», которая называется «в кругах». Это значит, что обретает он постоянно тоскующую душу, которая крутится с места на место, словно вечно вертящееся колесо — так и душа его переворачивается и кружится, чтобы слиться со святостью.

147. Работа по получению и отдаче

Услышано 21 Адара (8 Марта 1953 г.)

Работа по получению и отдаче зависит от сердца, и это уровень ВАК. Тогда как работа в вере и знании принадлежит уровню ГАР. И хотя они составляют одно целое, поскольку согласно важности придаваемой работе в получении и отдаче, человек принимает веру, но все же это две особые категории. Ведь даже когда может человек работать в отдаче, он все же хочет видеть — кому он отдает и кто принимает его работу. А потому он обязан включать в свою работу разум, то есть верить, что есть Тот, кто управляет всем и принимает работу низших.

148. Выбор между горьким и сладким, правдой и ложью

Есть выбор между горьким и сладким, а есть выбор между правдой и ложью. Правду и ложь выбирают разумом, а горькое или сладкое — сердцем. И потому нужно уделить внимание работе в сердце, чтобы оно стремилось к отдаче, а не к получению. Но со стороны природы только получение для человека сладко, а отдача — горька. И надо работать, чтобы заменить получение отдачей — это и называется работой в сердце.

Разум же работает с правдой и ложью, и тут надо идти верой выше разума, то есть верить мудрецам, потому что сам человек не способен отличить, где правда, а где ложь.

149. Почему нужно притягивать свет мудрости

Услышано 22 Адара (9 Марта 1953 г.), в Тель-Авиве

Спрашивается, почему нужно притягивать свет мудрости, означающий знание, если вся наша работа происходит в вере выше знания?

И объясняет Бааль Сулам: если бы праведник поколения не обладал знанием, то народ Израиля не мог бы работать верой выше знания. Но именно в то время, когда праведник поколения притягивает свет мудрости (Хохма), тогда его знание (Даат) светит в народе Израиля.

Словно в человеческом теле, если мозг понимает и знает, чего хочет человек, то все органы действуют, выполняя свои функции, и не нуждаются ни в каком разуме — и рука, и нога, и все остальные органы действуют и выполняют то, что на них возложено. И никому не придет в голову засомневаться и сказать, что если бы у руки или ноги был свой разум, то они бы лучше работали.

Но для органов тела не важен свой разум, потому что они оцениваются по силе мозга. И если мозг обладает великим разумом, то все органы называются, благодаря ему, великими. Так и здесь, если народ прилепляется к праведнику, то уже удостаивается знания и может действовать с полной верой, имея все необходимое и не нуждаясь ни в каком дополнительном знании.

150. Воспевайте Творца, ибо великое сотворил Он

Услышано 14 Шевата

О строках: «Воспевайте Творца, ибо великое сотворил Он» (Исайя 12) (те же слова означают «Подрезайте плохие побеги для Творца, ибо гордыню сотворил Он») следовало бы сказать, что «подрезайте» (воспевайте) имеет то же значение, что и «Сила моя и подрезание» (то же «Твое воспевание») (Псалом 18). То есть нужно всегда подрезать и убирать колючки с виноградника Творца. И даже про то время, когда чувствует себя человек совершенным и ему кажется, будто он уже удалил колючки, заключает высказывание: «Ибо гордыню сотворил». Это значит, что Творец как бы создал в этом мире порождение гордыни, когда человеку приятно считать себе преданным и честным, и потому ему кажется, будто он уже удалил с себя колючки и сделался совершенным человеком — а это гордыня.

Но должен человек всегда тщательно анализировать свои поступки, проверять десятью разными проверками и не полагаться на свое временное ощущение, ведь это — всего лишь проявление гордости. Как сказано от имени праведников: «Лентяи вы, лентяи! Потому-то и говорите: пойдем принесем жертвы Творцу нашему!» (Шмот)

И обвиняются сыновья Израиля в том, что говорят: «пойдем принесем жертвы», таким образом чувствуя, что уже приглашены приблизиться к жертвеннику, стоящему пред Творцом, — только из-за лени и бессилия. Ведь не хотят больше работать и всегда проверять себя, приглашены ли они к этой великой работе? А потому кажется им, будто уже закончили эту работу, как объясняется в конце стиха: «Ибо гордыню сотворил».

151. И увидел Исраэль египтян

Услышано в неделю Бешалах

Сказано: «И увидел Исраэль египтян мертвыми на берегу моря, и увидел народ Творца и поверил в Него и в служителя Его, Моше» (Шмот 14).

Нужно понять, к чему тут говорится «и поверили», ведь очевидно, что чудо исхода из Египта и перехода через море привело Исраэль к вере большей, чем та, что была у них прежде. И объясняя слова: «Он Бог мой, и прославлю Его», сказали мудрецы, что видела простая служанка на берегу моря больше, чем видел Пророк Йехезкель. Тогда получается, что исход из Египта основывался на явных чудесах, приводящих к знанию Творца, что обратно понятию «вера», ведь не происходит «выше знания». А когда человек видит открытые чудеса, то очень трудно ему оставаться в вере, поскольку получает знание. Почему же тогда написано: «И поверили в Творца»?

И объяснить это можно только словами: «И все верят в то, что Он Бог веры». Рассказывается, что к чести Израиля, даже вид открывшихся чудес не повредил их работе ради Творца, идущей в вере выше знания. А это огромная работа, чтобы, уже удостоившись и получив возможность работать для Творца в знании, тем не менее, держаться за путь веры, не пренебрегая им ни в чем.

152. Подкуп слепит мудрецов

Услышано 24 Тевета (6 Января 1948 г.)

«Подкуп слепит глаза мудрецов» (Дварим)

Когда человек начинает проверять условия духовной работы, то убеждается, что невозможно ее принять по двум причинам.

Во-первых, нет никаких гарантий, что он будет вознагражден за эту работу, ведь не видит никого, кто бы уже получил плату. А при взгляде на людей, уже подставивших свои спины страдать под тяжестью этой работы, не видно, чтобы получили они плату за свой труд. И если спрашивает себя: «Почему же не получили они награды?», то находит объяснение, что видимо не исполнили до конца условий этой работы. Тогда как исполнивший весь порядок работы награждается сполна.

И тогда рождается в нем второй вопрос: но откуда известно, что он окажется более способным к этой работе, чем товарищ, и сможет выполнить все ее условия, так чтобы быть абсолютно уверенным, что никто не сможет найти в его работе никакого изъяна, и он все сделал правильно на сто процентов?

А если так, то спрашивается: начавший духовную работу, конечно же взвесил все эти доводы, и если все же принял ее на себя, значит смог найти себе какое-то объяснение? Но дело в том, что только зоркие глаза способны увидеть истину, а иначе нам только кажется, что мы видим, на чьей стороне правда — на стороне праведника или остального мира. На самом же деле нам не видна правда, и чтобы глаза стали зоркими, нужно опасаться подкупа, который «слепит глаза мудрецов и извращает слова праведников».

И в основном, подкуп идет через наш эгоизм, а потому нет иного выхода, как только принять эту работу на любых условиях без всяких рассуждений — одной лишь верой выше разума. А уже потом, когда человек очищается от эгоизма и в силах анализировать состояние, тогда есть надежда, что сможет увидеть его в истинном свете. А тот, кому необходимы гарантии, конечно же не сможет справиться с этим вопросом, поскольку кажется ему, что истинная правда в его доводах, и всегда он выйдет победителем из этого спора, ведь не способен увидеть истину.

153. Мысль — это следствие желания

Услышано 7 Шевата (18 Января 1948 г.), в Тель-Авиве

Мысль является следствием, порождением желания. Поэтому человек думает о том, к чему у него есть желание, и не думает о том, чего не желает. Например, он никогда не думает о дне смерти, а наоборот, всегда думает, что он вечен, потому что желает быть таким. То есть он всегда думает о желанном.

Но у разума есть особая роль, и она заключается в его возможности увеличивать желание. Если в человеке есть маленькое желание, которое не имеет силы проявить себя и заставить достичь желаемого, то думая об этом желании, человек может увеличить и расширить его, так что оно начнет требовать своего наполнения.

Из этого следует, что мысль лишь обслуживает желание, а желание является основой, сутью человека. Если желание большое, оно властвует над небольшими желаниями. И если человек хочет увеличить какое-то небольшое желание, то может это сделать, постоянно удерживая мысли на этом желании. И в той мере, в которой будет думать об этом желании, в той мере это желание и увеличится.

Поэтому сказано, что человек должен постоянно заниматься каббалой (как говорится: «Прилагать усилия в Торе день и ночь»), поскольку от такого постоянного усилия мысли, он увеличит духовное желание настолько, что оно станет преобладать над остальными.

154. В мире не должно быть пустоты

Услышано 7 Шевата (18 Января 1948 г.), в Тель-Авиве

В мире не должно быть пустоты. И поскольку главным для человека является желание, составляющее основу творения, и им измеряется, мал он или велик (катнут и гадлут), должно быть у человека какое-то желание — то ли к нашему миру, то ли к миру духовному. А тот, кто лишен этих желаний, считается мертвым, потому что все творение — это только желание, «возникшее из ничего». И поскольку отсутствует у него этот материал, представляющий весь материал творения, то естественно считается мертворожденным и как бы не существует.

Поэтому нужно стараться, чтобы было у человека желание — ведь это весь материал творения — но необходимо это желание проверять. Как каждое живое существо в силу своей природы чувствует, что ему во вред — так же и мы должны позаботиться, чтобы наше желание было к правильной цели.

155. Чистота тела

Услышано на Субботней трапезе 13 Шевата

Чистота тела (то есть желания) указывает на чистоту разума. Чистота разума называется истиной, к которой не примешано никакой лжи. И в этом не все равны, потому что есть такие, кто очень придирчиво взыскивает с себя до мельчайшей меры — но не стоит слишком строго придираться к чистоте своего тела. Ведь мы так брезгуем грязью, потому что она наносит нам вред, а мы должны беречься всего вредного. Но нет смысла уделять так много внимания телу, которое в итоге все равно исчезнет, какие бы строгие требования мы на него ни наложили.

Тогда как душу, которая вечна, следует проверять со всей строгостью, чтобы не было в ней никакой грязи, ведь всякая грязь наносит вред.

156. Дабы не взял от Древа жизни

Услышано 15 Шевата (29 Января 1945 г.)

«Дабы не взял он от Древа Жизни, и не поел, и не стал жить вечно» (Берешит).

Объясняет Бааль Сулам, что может человек взять Хасадим Мехусим («скрытые Хасадим», при которых не требуется свет Хохма), распространяющиеся от уровня Хазе и выше, и полностью этим удовлетвориться. И из-за этого он не исправит прегрешения на Древе Познания, которое относится к уровню от Хазе и ниже. Древо Жизни относится к уровню от Хазе и выше, где распространяются скрытые Хасадим.

И кажется мне, что этим объясняются слова, произносимые нами в молитве: «Дай нам жизнь, в которой есть страх пред Небесами, и жизнь, в которой есть страх прегрешения». И разница между ними, как объясняет Бааль Сулам, в том, что в одном случае человек выбирает свою жизнь из страха прегрешения, то есть не имея другой возможности. А страх пред Небесами означает, что у него есть выбор, и если даже не примет такое условие, все равно не прегрешит — и все же он выбирает его из-за трепета пред Творцом.

И тогда уже нельзя сказать, что скрытые Хасадим означают малое состояние (катнут), как в то время, когда не имеется у него других возможностей. Но когда он достигает раскрытого света Хасадим (Хасадим Мегулим) на уровне Рахель, тогда и уровень Лея, относящийся к скрытым Хасадим, означает уровень ГАР и большое состояние (гадлут). И это называется трепетом пред Небесами, когда достигая открытых Хасадим, он, несмотря ни на что, выбирает скрытые Хасадим.

Получается, что есть два вида скрытых Хасадим:
1. В то время, когда человек не достиг ступени Рахель и находится на уровне ВАК.
2. В то время, когда он достигает ступени Рахель и тогда называется именем Лея, приводящим к уровню ГАР.

157. Я сплю, но бодрствует сердце мое

Услышано 9 Нисана (18 Апреля 1948 г.)

Книга Зоар (глава Эмор): «Сказала Шхина, Собрание душ Израиля: Я сплю в египетском изгнании, пока сыны мои томятся в тяжелом рабстве». Имеется в виду, что свет Мохин находится в состоянии «сон», как объясняется, что выражение «есть» (из Мегилат Эстер: «есть один народ») означает: «их Бог спит» (другое прочтение слова «есть»).

«Но бодрствует сердце мое, храня их, дабы не сгинули в изгнании» (Зоар). То есть в то время, когда получают Мохин дэ-Ахораим (обратной стороны), будут хранимы ими, хотя пока еще остаются в изгнании, ведь этот свет не освещает Шхину. Но все же это называется бодрствованием, как сказано: «Сердце не изливается устами». Сердце относится к уровню ВАК, потому что есть там ВАК света Хохма. И даже во время достижения большого состояния (гадлут) нет там другого света Хохма, кроме этого уровня.

«Голос любимого, что стучится ко мне» (Песнь Песней) — это удар в экране дэ-Хирик Зеир Анпина.

«И вспомнил Я союз Мой» (Шмот) — это тайна союза Обрезания, означающего Диним дэ-Нуква (ограничения Нуквы), которые отменяют Диним дэ-Дхура (ограничения с мужской стороны). Эти ограничения отменяют уровень ГАР, что означает обрезание.

А есть также дополнительные исправления, которые называются «прия» (подворачивание). «Открой Мне отверстие с игольное ушко, и Я распахну перед тобой высшие врата». Узкое раскрытие означает «узкие пути» света, когда в отсутствие Хасадим есть лишь тонкое свечение Хохма. И лишь потом, когда притягивают свет Хасадим, вливается свет Хохма в Хасадим как ВАК (шесть) широких потоков.

А «высшие врата» — это тайна Хасадим Аба вэ-Има, которые называются «чистый воздух». Только после того, как человек обладает Хохма, но притягивает Хасадим, эти Хасадим называются «чистый воздух», потому что он выбирает Хасадим, предпочитая их свету Хохма.

Когда же у него есть только свет Хасадим, без Хохма, то это называется катнут, малое состояние.

«Открой мне» — говорится о Зеир Анпине и сестре его, Малхут, которая относится к Хохма и притягивает свет Хохма, — «Ведь в тебе находится тот вход, куда я могу войти». Только если будет в тебе Хохма, тогда будет для меня отверстие, в которое я могу войти с Хасадим, полученными мною от Аба вэ-Има, которые называются «чистый воздух».

«Приди и смот в тот час, когда Творец умерщвлял первенцев в Египте, и низвел ступени сверху вниз» (Зоар). Египтяне — это левая линия, но со стороны клипы, нечистой силы, без всякого включения с правой стороны. И когда Исраэль были в Египте, то находились под властью египтян, то есть тоже должны были принять левую линию. А казнь первенцев означает, что Творец отменил власть ГАР (трех первых сфирот) левой линии, что низводит ступени сверху вниз.

«Приди в тот час, когда заключает Исраэль знак священного союза». Смысл союза обрезания состоит в ограничениях Нуквы и связан с экраном дэ-Хирик, отменяющем Динин дэ-Дхура (ограничения с мужской стороны). За счет чего отменяется ГАР левой линии и светит лишь ВАК. Получается, благодаря тому, что Творец казнил их первенцев, получили они силу исполнить этот союз, и «тогда увидели ту кровь на входе, на дверных косяках».

«И было две крови: кровь Песаха и кровь обрезания». Кровь Песаха означает исправление включения левой линии. А кровь обрезания — это исправление ограничениями Нуквы, означающее состояние Хирик. И кровь Песаха...

158. Почему в Песах не принято есть в гостях

Услышано на утренней трапезе праздника Песах (1948 г.)

Говорится, что обычай не есть в гостях на Песах вызван требованиями кашрута. Тогда почему же так не поступают в течение всего года? И даже если известно, что человек соблюдает абсолютный кашрут еще более тщательно, чем у нас дома, всё равно не принято есть у него. А дело в том, что запрет квасного (хамец) проявляется в любой малости, в чём угодно, и сам человек не в силах исполнить его досконально — только Творец может уберечь его от малейшего нарушения.

И в этом смысл указания беречься всего квасного, и наказано человеку быть осторожным и следовать всем советам, чтобы не приблизиться к чему-то недозволенному. Но человеку невозможно уберечь себя самостоятельно, ведь только Творец может сохранить его. И конечно, охрана не одинакова для всех — есть люди, которых Творец охраняет больше, и есть такие, которых Творец не так сильно охраняет. Это зависит от нуждаемости человека в Творце, ведь есть такие, которые знают, что нуждаются в повышенной охране и потому призывают Творца больше о них заботиться. А есть люди, не чувствующие особой необходимости в охране свыше. Но внешне невозможно это отличить, поскольку все зависит от внутреннего ощущения, когда человек чувствует в себе такую потребность и нуждается в повышенной охране.

159. И было спустя много времени

«И было, спустя много времени (в эти великие дни): умер царь Египта, и застонали сыны Израиля от работы, и возопили — и вознесся этот вопль ко Всевышнему, и услышал Всевышний их крик и стон.» (Шмот 2:23)

Страдания и несчастья дошли до такой степени, что их невозможно было выдержать. Тогда народ так сильно взмолился Творцу, что Творец услышал их крик и стон. Но с другой стороны, мы видим, что они говорили: «Кто даст нам?», вспоминая полные горшки с мясом и хлеб досыта, а также рыбу, которую ели в Египте даром, кабачки, арбузы, зелень, лук и чеснок.

А дело в том, что работа в Египте была им очень приятна. Как сказано: «И смешались они с другими народами и переняли их образ жизни». То есть, если Исраэль находится под господством других народов, они властвуют над Исраэль, и он не может освободиться от чужого влияния, находя вкус в этой работе и не желая освобождаться от этого рабства.

И тогда Творец сделал так, чтобы «умер царь Египта», и исчезла его власть над ними, а потому не смогли они больше работать. Поняли они, что если нет свечения света Мохин, дающего совершенство — то и рабство несовершенно. И «застонали сыны Израиля от этой работы», не приносившей им ни удовлетворения, ни жизненной силы. Ведь «умер царь

Египта», то есть пропала вся власть фараона, дававшего им пищу и пропитание. И потому возникла у них возможность для молитвы, и тут же пришло избавление.

А потом, когда шли по пустыне, и попали в состояние «катнут», то страстно желали снова вернуться в рабство, в котором находились, пока не умер царь Египта.

160. Скромность в заповедях

Почему мацу (пасхальный пресный хлеб) принято всегда держать прикрытой, то есть на специальном подносе для мацы или в другой закрытой посуде?

Сказано: «И понес народ тесто свое прежде, чем оно сквасилось, квашни свои, укутанные в одежды свои, на плечах своих» (Шмот). И разгадка именно в этом: «укутанные в одежды свои». Дело в том, что в Песах сосуды (келим) еще не были исправлены, как подобает. Поэтому необходима Сфира («отсчет» дней между Песахом и Шавуотом) для исправления келим. О чем сказано: «Видела я будто каплю розы». То есть в ночь Песаха случилось чудо, и хотя была возможность как-то прицепиться (нечистым желаниям), это все же не случилось, поскольку была она прикрыта и не была заметна снаружи, на что намекают слова: «укутанные в одежды свои».

161. Дарование Торы

Услышано на трапезе в Шавуот

В чем смысл Дарования Торы на горе Синай? Это не означает, что когда-то Творец даровал Тору, а сейчас — нет. Дарование Торы — оно навечно. Творец дарует ее всегда, да только мы не способны получить. А тогда у горы Синай получили

Тору, потому что объединились как один человек, с единым сердцем, и у всех была лишь одна мысль — о получении Торы.

Однако Творец со своей стороны всегда дарует Тору. Сказано, что человек должен каждый день слышать десять заповедей, полученных у горы Синай.

Тора называется «эликсиром жизни» и «смертельным ядом». И спрашивается: «Как могут совмещаться две такие противоположности в одном?» Но вся видимая нами картина существует только в наших ощущениях, и нас не интересует, какова действительная реальность. Поэтому, когда при изучении Торы, она отдаляет человека от любви к Творцу, то, разумеется, является «смертельным ядом». А если Тора приближает человека к Творцу, то называется «эликсиром жизни».

Однако здесь не принимается в расчет сама Тора, то есть реальность как она есть. Все дело в наших ощущениях — они определяют для нас всю реальность. Сама же Тора, в отсутствие получающих, считается светом без кли, который невозможно постичь, так как это абстрактная суть, не облаченная в материю. А суть мы постичь не способны — даже материальную суть, а тем более духовную.

Пока человек работает ради себя, считается, что он работает «ло лишма», но из ло лишма приходят к лишма, ради Творца. Поэтому, если человек еще не удостоился получения Торы, то надеется, что на следующий год получит. А когда полностью получает свойство «лишма», тогда уже больше нечего ему делать в этом мире.

Поэтому каждый год настает время получения Торы, ведь время связано с пробуждением снизу. И поскольку пробуждается время, когда свет дарования Торы раскрылся людям, то всегда есть возбуждение свыше, которое помогает им совершить такое же действие, как когда-то, в то время.

Поэтому, если человек идет путем, который из ло лишма приводит его к лишма, значит, соблюдает порядок и надеется, что в конце концов заслужит получения Торы лишма. Если же он не держит постоянно цель перед глазами, то получается, что идет в обратную сторону от цели. Прямой путь называется «Древом жизни», поэтому обратный путь равносилен смертельному яду, ведь он все время удаляется от линии жизни.

«Не верь утверждающему, что прилагал усилия, но не нашел желаемого». И что значит «нашел»? Что нужно найти? Найти нужно благоволение Творца.

«Не верь утверждающему, что нашел без всяких усилий». Но говорящий не лжет. Ведь говорится не о конкретном человеке, а об общем правиле для всех. И если он видит, что нашел благоволение в глазах Творца, то чему тут не верить?

Дело в том, что иногда человек удостаивается благоволения в глазах Творца молитвой, потому что есть в ней особая сила, которая может действовать подобно усилиям. (Так же, как мы видим в нашем мире, что есть зарабатывающие своими усилиями, а есть молящиеся о заработке и обретающие его.)

Но в духовном, хотя и удостоился благоволения в глазах Творца, затем все равно обязан заплатить полную цену, то есть вложить ту же меру усилий, какую прикладывает каждый. А если не выдает ту же меру усилий, теряет кли. И поэтому говорит: «Не верь говорящему, что нашел без всяких усилий», потому что все теряет. Поэтому обязан затем отплатить полной мерой своих усилий.

162. Почему говорят «Укрепись!» по окончании учебного раздела

Услышано на Субботней утренней трапезе, 2 Ава, в Тель-Авиве

Говорят: «Укрепись!» (хазак) по окончании каждого учебного раздела, потому что от этого завершения нужно получить силу, позволяющую закончить все ступени восхождения. Подобно тому, как у тела есть 248 (РАМАХ) органов и 365 (ШАСА) жил, так и души есть 613 (ТАРЬЯГ) частей, являющихся каналами души, через которые протекает свет. И за счет изучения Торы (то есть каббалы) раскрываются эти каналы. А все то время, пока не все каналы открылись, даже на своей частной ступени человек познает недостаток, ведь и частная ступень содержит включение от общего.

Получается, что если в общем отсутствует какая-то часть, то это качество отсутствует также и в частном. Так постепенно они воплощаются ступень за ступенью, по порядку ступеней. И когда все они закончатся, настанет Конец исправления (Гмар тикун). А до того, они сменяются и проходят исправление одна за другой. Из этого пойми, о чем сказали мудрецы: «Тора предшествует миру». То есть еще до того, как было сделано ограничение мира, уже была Тора.

И как же возможно, чтобы затем она светила внутри мира, суть которого – ограничение? Но светит Тора таким образом, что одно следует за другим. А когда заканчиваются все ступени, должен человек выйти из этого мира, поскольку собрал в себе всю Тору, со всех ступеней.

Поэтому от каждого завершения нужно получить силу, с которой можно идти дальше. А пять частей Торы соответствуют семи сфирот (Хесед, Гвура, Тиферет, Нецах, Ход, Есод, Малхут), из которых пять являются основными, потому что Есод и Малхут – не основные, а состоят из остальных.

163. О чем говорили авторы Зоар

Услышано на исходе Субботы, недельная глава Масаей, (7 Августа 1948 г.), в Тель-Авиве

Зоар написан в стиле наставлений «Мусар» не потому, что это было обязательно для изложения его тайн. Можно было изложить тайны и в ином облачении. Но сделали так, чтобы было ясно читающему, что главное не мудрость и знание Торы, а Дающий Тору. И основное, для чего даны Тора и заповеди – это слияние с Дающим Тору.

И поскольку одеяние «Мусар» напоминает об этом больше, то облачили материал Зоара в этот стиль. А то, что иногда встречается в нем и одеяние разума, так это для того, чтобы не ошиблись и не утверждали, что нет там более чем нравоучения (мусар) и не скрыт в Зоаре иной смысл, мудрость, разум. Поэтому написан Зоар в двух стилях, одеяниях, и одно указывает на другое.

164. Отличие материального от духовного

Услышано 3 Ава (8 Августа 1948 г.)

Отличие материального от духовного в том, что в материальном сила предшествует действию, как сказано: «Прежде позовете, и Я отвечу». Ведь там такой же порядок, как в Конце исправления (Гмар тикун), когда не делается ничего, прежде чем не будет силы сделать требуемое.

Тогда как в духовном, которое еще не достигло Окончательного исправления, а действует согласно порядку последовательного выявления желаний, годных к исправлению, там обязаны начать работу еще до того, как приобретают силу, как сказано: «Выполнять указанное, чтобы услышать голос Указывающего».

165. Просьба Элиши к Элияу

Спросил Элияу у Элиши: «Что могу я сделать для тебя?» Ответил Элиша: «Сделай дух мой в два раза больше твоего». И сказал он: «Трудного ты попросил...» (Книга Мелахим)

Дело в том, что есть анализ РАПАХ (288 частей души) и есть анализ лев-аэвэн (32 части «каменного сердца»), которые невозможно исправить. Когда исправляется РАПАХ, выявляется лев-аэвэн, но самим лев-аэвэн нельзя пользоваться. Тот, кто выявляет и исправляет РАПАХ, таким образом также выявляет и лев-аэвэн.

166. Два уровня в постижении

Есть два уровня:
1. Распространение миров сверху вниз.
2. Подъем снизу вверх.

Первый уровень — «который совершил Творец, созидая» (Берешит), то есть подготавливая нам место для работы.

Второй уровень — когда мы сами начинаем заниматься духовной работой и облачаться на подготовленные ступени снизу вверх. Но до того как заканчивают ступень полностью, невозможно никакое ясное знание о ней, и потому сказано: «Сначала закончи учение, а потом поймешь».

Словно маленький ребенок, который начинает есть хлеб и пока не знает ничего, кроме самого хлеба. А когда взрослеет, то начинает понимать, что есть причина, по которой хлеб можно назвать хлебом, то есть он должен иметь привычный нам вид — быть белым, мягким и вкусным. И тогда он постигает форму хлеба, с которой тот выходит из печи, когда хлеб слишком мягкий и очень горячий, и пока еще не пригодный в пищу. Ведь здесь не хватает некого действия, благодаря которому он через некоторое время подсохнет и остынет, пока воздух не сделает хлеб пригодным в пищу, и хлеб обретет ту знакомую нам форму, с которой он попадает на стол.

Но потом он продолжает исследование и узнает еще об одной форме, которая была у хлеба до того, как его поставили в печь. И хотя имел он похожую форму, однако произошли с ним большие изменения. Потому что из-за печного жара хлеб стал больше и тверже, и подрумянился, ведь прежде он был белым, а сейчас изменил цвет. И когда исследует, то понимает, что свою форму и вес хлеб получил раньше, еще до того, как его поставили в печь.

И так далее, пока не доходит до состояния, когда берут зерна и сеют их в землю. До этого он знал только, как получать от хлеба, то есть убавлять хлеб, существующий в мире. Но после этого, он уже знает, как его прибавлять.

И точно так же в духовном: сначала человек должен получить постижение снизу вверх. И в этом состоянии он может только получать и не может прибавить. Однако потом, во втором состоянии, он может также прибавлять.

167. Почему так называется «Суббота Раскаяния»

Услышано в Субботу Раскаяния (9 Октября 1948 г.), в Тель-Авиве

Почему суббота перед Йом Кипуром называется «Суббота Раскаяния»? Потому что (в конце десяти дней раскаяния в Судный день – Йом Кипур) произносят молитву покаяния «За грех», и каждый, кто всматривается в слова молитвы «За грех», разумеется не находит своей вины в шестидесяти процентах из перечисленного. Может в сорока процентах еще можно как-то объяснить и примириться с тем, что возможно он и согрешил, но не чувствует. Однако шестьдесят процентов написанного не относит к себе ни в коем случае.

Поэтому и существует чудесная сила Субботы, когда свет Субботы дает человеку возможность увидеть и найти себя пребывающим в ста процентах грехов, перечисленных в молитве «За грех», и понять, что написана эта молитва только для него, и ни для кого другого. А без света не чувствуют этого. И потому называется она Субботой Раскаяния, так как суббота помогает раскаянию, давая почувствовать грех. И надо признаться в грехе, а тогда можно просить прощения.

Но если произносит молитву «За грех» и не чувствует, что согрешил, – какое же это признание? Ведь в сердце своем говорит, что не грешил. И если произносит устами, а сердцем не соглашается, конечно же такое признание ничего не стоит.

168. Обычаи Израиля

Обычаи Израиля важны настолько, что можно сказать, что они дают человеку больше духовного, чем сами заповеди. Хотя за нарушение обычаев нет наказания, а когда нарушают закон – получают наказание. Но все же, если смотреть с точки зрения пользы, то есть достижения трепета пред Небесами, то обычаи приносят больше пользы. Это потому, что мудрецы, которые ввели эти обычаи, устроили так, чтобы духовное светило через них. Поэтому тот, кто, например, отказывается от обычая есть в субботу мясо и рыбу – отказывается от духовного.

Но это относится только к человеку, не достигшему пока совершенства, то есть не способному видеть, что он делает, потому что еще не удостоился познать вкус заповедей. И в таком случае он должен соблюдать обычаи.

Подобно яблоку, которое перед тем, как сгнить – портится. А если испортилось, то безусловно сгниет. И так же, перед тем, как человеку стать свободным, он начинает пренебрегать обычаями. И после того, как отказывается от них, либо сам становится свободным, либо дети его становятся свободными.

169. Совершенный праведник

«Совершенным праведником» называется тот, кто никогда не прегрешал. Но ведь сказано, что «Нет праведника на свете, который бы сделал добро и не согрешил»?

Дело в том, что на каждой ступени есть состояние «Совершенный праведник», в котором не может быть греха, и на этой ступени он никогда не грешил. Таковы желания выше хазэ на каждой ступени, называемые «Древо жизни» – скрытые (от света Хохма) Хасадим.

Но в желаниях ниже хазэ возможен грех и его исправление (тшува). И когда исправляет человек эту ступень, достигает более высокой ступени, где повторяется тот же порядок, то есть она также начинается с состояния «Совершенный праведник», а затем переходит к состоянию «Нет праведника на свете, который бы сделал добро и не согрешил».

170. Да не будет в кармане твоем камня большого...

«Да не будет в кармане твоем камня большого или маленького» (Дварим 25). Камнем (эвэн) называется вера (как камень для взвешивания), которая малого веса и свойством выше знания, разума. Но вместе с этим скажи, что есть у тебя большой камень, то есть разум, ведь все, что ты желаешь, уже не подобно тому, чего желает весь мир, и есть у тебя твердое, разумное основание (гадлут), а не малое состояние (катнут), не требующее никакого основания и цельного камня.

И должен быть камень маленьким, но целым, чтобы сумел ты выполнить всю Тору и заповеди на основании маленького камня. И только тогда он называется целым, совершенным камнем. Но если камень маленький и позволяет тебе делать только маленькие действия (катнут), то не называется цельным (совершенным) камнем.

А «двоякая мера: большая или маленькая» означает, что если есть у него малое основание, то ощущает себя маленьким, а в то время, когда есть у него большой камень, большое основание, то ощущает себя большим. Тогда как целая (совершенная) мера бывает тогда, когда человек достигает личного управления Творца.

171. Зоар, Эмор

Услышано в 4-й полупраздничный день Песаха (18 Апреля 1949 г.)

Написано в Зоар, в главе «Эмор»: «Сказала Шхина, Собрание душ Израиля: Я сплю в египетском изгнании» (Зоар, стр. 43).

Исход света Мохин — называется «сон».

«Но бодрствует сердце мое» (Песнь Песней). Сердце (лев — численное значение 32) означает 32 потока мудрости (хохма), в которых светит Хохма, но без облачения в Хасадим, что считается египетским изгнанием, а потому называется сном. Однако, вместе с тем, были они готовы получить свет Мохин дэ-Хохма, но только «с обратной стороны».

«Голос любимого, что ко мне стучится» — то есть голос Зеир Анпина, который несет Хасадим (свет любви и милосердия).

И об этом говорит Творец: «Открой Мне отверстие с игольное ушко» — то есть во время освобождения Он просит их заново притянуть свечение Хохма. А пока нет там света Хасадим, это называется отверстием с игольное ушко, потому что Хохма не светит без Хасадим.

«И Я распахну перед тобой высшие врата» — то есть даст ей Хасадим, которые расширят ее, чтобы засветила в ней Хохма вместе с Хасадим.

«Открой Мне, лишь в тебе находится тот вход, куда Я могу войти. Ведь не смогут сыновья мои войти в Меня, а только в тебя». Сыновьям нужен свет Хохма, который он не может дать им, потому что его свойство — Хасадим. Если же Малхут притянет Хохма, то и сыновья также смогут получить свет Хохма. Поэтому только она способна открыть этот вход.

«А иначе, закрыт Я и не смогут Меня найти». То есть не найдут в Нем сыновья совершенства, ведь когда в Зеир Анпине есть только Хасадим, это лишь уровень ВАК, который называется «простой воздух». Если же есть в нем также Хохма, а он все же выбирает Хасадим, то называются его Хасадим «чистый воздух». И хотя его Хасадим предпочтительнее Хохма, но без Хохма невозможно найти в нем совершенство.

И в этом смысл написанного: «Открой, чтобы слиться с тобой и вместе пребывать вовеки».

«Приди и смотри в тот час, когда Творец умерщвлял первенцев в Египте, всех тех, кого убил в полночь, и низвел ступени сверху вниз» (Зоар). Это означает исправление экраном «масах дэ-Хирик», который привел к двум событиям: исчезновению ступени ГАР, а также протягиванию света Хасадим. И благодаря этому стало возможно распространение света сверху вниз.

«Приди в тот час, когда заключает Исраэль знак священного союза, делая обрезание». Казнь первенцев и кровь Песаха, а также кровь обрезания имеют единый смысл. Египтяне поклонялись овце как божеству, и пасхальная жертва относилась к их божествам. Нечистые силы (клипот) Египта хотели притянуть себе свет Конца исправления подобно греху на Древе Познания – то есть желали протянуть свет ГАР сверху вниз. Но благодаря казни Песаха был уничтожен ГАР дэ-Хохма, что означает казнь первенцев. Ведь первенец принадлежит ступени ГАР, а ступень ГАР была отменена за счет масаха дэ-Хирик, то есть подъема манулы (замка, запирающего свет), приводящему к отмене ступени ГАР.

И это означает кровь (дам) от слова молчание (дмама), которое подобно умерщвлению (дмемит) ГАР, в чем заключен смысл крови обрезания. Где резец – это Диним дэ-Нуква (ограничения Нуквы), отменяющие Диним дэ-Дхура (ограничения с мужской стороны). О чем написано: «Было две крови: кровь Песаха и кровь обрезания». И от внесения крови Песаха отменяется ГАР и происходит включение в исправление трех линий, на что намекает «притолока» и «две мезузы».

А «На четырнадцатый день» и т.д., бежали Исраэль из-под чужой власти и объединились через мацу святым союзом.

Хамец означает свет Мохин, облачающийся ниже Хазе и светящий сверху вниз. А Маца – это свет Мохин, светящий от Хазе и выше, где не могут прицепиться нечистые силы. И это потому, что манула (замок), которая раскрывается в ночь Песаха и благодаря которой происходит жертва Песаха и казнь первенцев, действует только вниз от себя, то есть от того места в Хазе, где она открывается.

Получается, что она не действует своим судом и ограничениями на все, что находится вверху от нее. Тогда как, все облачающееся от Хазе и ниже находится под ее воздействием, и потому там ощущается ее суд и ограничения. Поэтому получили Исраэль предостережение в ночь Песаха есть только Мацу, а не Хамец.

И есть у Мацы достоинство, которого нет в Хамце, и есть в Хамце достоинство, которого нет у Мацы. Достоинство Мацы в полном свете Мохин ГАР дэ-Хохма, также называющемся «два великих светила» – однако в форме Ахораим (с обратной стороны), потому что он не может светить из-за отсутствия Хасадим. А преимущество Хамца в том, что хотя его свет и относится лишь к уровню ВАК, но уже облачен в Хасадим. И в

Храме был свет Мохин дэ-Хохма, но распространялся от Хазе и выше, что означает свойство Мацы. И потому сказано: «Ибо никакую закваску и никакой мед не должны вы воскурять в жертву».

172. Препятствия и помехи

Услышано в 7-й день Песаха (20 Апреля 1949 г.), в Тель-Авиве

Все препятствия и помехи, которые видятся и открываются нашим глазам — не что иное, как знаки приближения к Творцу, говорящие о том, что Творец желает приблизить нас к Себе. И все эти препятствия ведут нас лишь к сближению, а иначе не существовало бы никакого способа к Нему приблизиться. Ведь со стороны природы ничто не может больше отдалить нас от величайшей высоты Творца, чем тот материал, который заложен в нас при создании. И только начав приближаться к Творцу, человек может оценить ту пропасть, которая их разделяет. А каждое преодолеваемое им препятствие — сокращает ему этот путь.

Ведь если человек привыкает идти в отдалении, то даже когда вновь и вновь чувствует, как он далек от Творца, это никак не может помешать его движению, поскольку ему заранее известно, что он идет издалека. И действительно, расстояние между ним и Творцом — огромно. Но, несмотря на то, что каждый раз чувствует, что отдаление еще больше, чем он думал — это не останавливает его.

173. Почему говорят «Лехаим!»

*Услышано на Субботней трапезе, на 23-й день Омера,
недельная глава Ахарей мот — Кидушин (7 Мая 1949 г.)*

Почему говорят «Лехаим!» в то время, когда пьют вино? Потому, как сказали мудрецы: «Вино и жизнь — согласно мудрецам и ученикам их» (Вавилонский Талмуд). И спрашивается, почему же только согласно мудрецам, а простому народу — нет?

Но дело в том, что когда говорят: «Лехаим» (в переводе — «За жизнь!»), имеют в виду жизнь высшую. И когда пьют вино, надо помнить, что оно намекает на «пьянящее вино Торы», и нужно притянуть свет Торы, который называется «жизнь». Тогда как, земная жизнь среди мудрецов называется: «Грешники при жизни своей называются мертвецами».

Поэтому именно о мудрецах можно сказать: «вино и жизнь». То есть только они готовы притянуть духовную жизнь. А у простого народа нет таких келим (желаний), которыми можно ее притянуть.

(А возможно, что «согласно мудрецам» означает «согласно мнению мудрецов». В том смысле, что подразумевается именно та жизнь, которая называется у них жизнью — то есть жизнь духовная.)

174. Скрытие

Скрытие — это исправление, без которого человек не смог бы достичь никакого совершенства, ведь иначе он не способен постичь важность духовного. Скрытие же делает эту вещь важной. И хотя сам он не способен оценить истинного значения этой вещи, но скрытие возвышает ее в его глазах. И чем сильнее ощущает скрытие, тем больше у него оснований ценить ее.

Это словно лестница, по которой он поднимается ступень за ступенью, все выше и выше, пока не доходит до места, предназначенного для него. То ей достигает такой наибольшей высоты осознания важности, на которой еще способен удерживаться. Хотя истинную важность и высоту величия Творца невозможно оценить, но все же он постигает ее в такой мере, которая позволит ему продолжить свое существование.

Но само по себе, скрытие — еще не называется скрытием, а только в мере желания его раскрыть. Ведь чем более желанна какая-то вещь, тем больнее ощущается ее скрытие. А из этого пойми смысл сказанного: «Вся земля полна Его величия». И хотя мы и верим этому, но все же и скрытием полнится вся земля.

А о будущем написано: «И встану Я вокруг нее огненной стеной и прославлюсь среди нее» (Пророк Захария). Огонь означает скрытие, но тем не менее «прославлюсь среди нее» — то есть раскроется слава Его. И все это из-за огромного желания раскрытия, хотя и останется существовать скрытие. Но отличается это от того времени, когда существует скрытие, и нет стремления его раскрыть, и поэтому оно называется изгнанием. Тогда как в будущем, несмотря на скрытие, будет также стремление его раскрыть. А главное — это желать раскрытия.

175. Если слишком долог будет для тебя путь

Услышано на Субботней трапезе, недельная глава Беар — Бехукатай, 22 Ияра (21 Мая 1949 г.)

«Если же слишком долог будет для тебя путь, так, что не сможешь вынести свою ношу» (Дварим).

Но почему так долог путь? Потому что не может человек вынести свою ношу, то есть не может нести бремя Торы и заповедей, а потому считает этот путь длинным. И выход в том, чтобы сделать, как далее указано: «И возьми серебро это в руки».

Серебро означает кисуфин (страдания любви), то есть должен он разжечь в себе страдания любви в этом рабстве, благодаря страстному стремлению к Творцу. И тогда сможет вынести бремя Торы и заповедей. А кроме того, «серебро» также означает стыд, потому что создан человек с целью возвысить величие Творца, как написано: «Благословен Творец, создавший нас во славу Его».

Ведь Торой и заповедями человек занимается только для того, чтобы найти благоволение Творца. Поскольку природа раба такова, что он желает понравиться хозяину, чтобы завоевать его сердечное расположение. Так и здесь — все многочисленные усилия и тяжесть работы, испытываемые человеком, являются лишь средством для того, чтобы найти милость в глазах Творца. И тогда добьется желанной цели.

А человек идет и выполняет Тору и заповеди ради благорасположения других людей и делает из нужд Творца лишь средство, с помощью которого можно понравиться людям. И все то время, пока человек не удостоился Торы и заповедей лишма (ради Творца), он работает ради творений. И хотя и нет у него другой возможности, как только работать ради людей, но все-таки, несмотря ни на что, он должен стыдиться такого рабства. И тогда за счет этого «серебра» он удостоится святого серебра, то есть страстного стремления к святости.

«И возьми серебро это в руки» — хотя и не в руках человека власть над его желаниями, и если нет желания, то он ничего не может сделать, но все же он должен раскрыть в себе желание к страданиям любви, то есть желание обрести это стремление. (И возможно, что слово «возьми» происходит от «пожелай» — состоит из их же букв). Должен человек раскрыть в себе такое требование, то есть желание и стремление к Творцу — желание умножить славу Небес, доставить наслаждение своему Создателю и найти милость в Его глазах.

И есть «золото», а есть «серебро». Серебро означает, что у человека в общем есть стремление и тоска по духовному. А золотом (заав) называется состояние, когда он хочет лишь одну вещь, и все испытываемые им стремления и тяга к каким-то другим вещам гаснут пред этим желанием, и он говорит: «Только это дай (зэ-ав)!». То есть он не хочет ничего, кроме поднятия Шхины из праха, и это его единственное желание.

Выходит, что даже хотя человек и видит, что не обладает нужными желаниями и стремлениями, он все же, несмотря ни на что, должен искать и стараться своими действиями и мыслями достичь такого желания. И это называется «И возьми серебро это в руки». И не следует думать, что это мелочь, раз она находится в руках самого человека — а должен он отдать ее «за крупный скот (за благосклонность) и мелкий скот» (Дварим), то есть за счет этого он удостоится самого большого света.

176. Выпивая вино после окончания праздничного дня

Услышано вечером по окончанию Йом Кипура (21 Сентября 1950 г.)

«И делал он день добрым — своим выходом из святости».

Святость — это мудрость (Хохма) и левая линия, где есть страх суда и ограничений. И потому там нет места для доброго дня. Но именно «своим выходом из святости», которая называется Хохма и левая линия, можно сделать добрый день, относящийся к свету Хасадим.

177. По поводу искупления

Искупление грехов происходит благодаря раскрытию света Хохма, то есть за счет исповеди, которая притягивает Хохма. И чем покаяннее — покаянее будет исповедь человека, тем больше ему раскроется света Хохма, о чем сказано: «В день тот попросят о прощении вины Яакова — и не найдут ее» (Йеремия). Ведь каждый прощеный грех не будет прощен, пока не прольется на него свет Хохма. И потому искали они грехи, чтобы притянуть к ним свет Хохма.

«Объятие слева» происходит за счет притяжения левой линии, когда в каждый день из десяти дней раскаяния притягивается одна сфира из десяти сфирот света Мохин дэ-Хохма, называемого левой линией. А в Йом Кипур происходит зивуг (слияние).

«Объятие справа» — это распространение света Хохма вниз от хазе, там, где находится место раскрытия и уже есть подслащение светом Хасадим. И главное в этом — распространение света Хасадим, благодаря чему происходит построение Нуквы, которое продолжается до восьмого дня Суккота (Шмини Ацерет), а на восьмой день происходит зивуг (слияние).

178. Трое участвуют в создании человека

Услышано 3 Ияра (9 Мая 1951 г.) на трапезе в честь окончания 9-й части Зоар

Трое участвуют в создании человека: Творец, отец и мать. И сказал Бааль Сулам, что есть четвертый участник — это земля. Ведь если не питается человек плодами земли, то не может существовать. Земля (арец) означает Малхут, и обычно считается, что есть четыре стадии, которые называются: Хохма, Бина, Тиферет и Малхут. Продукты, которые получает человек от земли, подобны выяснениям, ведь благодаря продуктам отделяется шелуха (клипот) от пищи. А в Малхут есть два уровня:

1. Святость.
2. Злодейка Лилит.

Поэтому, когда человек ест и совершает первое и последнее благословения, этим он выводит пищу из-под власти нечистоты (ситра ахра). И поскольку пища переходит в кровь, а кровь относится к уровню Нефеш (душа), то душа его освобождается от нечистоты и становится нейтральной. Когда же человек участвует в праздничной трапезе, являющейся заповедью, то пища считается святой, если вкушать ее с правильным намерением. Получается, что пища переходит в кровь, а кровь означает Нефеш (душу), и так он достигает святой души.

Вот почему восстает в человеке его злое начало (ецер ра) и всегда дает ему понять, что не стоит есть на заповеданной трапезе по множеству причин. И главная причина его нежелания участвовать в заповеданной трапезе, именно в сказанном выше — ведь это часть, принадлежащая святости.

179. Три линии

Услышано во 2-й день Песаха (23 Апреля 1951 г.)

Есть такие понятия: «работа в трех линиях» и «Исраэль держатся за тело Царя», «египетское изгнание», когда народ Израиля должен был сойти в Египет, и «исход из Египта», а также такое понятие: «Тот, кто собирается взять себе жену, должен привести с собой свидетелем простолюдина» (Вавилонский Талмуд), а также то, о чем спрашивал Авраам: «Как я узнаю, что унаследуют мои потомки эту землю?» А Творец ответил ему: «Знай, что пришельцами будут потомки твои в чужой стране и будут угнетать их четыреста лет, а после выйдут оттуда с большим приобретением». А также есть понятия уровней ГАР и ВАК, и ВАК дэ-ГАР.

Итак, замыслом творения было насладить сотворенных. И только для того, чтобы не стыдились они дармового хлеба, был сделан цимцум (сокращение) и масах (экран), что создало место для работы. И отсюда происходят три линии:

Первая — правая линия, которая относится к уровню ВАК без Рош (головы) и называется верой.

А вторая — левая линия, которая называется постижением. И две эти линии находятся в противоречии, ведь вера исключает постижение, а постижение исключает веру.

И тогда возникает средняя линия, называющаяся ВАК дэ-ГАР или Хохма и Хасадим, или правая и левая линии, соединенные вместе. Это значит, что человек принимает постижение лишь в соответствии с величиной своей веры. То есть в той мере, насколько позволяет его вера, он и принимает постижение. Но там, где не хватает ему веры — он не раскрывает постижение и не пытается его восполнить — а всегда стоит и взвешивает обе линии, чтобы одна не перевесила другую.

А уровень ГАР (который раскрывается перед ним) означает постижение без веры, что относится к работе других народов. Работа же Израиля относится к вере, в которую включается постижение, и это называется «телом Царя», то есть верой и постижением.

Авраам зовется отцом веры, то есть свойства Хасадим (милосердия). И знай, что всякий желающий приблизиться к Творцу, обязан прежде всего принять правую линию — то есть веру. А вера противоречит постижению. И как же тогда возможно им получить постижение, если они не имеют для этого келим? И потому было сказано ему: «Пришельцами будут потомки твои в чужой стране». Это означает, что «смешаются они с чужими народами и научатся их занятиям», то есть попадут под власть других народов. А оказавшись под властью других народов, притянут свечение ГАР дэ-Хохма.

И вся суть египетского рабства в том, что Исраэль тоже желает получить свет ГАР дэ-Хохма. И это означает для них изгнание, потому что навлекают на себя тьму. А исход из Египта произошел благодаря казни первенцев. Ведь «первенец» принадлежит ГАР дэ-Хохма. И когда Творец поразил первенцев в Египте — это означало кровь Песаха и кровь обрезания. О чем говорит Зоар: «В тот час, когда убивал Творец всех первенцев в Египте — заключили Исраэль святой союз, сделали обрезание и включились в собрание душ Израиля» (Глава Эмор 43).

Левая линия называется Орла (крайняя плоть), потому что перекрывает путь свету (орот). Поэтому в то время, когда Творец убил первенца, то есть отменил ГАР — снизу народ Израиля прошел обрезание, то есть отсечение Орла (крайней плоти), которая называется Дин дэ-Дхура (мужской суд), перекрывающий свет. И происходит это благодаря обрезанию резцом, обладающим силой железа, которое называется Динин дэ-Нуква (женский суд), за счет чего отменяется мужской суд Динин дэ-Дхура. И тогда распространяется к ним свечение ВАК дэ-Хохма.

То есть сначала необходимо притянуть совершенство — ГАР дэ-Хохма, и невозможно получить половину ступени. А сделать это нужно именно посредством египтян. И это называется изгнанием, когда иудеи обязаны были находиться под их властью. А потом, за счет исхода из Египта, то есть исправления экраном «масах дэ-Хирик», они выходят из-под власти египтян. И Египтяне сами кричат: «Поднимайтесь и уходите!»

И об этом сказано: «Я Сам, а не посланник». «Я» — означает Малхут, то есть манула (замок), который отменяет ГАР, от чего происходит включение левой линии в правую, и правой в левую.

Поэтому сказано: «Тот, кто собирается взять себе жену» — то есть свойство Хохма (мудрость), принадлежащее левой линии, «должен привести с собой свидетелем простолюдина». Ведь сам он принадлежит правой линии, которая означает веру. Он же хочет постижения, и именно с помощью простолюдина может получить уровень Хохма, поскольку есть у него исправление только со стороны постижения, но не веры.

«Встала я, отворить возлюбленному моему, и с рук моих капала мирра, и с пальцев моих мирра стекала на скобы замка» (Песнь Песней). «Мирра» (мор) — от слов «И не скроется больше от тебя твой Учитель (морэ), и глаза твои увидят Учителя». «Руки» означают постижение, а пальцы — зрение, как написано: «И каждый укажет пальцем и скажет: Вот Он, Творец наш!» А «скобы замка» (мануль) — означают манула.

180. Как написано в Зоар, Эмор

Услышано во 2-й день Песаха (23 Апреля 1951 г.), в Тель-Авиве

Сказано в Зоар: «Рабби Хия открыл (свет): Я сплю в египетском изгнании, но бодрствует сердце мое... Сказала Шхина, Собрание душ Израиля: Я сплю в египетском изгнании, пока сыны мои томятся в тяжелом рабстве. Но бодрствует сердце мое, храня их, дабы не сгинули в изгнании. Голос Любимого ко мне стучится — это Творец, говорящий: И вспомнил Я союз Мой» (Глава Эмор).

Что означает «сон»? Пока народ Израиля находился в Египте, он оставался под властью египтян и тоже притянул свет ГАР дэ-Хохма. А поскольку Хохма не может светить без Хасадим, это состояние называется «сном». И поэтому сказано, что работа в Египте была очень тяжелой и называлась Динин дэ-Дхура (суды и ограничения с мужской стороны), а также «всякой работой в поле», означающей Динин дэ-Нуква (суды и ограничения с женской стороны).

«Но бодрствует сердце мое» — то есть несмотря на то, что она спит со стороны левой линии. И тогда Малхут называется «два больших светила» или «четвертая опора» и относится к сфире Тиферет, которая выше Хазэ. «Но бодрствует сердце мое» означает, что там уже присутствует запирающая точка (Манула), обязывающая перейти в среднюю линию и вернуться к «состоянию точки с лицевой стороны» (паним), что позволяет им «не сгинуть в изгнании».

И в этом смысл сказанного: «Открой Мне отверстие с игольное ушко». То есть Зеир Анпин просит Малхут притянуть свет Хохма. И хотя не может Хохма светить без Хасадим и потому называется лишь отверстием с игольное ушко, но тогда «Я распахну пред тобой высшие врата» — то есть после этого он даст ей Хасадим, благодаря которым сможет войти в нее свет.

А до тех пор, пока не притянет она свет Хохма, и нет Хохма, а лишь Хасадим, называется это — «открой мне сестра моя». И обретая свет Хохма, называется Малхут сестрой.

181. Почет

Услышано 25 Нисана (1 Мая 1951г.)

Почести захватывают в свою власть тело и в этой мере вредят душе. Поэтому, если праведнику, ставшему известным, воздаются почести, это в качестве наказания. Ведь вредит душе.

Но если Творец заботится, чтобы великие Его праведники не проиграли от своей праведной славы, Он стережет их, чтобы не получали почести и не повредили этим своей душе.

Поэтому в той мере, в которой они прославлены как праведники и получают почет с одной стороны, с другой стороны возникают обвиняющие и стыдящие их во всевозможных грехах в той мере, чтобы вес стыда уравновешивал почет, который они получают.

182. Моше и Шломо

Услышано 3 Ияра (10 Мая 1951 г.)

Моше и Шломо — это свойства лицевой и обратной стороны. О Моше сказано: «И увидишь ты Меня сзади (с обратной стороны)» (Шмот).

Тогда как о Шломо сказано, что он представляет собою переднюю, лицевую сторону, и только Шломо использует обратную сторону Моше.

Поэтому буквы имени «Шломо» образуют слово «для Моше» (ле-моше).

183. Машиах

Есть определения: 1) Машиах Бен-Йосэф и 2) Машиах Бен-Давид.

И оба должны соединиться — только тогда возникнет истинное совершенство.

184. Отличие веры от разума

Услышано 15 Шевата (14 Февраля 1949 г.), в Тверии

Отличие веры от разума.

Есть у веры преимущество в том, что она действует на тело больше, чем разум, потому что более близка к телу. Ведь вера — это свойство малхут, и тело также относится к малхут. Поэтому вера действует на тело.

В то время как разум, относящийся к 9-ти первым сфирот, не может в той же степени воздействовать на тело. Но вместе с тем, достоинство разума в том, что он считается духовным по сравнению с верой, считающейся материальной, то есть относящейся к телу. А в духовном есть закон: «Нет исчезновения в духовном», и каждое новое исправление прибавляется к предыдущим («Грош к грошу скапливается в большой капитал»).

Однако вера, как все материальное и обреченное на разлуку, уходит и исчезает, и прошлое пропадает, не присоединяясь к настоящему и к будущему. Поэтому, хотя вера относительно разума, действует на человека на все сто процентов во время самого действия, но это действие веры временное. Тогда как разум, хотя и действует всего на один процент, однако этот один процент остается постоянно, и после ста таких действий соберется к тем ста процентам, которые бы за один раз произвела вера. Но если вера и произведет сто действий, все равно человек вернется к прежнему состоянию, тогда как разум останется с ним навсегда.

Например известно, что если человек изучает что-то, то хотя потом и забывает, но остаются понятия в разуме. То есть, насколько он использует свой разум — в той мере разум развивается.

Тогда как материальное, существующее во времени и в пространстве, не может меняться, как не может восток сойтись с западом в одном и том же месте или прошедший час совпасть по времени с настоящим. Однако в духовном все может происходить в одно время.

185. Когда к простому человеку приходит Суббота

Спрашивают мудрецы: «Когда к простому человеку приходит Суббота?» (Иерусалимский Талмуд)

Праведник (ученик Мудреца) подобен Субботе, потому что находится в ее свойствах. Ведь Суббота соответствует концу исправления. И как в конце исправления все келим (желания) исправлены и пригодны получить весь высший свет, так и Суббота также означает окончание, когда высший свет может проявиться и заполнить низшие творения. Но Суббота означает наполнение низших только под воздействием «возбуждения свыше» (итарута дэ-леила), то есть Творца.

186. Сделай Субботы буднями и станешь независимым от всех

В Субботу запрещено производить любую работу, то есть запрещено возбуждение снизу (итарута дэ-летата).

Ученик мудреца, то есть тот, кто заслужил учиться у Самого Творца (достиг получения света мудрости, Хохма, от Творца), который называется Мудрецом, сам также становится «возбуждением свыше» (итарута дэ-леила), вследствие раскрытия тайн Торы.

Поэтому, когда приходит возбуждение свыше, что называется «Суббота», тогда и «простого человека», то есть тело, охватывает трепет и, естественно, в таком состоянии нет места для работы.

187. Выбор — в большем усилии

Смысл выражения «Малхут находится в глазах» в том, что создается экран и скрытие, застилающее глаза, не позволяющее им видеть скрытое управление Творца.

Суть проб и опыта в том, что нет у человека возможности решить и выбрать ни то, ни это. То есть не может осознать желание Творца и намерения учителя. И хотя он в состоянии проделать работу, жертвуя собой, но не способен решить, будет ли его работа, которой он отдает всю душу, именно такой, какая нужна, или она расходится с желанием Творца и мнением учителя.

А для того чтобы сделать правильный выбор, необходимо выбрать то, что обязывает человека увеличивать свои усилия. То есть должен слушать учителя в том, что только усилия возложены на человека и ничего более. Но если так, то нет у человека вообще такого состояния, когда бы он мог сомневаться, как поступать и какой выбор сделать — а просто всегда должен увеличивать усилия.

188. Работа возможна, если есть два пути

Услышано на исходе Субботы Бешалах, 24 Шевата (25 Января 1948 г.)

Любая работа возможна только при наличии двух путей, как сказано: «Живи в Моих заповедях, а не умирай в них». А

«Умри, но не преступи» относится только к трем заповедям. Но вместе с тем, мы находим, что каббалисты прошлого жертвовали собой ради совершения любой заповеди.

Правда же в том, что в этом и состоит вся работа, и когда человек должен хранить Тору, то испытывает всю ее тяжесть. А когда Тора стережет человека, то нет никакой тяжести для него, как сказано: «Душа человека учит (ведет) его». Именно это называется, что Тора хранит его.

189. Действие, созидающее мысль

Услышано 27 Тишрея

Почему человеку свойственна такая острота мысли, вдохновение и изобретательность, и все его органы слаженно работают на полной скорости в то время, когда он думает о материальных приобретениях? Когда же речь заходит о душе и надо постараться ради какого-то духовного приобретения, то человеческое тело и все его ощущения работают с большим трудом.

А дело в том, что человеческий разум и мысль — это лишь отпечаток с действий человека, которые отражаются в них, как в зеркале. Поэтому, если в основном человек заботится о материальных потребностях, то это отражается в зеркале его разума. То есть все эти нужды отпечатываются в его разуме, и тогда он может использовать этот разум для достижения всего желаемого, ведь его мозг получает жизненную энергию от материальных целей. Поэтому, то самое место, из которого он получает жизненную силу — его он и обслуживает. А духовное еще не оставило в его мозгу столько воспоминаний и информационных записей (решимот), которых было бы достаточно, чтобы получать от них жизненную силу и воодушевление. И потому мозг не готов служить ему ради потребностей его души.

Поэтому обязан человек преодолевать себя и выполнять множество действий и дел, пока они не отпечатаются у него в мозгу. И тогда конечно приумножится его разум и будет служить ему с максимальной скоростью и остротой еще лучше, чем для материальных приобретений. Ведь разум — это самое близкое к душе одеяние.

190. Всякое действие оставляет след

Услышано на трапезе в 1-й день Песаха (15 Апреля 1949 г.)

Вопрос: Влияет ли на нас то, что мы освободили нашу землю от порабощения и удостоились выйти из-под чужой власти, став свободным народом, как все народы? Действует ли на нас эта свобода так, что возникает у нас от этого особое ощущение в работе и служении для Творца?

Ответ: Нельзя думать, что это не действует на нас, и что рабство ничем не отличается от свободы. Ведь тогда получается, будто Творец действует совершенно напрасно.

Но на самом деле, все Его действия производят и оставляют в нас след — хороший или плохой. То есть от всякого совершаемого Им действия, которое мы ощущаем как положительное или как отрицательное, как свет или как тьму, нисходит к нам дополнительная сила. И за счет этого есть у нас возможность прийти к духовному подъему, потому что в духовном не всегда есть постоянная власть и сила, которую мы должны к себе притянуть. Поэтому не может сказать человек, что свобода, которой мы достигли, не сделала в нас никакого изменения. Но если мы не ощущаем изменений к лучшему — то обязаны сказать, что есть изменение к худшему, хотя мы его и не ощущаем.

А на исходе праздника добавил, что примером тому — субботняя трапеза, на которой мы получаем материальное наслаждение и, благодаря связи корня и его следствия, возбуждаем духовные наслаждения по подобию будущего мира, конца исправления. И естественно, для того чтобы вкусить духовных наслаждений Субботы, нам необходима особая подготовка в шести днях творения (работы и действия). И какова мера подготовки — такова и мера ощущения.

А если нет у человека настоящей подготовки, чтобы ощутить духовный вкус Субботы, тогда наоборот, телесные наслаждения делают его еще хуже, и после материальной трапезы он устремляется только ко сну и ни к чему более. Получается, что вкушение наслаждений снижает человека духовно.

Но необходимо приложить особые усилия для того, чтобы через телесные наслаждения прийти к духовности, потому как это — желание Творца. Хотя они и пребывают в противоречии друг с другом, ведь духовное находится под линией отдачи, а телесное — под линией получения. А поскольку таково было Его желание, притягивается духовное вслед за телесными наслаждениями, получаемыми ради заповедей Творца, каковыми являются наслаждения праздников и Субботы.

Также мы должны видеть, что в условиях той свободы, которой мы удостоились, необходима огромная подготовка, чтобы получить духовную свободу, называемую «Свобода от ангела смерти», когда «Вся земля полна Его величия», то есть светом «мохин дэ-Аба вэ-Има». И тогда не останется у нас ни места, ни времени, которое бы не было наполнено Творцом. И не будем мы в состоянии сказать, что какое-то время или какое-то место может быть пустым от Него — ведь вся земля наполнится Его величием. Но до того, есть отличие между светом и тьмой, между Исраэль и другими народами, ведь в том месте, где должен сиять свет, там находится Творец, а не на месте тьмы.

Так же и в Исраэль есть место для света Исраэль Творца, но не у народов мира: Творец не обитает в них, и отделена суббота от шести дней творения. Когда же постигаем свет мохин дэ-Аба вэ-Има, то удостаиваемся ощущения «Вся земля полна Его величия», и исчезает отличие между временами и состояниями — а повсюду и на все времена воцаряется свет Творца.

И в этом смысл праздника Песах, в который Исраэль заслужили свободу, то есть раскрытие света мохин дэ-Аба вэ-Има, наполняющее вся землю Его величием. И естественно, что не остается тогда места для эгоизма, ведь он больше не отдаляет от духовной работы, а наоборот, видно, как он приблизил человека к служению Творцу. Но состояние это пока существует лишь в виде пробуждения свыше (итарута дэ-леила). Потому сказано, что говорит святая Шхина: «Видела я каплю подобную красной розе» (признак нечистоты), то есть видела место, которое еще нуждается в исправлении и где не может сиять свет Творца. А потому должны были отсчитать еще семь недель сфират омер (дни от Песаха до Шавуота), чтобы исправить всю раскрывшуюся нечистоту, пока не «наполнится вся земля Его величием».

И подобно это царю, у которого есть высокий замок, полный всякого добра, но нет у него гостей. А потому создал он людей, чтобы пришли и получили все добро и благо. Но не видим мы этого замка, полного добра — а наоборот, кажется нам, что весь мир полон страданий.

И объясняется это тем, что «Вина царского было вдоволь» (Мегилат Эстер), ведь со стороны Малхут (в переводе: царство) нет никакого недостатка в вине, то есть в наслаждениях подобных удовольствию, получаемому от вина. Недостаток же — он только со стороны получающих, потому что нет у нас кли (сосуда), способного получить этот свет. Ведь только в отдающее кли возможно получить, и чем больше кли — тем больший в нем раскрывается свет.

А потому, все изменения возможны только в келим, но не в свете. И об этом говорит Мегила: «Подавались напитки в разнообразных сосудах, и вина царского было вдоволь с царской щедростью» — как и было в замысле творения: насладить сотворенных со всей щедростью Творца.

191. Время падения

Услышано 14 Сивана (13 Июня 1938 г.)

Трудно представить себе состояние духовного падения, когда пропадает вкус духовной работы и усилий, прилагаемых человеком в течение всего времени от начала его духовной работы и до падения. Словно никогда не ощущал он вкуса духовной работы, будто все это вне его. Из этого ясно, что духовное падение случается только с теми, кто уже находится на высоких духовных ступенях. Тогда как, простые люди совершенно не имеют к таким состояниям никакого отношения, ведь стремятся только к наполнению земных желаний, которые окутывают весь наш мир.

Но необходимо осознать, зачем являются человеку состояния падения? Ведь от его согласия или несогласия с ними ничего не изменится в системе мироздания, управляемой Добрым Творцом Абсолютным Добром? Какая же польза от таких состояний?

А дело в том, что состояние падения приходит к человеку для того, чтобы он постиг величие Творца — не давая очерстветь его сердцу и пробуждая в нем страх и трепет пред высотой Творца. Ведь познает он, как бесконечно удален от Творца, настолько, что недоступно разуму понять возможность связи и слияния человека с Творцом.

Во время духовного падения человек ощущает невозможность никакой связи и слияния с Творцом, потому что воспринимает принадлежность духовному как вещь совершенно чуждую этому миру. И это действительно так и есть. Но: «Вместе с ощущением величия Творца, человек открывает Его скромность», и это — чудо, которое выше природы, что Творец дарит человеку в подарок возможность достичь связи и слияния с Ним.

Поэтому, когда человек вновь достигает связи с Творцом, он должен постоянно вспоминать состояние своего падения, чтобы осознать, оценить и возвеличить состояние слияния с Творцом — чтобы знал, что сейчас он удостоился чуда спасения свыше.

192. Суть судьбы (жребия)

Услышано в 1949 г., в Тель-Авиве

Жребий применяют, когда две вещи равноценны и невозможно выяснить разумом, какая более важна. Поэтому необходим жребий. А в книге Зоар спрашивается: «Как может быть, что козел, приносимый в жертву Творцу, и козел искупления в жертву нечистой силе — одинаково важны?»[7]

Дело в том, что жертвоприношение Творцу относится к правой стороне, а жертвоприношение нечистой силе — к левой стороне, к которой также относится свет ГАР дэ-Хохма. Об этом сказано: «Удостоятся — хорошо, не удостоятся — плохо». Плохо означает, что раскрывается Малхут со свойствами суда (дэ-мидат дин), ограничения малхут, называемые «замок» (манула), запирающий свет. Замок находится в хазэ каждого парцуфа. Поэтому до замка есть возможность свету Хохма светить, но на хазэ заканчивается распространение света в парцуфе, потому что ниже хазэ начинают проявляться силы сокращения (цимцума), которые не действуют от хазэ и выше.

Жертвоприношение Творцу включает в себя часть от левой стороны, от жертвоприношения нечистой силе, Азазель, то есть включение света Хохма. Но не так, как в левой части, принадлежащей нечистым силам, где свет хохма притягивается сверху вниз, и потому прекращается распространение света вследствие влияния замка — а только в направлении снизу вверх, от чего «замок» скрывается и раскрывается «ключ» (мифтеха).

Получается, что в жертвоприношении нечистой силе есть ГАР дэ-Хохма (полный свет), а в жертвоприношении Творцу только ВАК дэ-Хохма (подсветка), однако ВАК дэ-Хохма может светить, а ГАР дэ-Хохма обязан прекратиться. Поэтому необходимо жертвоприношение нечистой силе, чтобы она не обвиняла. А обвиняет она потому, что хочет притянуть свет Хохма в Малхут, в бхину далет, ведь другой свет не может его удовлетворить, так как вся ее природа исходит из бхины далет. И если не получает свет на своей исконной ступени, то остается пустой, и потому всегда соблазняет человека получить свет в бхину далет. А если человек не желает этого делать, то она выдумывает всевозможные уловки, чтобы заставить его притянуть к себе свет хохма. Поэтому, когда дают нечистой силе

---

[7] Сказано в Торе, Ахарей: «И бросал Аарон жребий на двух жертвенных козлов: один — для Творца, а другой - для нечистой силы». («Шамати». Статья 33. «Рок Йом Кипур и Амана»)

часть света Хохма, тогда она не обвиняет Исраэль, ведь боится потерять свет, который уже получила.

Но когда нечистая сила притягивает ГАР дэ-Хохма, в то же время Исраэль притягивают ВАК дэ-Хохма. И этот свет Хохма называется светом, стирающим прегрешения, от которого удостаиваются возвращения к Творцу с любовью (тшува), когда преступления превращаются в заслуги. Получается, что козел искупления в жертву нечистой силе, берет на себя все прегрешения Израиля — то есть все они обращаются заслугами.

И приводит Зоар притчу о царском шуте. Когда напоят его вином, а потом рассказывают ему обо всем, что он натворил, даже о самых недостойных поступках, тот отвечает, что все это достойные дела, лучше которых не бывает в мире.

«Шутом» зовется «дьявол», которому дают вина, то есть часть света Хохма, притянутого как свет, стирающий прегрешения, обращаемые этим светом в заслуги. В таком случае он на все плохие действия говорит, что они хорошие, потому что все преднамеренные прегрешения обращаются в заслуги. А поскольку дьявол желает получить свою долю, то не обвиняет Исраэль.

И по этой причине в Египте он обвинял и спрашивал: «Разве Исраэль чем-то отличается от египтян? Пускай или умрут, как египтяне, или же вернуться в Египет». Потому что Египет — это источник притяжения света Хохма, но полного света ГАР дэ-Хохма, и когда находились Исраэль в Египте, были под властью египтян.

193. Одна Стена служит им обоим

Главная особенность «обратной стороны» (Ахораим) — это отсутствие света Хохма, который составляет суть жизненной силы и называется прямым светом. И на этот свет было сделано сокращение (Цимцум), чтобы не прийти к противоположности свойств (Творца и творения). Поэтому, пока ЗОН (Зеир Анпин и Нуква) не исправлены, они не имеют ступени ГАР, чтобы не подпитывать нечистые силы (ситра ахра).

Но все же, поскольку им не хватает ГАР, есть опасность, что присосутся там клипот. Ведь нечистые силы наслаждаются от всего, в чем отсутствует святость, приходя и спрашивая: «Где?» (Где слава Творца вашего?) Но невозможно ответить на этот вопрос, пока отсутствует свет Хохма. Поэтому делается на ЗОН исправление, при котором поднимаются они и включаются в Бину, обладающую свойством «Хафец Хесед» (желающую лишь отдачи, Хасадим) и отталкивающую свет Хохма. У самой же Бины нет потребности в получении света Хохма, ведь она сама по сути и есть Хохма.

И это означает, что все делают согласно разуму своих Учителей и вся их основа находится в их корнях, то есть опирается на мнение Учителя. А там не может быть вопроса: «Где слава Творца вашего?»

И остаются они в Бине до того, как исправляются, поднимая молитву (МАН) своими усилиями и стараниями, пока не очищаются от эгоистических свойств и становятся способны получить мудрость (Хохма). И лишь тогда разрешено им раскрыть собственную суть и выяснить, что страдают они от отсутствия Хохма — и решить этот вопрос, то есть притянуть свет Хохма, озаряющий их свечением мудрости (свечением Хохма).

Тогда они получают самостоятельность и выходят из-под власти Бины, потому что обладают светом Хохма, который уничтожает и отделяет клипот. И может быть в этом смысл фразы: «И знай, что ответить безбожникам».

И называется это — «одна Стена» позади Бины, которой достаточно для них обоих, потому что служит она заслоном от нечистой силы (ситра ахра). То есть, если человек полагается на мнение Учителя и соединяется с Учителем в одно, то та самая стена, которая есть у Учителя, обладающая свойством «хафец хэсед», достаточна также и для его защиты.

Когда же они разделяются, то есть ученик сам притягивает свечение Хохма, он может уже действовать самостоятельно, так как способен отвечать на все каверзные вопросы нечистой силы.

194. Семь полных дней

Переписано из записей моего отца и Учителя

После каждого новолуния необходимо ждать семь полных дней и лишь затем можно благословить луну. Но, кроме того, это должно быть на исходе Субботы. И нельзя, как обычно заведено, дождаться исхода Субботы, которая случается до окончания семи полных дней, и благословить луну. А также нельзя отсчитывать семь полных дней и не дожидаться исхода Субботы. Нет, оба эти требования обязательно должны быть соблюдены.

Дело в том, что духовный корень Луны — это малхут, называемая «седьмая», что означает «Ведь во мне Он». Когда наполняется Суббота от шести будней, называемых «Он», говорит Суббота: «Во мне Он». «Он» — это Солнце, а «во мне» — Луна, которая наполняется светом Солнца, ведь сама она не является источником света.

Но у Луны есть две особенности, называемые Суббота и Месяц. Ведь Луна — это Малхут, состоящая из четырех частей: Хохма, Бина, Тиферет, Малхут. Первые три части: Хохма, Бина и Тиферет соответствуют Субботе, то есть трем субботним трапезам, на которые намекает в Торе трижды повторенное слово «сегодня», в этот день. (Все три трапезы называются дневными.) А 4-ая часть Малхут (Малхут в Малхут) соответствует исходу Субботы или месяцу. И она не включена в субботний день (в этот день), потому что это уже ночь.

Но ведь и первая трапеза Субботы также происходит ночью? Почему же сказано о ней в Торе: «в этот день», и называется она дневной? Потому что ночь Субботы — это «день один, известный Творцу — не день, и не ночь, а когда к вечеру будет свет». Тогда как на исходе Субботы — пока еще тьма, отсутствие света. Поэтому есть указание мудрецов произвести исправление этой ночи и тьмы на исходе Субботы, которые остаются пока без исправления, особой трапезой, называемой «Мелавэ малка» (Проводы Царицы).

Эта трапеза соответствует духовному исправлению, которое дает силы для существования «косточки луз» (эцем луз), 4-ой части Малхут, которая не может получать от трех субботних трапез. Но, получая силу от духовного действия, называемого «Проводы Царицы», четвертая часть Малхут исправляется действием, которое называется «Благословение месяца». И таким образом «Исраэль освящают времена», то есть исправляют тот самый остаток Субботы, который не наполняется от субботних трапез.

И даже Великий Коэн, Первосвященник, обладающий высшей святостью, должен остерегаться, чтобы не оскверниться прикосновением к мертвому, даже к своим родственникам. Дается ему такое предостережение: «И прикосновением к ближайшему родственнику (то же слово — «остаток» Субботы) — осквернится». Дело в том, что Суббота — источник всей высшей святости. А поскольку «эцем луз», четвертая часть малхут, называемая «остаток» Субботы, не исправляется с помощью субботних трапез, то даже Первосвященник не может не осквернить себя ею.

И в этом суть исправления действием «Благословение новомесячья», хотя оно и исходит из Субботы. Поэтому Моше, не мог благословить новомесячье, пока Творец не показал ему подобие огненной монеты и указал: «Вот такую Луну благословляй». А затруднялся Моше, потому что вся его сила от Субботы, ведь в Субботу была дарована Тора. И поэтому не нашел он силы во всех светах Торы, чтобы произвести исправление этого «остатка», 4-й части в Малхут, потому что она не питается от субботних трапез. Поэтому не смог Моше благословить Луну.

И что же сделал Творец? Взял и сделал внутри Луны еще одну форму внутри формы, словно огненную монету. И отпечаток на этой ее стороне по форме не похож на другую сторону. Как сказали мудрецы о монете Праотца Авраама, что на одной ее стороне отпечаток старого мужчины и старой женщины, что означает бхину бет и свойство милосердия, а на второй стороне — молодого юноши и девушки, что означает 4-ю часть, бхину далет, то есть строгий суд и ограничения, как сказано: «И не познал ее ни один мужчина» (Берешит). И две эти формы свойства: Бина и Малхут совместно участвуют в исправлении Малхут.

Когда желает Творец продолжить там исправление светом Субботы благодаря работе праведников, то показывает им то самое свойство, исходящее из трех первых частей Малхут, называемое бхина бет, которое можно праведникам благословлять светом Субботы.

195. Удостойтесь духовного развития

Услышано в 1938 г.

«Удостойтесь опередить время», то есть удостойтесь пути Торы (духовного развития). А иначе пойдете путем страданий и общего развития, которые, в конце концов, тоже приведут к замыслу творения.

Путь Торы заключается в том, что дают человеку силу свыше (сгула), чтобы мог сделать для себя нужные келим. А келим создаются за счет наполнения светом и его исчезновения. Ведь суть кли состоит в желании получить наслаждение, то есть в ощущении недостатка. «Нет света без кли», и необходимо обрести кли, чтобы принять в него свет.

А обычный человек не может чувствовать потребность в духовном, прежде чем не ощутит его. Как написано, «распространение и исчезновение света создают готовое кли».

Например, у человека есть тысяча лир, и он ощущает себя богатым. Но если потом заработает больше, скажем пять тысяч лир, и потеряет три, оставшись с двумя тысячами, то тут же почувствует потерю трех тысяч. Ведь он уже получил келим на три тысячи лир, которые когда-то имел.

И таков путь Торы. Когда человек привыкает на пути Торы сожалеть о своих небольших постижениях, но каждый раз получает небольшое свечение, которое то появляется, то исчезает, это вызывает в нем все большее сожаление и создает все большее кли.

Каждому кли недостает света, который бы его наполнил. И потому всякое незаполненное светом место, становится местом для света веры. А если бы наполнилось светом — не было бы кли, места для веры.

196. Присасывание эгоизма

Услышано в 1938 г.

Нечистые намерения (клипот) могут существовать только там, где есть незаполненность и несовершенство. А если проявляется совершенство, нечистые мысли немедленно исчезают, и нет у них никакой возможности касаться чистых намерений.

В этом смысл разбиения келим, намерений, при котором происходит отделение света Хохма от света Хасадим. Поскольку создалась парса между миром Ацилут и мирами БЕА, свет Хохма не может спуститься под парса. А нисходит под парса только свет Хасадим, в котором ранее был свет Хохма — только он, освобождаясь сейчас от света Хохма, может спуститься вниз. Выходит, что остались у них еще силы от прежнего состояния. И это действие называется: «прежде всего опускает святость в нечистые намерения, клипот».

197. Книга, автор, рассказ

Услышано в 1938 г.

Книга, автор, рассказ.
Книга — состояние перед Сотворением (замысел творения).
Автор — хозяин книги. Единение автора и книги раскрывается как «рассказ». Необходимо «получить рассказ», то есть Тору вместе с Дающим Тору.

198. Свобода

Услышано в 1938 г.

Сказано про скрижали, на которых были высечены заповеди: не читай «высечены» (харут), а читай «свобода» (херут). То есть вытесав десять заповедей, человек обретает свободу, как сказано: «Запиши на сердце твоем».

Запись производится черными чернилами. Каждый раз, когда человек пишет, он решает каким образом поступить, а затем разочаровывается в своем решении и возвращается к прошлому, что подобно стиранию написанного. Поэтому необходимо всякий раз писать заново, до тех пор, пока не будет высечено в сердце, и не сможет стереться написанное.

И тогда немедленно удостаивается свободы. Написанное на сердце — это кли для обретения свободы, и в мере написанного, вырезанного на сердце он заслуживает освобождения. Ведь основа сосуда (кли) — это пустое место. Потому сказано: «Сердце мое сокрушено во мне» (Псалом 109). И тогда освобождается от «Ангела смерти», эгоистических намерений, потому что бессилие и ничтожность — это и есть сама нечистая сила. И ее необходимо узнать во всей мере и пытаться превозмочь, пока Творец не поможет человеку.

199. В каждом из Исраэль

Услышано в 3-й день праздника

В каждом из Исраэль есть внутренняя точка в сердце, простая вера — наследие от наших праотцев, стоявших на горе Синай. Но на эту точку одето много нечистых намерений, клипот, называемых «ло лишма» (ради себя), которые необходимо убрать. Тогда основой человека будет только «Вера», не нуждающаяся ни в какой опоре и поддержке со стороны.

200. Ослабление экрана

Услышано в Субботу, 1 Кислева, в Тверии

Ослабление экрана, происходящее в духовном парцуфе, вызывает также исход, исчезновение из него света. Поскольку после Цимцума Алеф свет может находиться только в кли, которым является экран. Экран — это сила, отталкивающая самонаслаждения, и в нем — основа кли. Поэтому, когда исчезает экран, исчезает свет.

Кли — это вера выше знания. Когда она существует, тогда свет проявляется и по своей природе воздействует на экран тем, что ослабляет его. То есть аннулирует кли «Вера» и приводит к кли «Знание», вследствие чего из него немедленно исчезает свет. Поэтому нужно восстановить и увеличить кли «Вера», то есть сделать экран на «Знание». Только в таком случае не исчезнет свет.

Каждому кли не достает света, которым оно могло бы наполниться. Получается, что всякое место, где ощущается недостаток света, дает возможность для веры. Если же оно наполнится, то не станет кли, не останется места для веры.

201. Духовное и материальное

Услышано в 1-й день Хануки (18 Декабря 1938 г.)

Почему мы видим, что ради материальных приобретений множество людей работает в поте лица, даже там, где есть опасность для жизни? Но работа ради духовных приобретений, у каждого вызывает множество вопросов и сомнений.

И более того: ради материального человек согласен работать даже за небольшое вознаграждение, тогда как ради духовного не соглашается на работу, если не будет полностью уверен в том, что получит сполна то, на что рассчитывает.

Но ведь разуму абсолютно ясно, что у тела, то есть у всего материального, не может быть никакой ценности, поскольку всем очевиден его конец и что ничего от него не останется. А потому так легко пренебречь им, ведь все равно оно не вечно. Тогда как в духовном эгоистические намерения, называемые «клипот», стоят на страже тела и его существования, и поэтому тяжело пренебречь им.

Поэтому человек, живущий только материальным, легко пренебрегает своим телом, не ощущая в этом никакой трудности. Но совсем не так в духовном. И эта сложность расстаться с желаниями тела (эгоистическими намерениями человека, намерениями «ради себя») является обратной стороной (АХАП) будущих чистых желаний (намерений «ради Творца»).

Эти чистые желания называются «самопожертвование» (месирут нефеш). Именно благодаря им и в них удостаивается человек света Творца. И прежде чем готов полностью пожертвовать собой, невозможно достичь никакой духовной ступени.

202. В поте лица твоего будешь есть хлеб свой

Уменьшение света – это его исправление. Ведь ничего невозможно достичь без усилия. А потому как постичь свет в совершенстве и полном знании невозможно, то он должен пройти уменьшение. И в таком виде его можно постичь с небольшими усилиями, которые в состоянии приложить человек.

Подобно тому, как если желают перенести большое здание в другое место, то конечно невозможно перенести его целиком. И что же тогда делают? Разделяют его на небольшие кирпичи, которые человек в состоянии перемещать и складывать. Поэтому скрытие и уменьшение света от человека, производимое свыше, позволяет ему небольшими усилиями достичь совершенства и полноты.

203. Высокомерие унижает человека

Услышано во 2-й полупраздничный день Суккота (12 Октября 1938 г.)

«Высокомерие унижает человека», ведет к его падению. Известно, что человек создан самым низким. Но если низкий знает свой уровень, то не страдает от того, что низок, ведь занимает свое место. Подобно ногам, которые не ощущают своей униженности от того, что ступают по нечистоте и обязаны нести на себе все тело. Не то, что голова, которая всегда наверху. А поскольку ноги знают свое предназначение, то не чувствуют никакого унижения и не страдают от своего низкого состояния.

Но если бы захотели подняться вверх, а вынуждены были оставаться внизу, то ощутили бы страдание. И потому «высокомерие унижает человека». Ведь, если бы человек желал оставаться в низком положении, то не ощущал бы это положение как низкое, то есть не чувствовал бы никаких страданий от того, что родился таким низким, как сказано: «Диким ослом рождается человек». Но поскольку желает гордиться собой, то ощущает свое ничтожество и потому страдает.

Страдания и ощущение ничтожества — неразлучны друг с другом, ведь если человек не страдает, то не считается униженным. А это точно соответствует мере его гордости, когда желает высокого положения, но не имеет — и потому ощущает свое состояние как низкое.

И это ощущение ничтожности сменяется затем гордостью, как сказано: «Воцарился Творец, облачился величием» (Псалом 93). Потому что, если достигает слияния с Творцом, то удостаивается гордости и величия, согласно словам молитвы: «Гордость и великолепие – для Творца». Ведь в человеке, достигшем слияния с Творцом, есть огромная гордость. И в той мере, в которой ощущает свое ничтожество и страдает от него — в той же мере и удостаивается облачения величия Творца.

204. Цель духовной работы

Услышано в 1938 г.

Начало духовной работы человека, его подготовка к духовным состояниям, проходит в выполнении запретительных заповедей (указаний), то есть запретов: «НЕ», как написано (о потомках Авраама в Египте): «И угнетать их будут в стране не (своей)». Если же речь идет о работе над самим эгоизмом, то сначала необходимо достичь ступени любви.

Тогда как во время подготовки, вся работа сводится к запрету «НЕ», то есть к условию: «Да не будет у тебя (иных божеств, кроме Творца)». И вследствие выполнения многих запретов «НЕ» («ло» — буквы ламед-алеф), человек приходит к состоянию «ЭЛЬ», Творец (буквы алеф-ламед) – к милосердию. Но до достижения этого состояния он проходит множество состояний типа «НЕ» (нельзя, запрещено), множество сил обратных Творцу, так называемые чужие божества, ведь именно из состояния ло лишма (ради себя) человек приходит к лишма (ради Творца).

А поскольку нечистые силы (ситра ахра) дают основу и поддержку, то даже затем, когда человек уже переходит к духовному состоянию, тем не менее, если лишается этой поддержки, то падает со своего духовно уровня. И тогда нечистые силы забирают себе весь свет, который притянул человек. От этого появляется у нечистых сил возможность властвовать над человеком. Они тянут его к себе, заставляя наполнять их желания, и нет у него иной возможности избежать повиновения им, как только поднять себя на ступень выше. И тогда снова проходит «49 нечистых врат».

То есть человек идет по чистой ступени до «49 врат». Но там появляется у нечистых сил власть забрать всю его жизненную силу и свет настолько, что человек падает — каждый раз во все более низкие нечистые врата (или более высокие, если судить по величине нечистых желаний). Потому что «одно напротив другого создал Творец» — равные и параллельные системы чистых и нечистых сил.

А когда человек является к 49-м вратам, то уже не в состоянии поднять себя, пока не явится Творец и не спасет его. И тогда исполняется сказанное: «Проглотит нечистая сила и изрыгнет обратно, Творец исторгнет все из ее чрева» (Йов). То есть весь свет и всю жизненную силу, которую забрала нечистая сила во всех 49 чистых вратах, теперь получает человек обратно, отбирает у моря нечистых желаний.

Но пока человек не прочувствовал всю горечь изгнания, невозможно освобождение. Когда входит в 49-е врата, тогда ощущает свое изгнание, а в 50-х вратах спасает его Творец. И различаются изгнание (гола) и освобождение (геула) лишь одной буквой «алеф» (дополнительная буква в слове геула), которая обозначает присутствие Творца. Поэтому, если человек не испытал до конца изгнание, то его ступень будет неполной, и не сможет полностью ощутить и постичь Творца.

205. Мудрость возглашает на улице

Услышано в 1938 г.

«Мудрость возглашает на улице, на площадях подает свой голос. Кто глуп, пускай завернет сюда. Бессердечному она сказала...» (Мишлей)

Когда человек удостаивается слияния с Творцом, само раскрытие Творца, называемое «Шхина», говорит ему, что если раньше он вынужден был поступать, как глупец, вопреки разуму (верой выше знания), то это не потому, что такова на самом деле была правда, а потому что не хватало ему «сердца». Вот почему мы говорим: «И все верят, что Творец — Бог веры».

Но сейчас, когда удостоился подлинного слияния с Творцом, то уже нельзя сказать, что поступает, как глупец, то есть силой «веры выше знания». Наоборот, он должен работать и верить, что его работа выше знания, несмотря на то, что видит и ощущает всеми своими чувствами, что его работа внутри знания. Совершенно обратно тому, как он видел ранее, что разум не обязывает его к рабству Творцу. Несмотря на это, должен был работать выше знания, говоря, что в этом есть истинное знание.

То есть он верит, что это рабство — и есть подлинная реальность. А затем наоборот: вся его работа обязывает его, его разум — то есть слияние с Творцом обязывает к рабству. А он верит, что все видимое им внутри знания — все это выше знания. Тогда как прежде, все, что выше знания, принимал как внутри знания.

206. Вера и наслаждение

Услышано в 1938 г.

Никогда не спросит себя человек: «А зачем, с какой целью я наслаждаюсь?» Если же появляется у него хотя бы малейшая мысль спросить о смысле наслаждения, это означает, что нет у него истинного наслаждения. Потому что истинное наслаждение должно заполнять все пустоты желания настолько, чтобы не оставалось ни одной пустоты. И тогда не остается также и в мыслях и сознании места для вопроса о смысле наслаждения. А если спрашивает о цели наслаждения — это признак, что наслаждение еще не совершенное, поэтому и не заполняет все пустоты желания.

Также и относительно веры: вера должна заполнить все места вместо знания. Поэтому необходимо представить себе, как будто нас наполняет знание. И стремиться к тому, чтобы наполниться верой точно в той же мере, вместо знания.

207. Смысл получения ради отдачи

Услышано в Субботу, 13 Тевета

Человек духовно продвигается вперед на двух «ногах», называемых наслаждение и страдание. К наслаждению он постоянно тянется, а от страданий постоянно убегает — и так движется вперед.

Поэтому, когда человек удостаивается вкусить истинный вкус Торы и Заповедей, как сказано: «Вкусите и увидите, как прекрасен Творец», то устремляется к служению Творцу. И благодаря этому он заслуживает постоянного подъема на все большие ступени Торы и Заповедей, как сказано: «И в Торе Его прилагай усилия день и ночь» (Псалом 1).

Но как может человек ограничить свой разум, чтобы думать только об одном? Дело в том, что желание любви и наслаждения притягивает мысли человека так, чтобы его голова и тело постоянно были привязаны к любви и наслаждению, как случается и в обычной земной любви.

И так происходит, именно если человек уже удостоился наполнения высшим знанием, рождающим любовь. И это его состояние называется «внутри знания». А человек обязан постоянно работать «выше знания», потому что это называется «вера и отдача».

Тогда как «внутри знания» все чувства согласны с его работой, ведь они также получают любовь и наслаждение. Потому это и называется «внутри знания». В такое время человек находится в тяжелом состоянии, опасаясь испортить веру, ведь это — свет Творца в нем, свечение свыше. Решение же в том, чтобы исправить оба свойства — и веру, и знание.

И тогда он должен разобраться в себе и осознать: откуда у него все, постигнутое им сейчас, то есть Тора, которую он сейчас постиг, и свет, который его наполняет? Все это только от того, что была у него предварительная подготовка, которая помогла ему принять на себя «веру выше знания». То есть благодаря усилиям к слиянию с Творцом, он прилепил себя к Корню, вследствие чего удостоился знания. И знание, которого достиг верой, раскрылось истинно и полно.

Выходит, от того, что возвышает в основном «веру выше знания», также возвышает и знание, ведь удостоился сейчас раскрытия имен Творца в нисхождении к нему света.

Поэтому должен теперь еще больше укрепиться посредством знания и принять на себя «веру выше знания» большую, чем прежде. Ведь главное — это слияние с Корнем, что возможно только благодаря вере. И только в этом — основная его цель. И это называется Каббала (получение), то есть знание (даат), которое получает ради отдачи Творцу. С помощью чего сможет принять на себя «веру выше знания» еще в большей мере — и по количеству, и по качеству.

208. Смысл усилий

Усилия, которые прикладывает человек, это только подготовка для того, чтобы прийти к состоянию полного самопожертвования (месирут нефеш). А потому должен приучить себя к постоянному самопожертвованию. Ведь невозможно овладеть ни одной духовной ступенью, не овладев прежде этим свойством, поскольку именно это свойство позволяет взойти на любую ступень.

209. Три условия молитвы

Есть три условия молитвы:

1. Верить, что Творец может спасти человека, несмотря на то, что есть в нем наихудшие свойства, привычки и обстоятельства, чем у любого в его поколении, ведь «Разве рука Творца коротка, чтобы спасти его?» и разве не спасет хозяин своего преданного слугу?

2. Все, что мог сделать, сделал, а спасения так и не пришло.

3. Если Творец не спасет, лучше смерть, чем такая жизнь.

Молитва исходит из ощущения утраты в сердце: чем больше ощущение отсутствия желаемого, тем сильнее его молитва. Ведь тоскующий по излишествам отличается от приговоренного к смерти, ожидающего приведения приговора в исполнение и уже закованному в цепи, каждое мгновение которого это молитва о спасении. И не заснет он и не задремлет, а неустанно молит о спасении своей души.

210. Красивый порок в тебе

Рассказывает Талмуд, что один человек так сказал своей жене: «Не будешь ты мне желанна, пока не увидишь в себе красивый порок». И объясняет Рабби Ишмаэль сын Рабби Йоси, что не может Творец соединиться с человеком до тех пор, пока тот не увидит в себе нужных, красивых свойств. Как женщине запрещено наслаждать мужа, пока не найдет в себе хоть какое-то приятное свойство. А если может человек сказать, что есть у него красивые свойства, то этим помогает Творцу в обоюдном сближении, ведь Творец помог именно ему, а не другому. Значит, есть в нем то, чего нет в других: вера, хорошие свойства, доброе сердце, молитва...

И продолжает Талмуд, чтобы Творец привлек к себе человека, в человеке должны быть, как в красивой женщине:

- большой ум — больше чем у других, чтобы не считаться с их доводами, чей путь правильный,
- красивые волосы — когда заботится о чистоте и правильности своего пути «до толщины волоса»,
- красивые глаза — видит в духовном прелесть, которую не променяет на иную внешнюю красоту,
- красивые уши — не слышит наветов против Творца и пути к Нему.

211. Как стоящий перед Царем

Услышано 1 Элуля (28 Августа 1938 г.)

«Сидящий в своем доме не похож на стоящего перед Царем». То есть вера должна быть такой, чтобы человек ощущал себя постоянно находящимся перед Царем, что вызывает совершенную любовь и трепет. А до тех пор, пока не достиг такой веры, не может позволить себе перерыва и отдыха, потому что это — его жизнь, и никакие иные вознаграждения не захочет получить вместо веры. Отсутствие веры должно ощущаться во всем человеке настолько, чтобы стало привычкой, его второй природой, в мере сказанного: «Вспоминаю о Нем, и не могу уснуть».

Но впечатления этого мира гасят ощущение отсутствия веры, ведь каждое наслаждение аннулирует страдание и боль. А потому он не желает получать никакого утешения в своем состоянии. Необходимо остерегаться, чтобы любым материальным получением не аннулировать стремление к духовному. А это возможно только, если сам будет сожалеть, что наслаждения гасят искры чистых намерений и ощущение отсутствия и недостатка духовного. И это сожаление и боль убережет его, не дав растерять чистые духовные желания.

212. Объятие справа и объятие слева

Услышано 8 Кислева (28 Ноября 1941 г.)

Есть объятие справа и объятие слева, и оба они должны быть одновременно и навечно.

Когда человек находится в правом, то понимает разумом, что левого вообще не существует. И наоборот, когда находится в левом, его разуму кажется, что не существует правого.

Правое состояние — личное управление. Левое состояние — управление вознаграждением и наказанием. И хотя разумом человек понимает, что невозможно соединить их вместе, чтобы оба состояния были как одно, но должен работать верой выше знания и понимания, чтобы его понимание не останавливало его. Главное — всегда идти выше знания, чтобы вся работа измерялась тем, насколько она выше знания, вопреки разуму и логике.

И хотя после этого приходит к состоянию «внутри знания», то есть получает и знает все, но это ничего не значит для него, потому что изначально основа его работы была в вере выше знания, поэтому он постоянно получает силы от своего корня.

Но если достигает знания и желает получать от него, свет немедленно исчезает. И если желает продолжить свое исправление, обязан начать в вере выше знания, ведь в ней — весь корень работы. А затем он приходит к святому знанию.

213. Раскрытие желания

Основное — это увеличить желание, потому что на нем строится все духовное здание, а основа здания определяет его крепость.

Есть много причин, заставляющих человека прикладывать усилия — но не к нужной цели. Поэтому плохая основа портит все здание. И хотя от ло лишма, «ради себя», приходят к лишма, «ради Творца», но требуется много времени, чтобы вернуться к цели. Поэтому необходимо, чтобы цель всегда была перед глазами.

Как сказано в «Шульхан Арух»: «Всегда представлял себя стоящим пред Царем». Ведь стоящий перед Царем не подобен сидящему дома. И тот, кто верит в Творца, «наполняющего всю землю Своим величием», полон трепета и любви. И не нуждается в приготовлениях и размышлениях, чтобы отдавать Творцу, а полностью и абсолютно предан Ему, естественно, в силу самой природы.

Как в нашем мире, настоящая любовь вызывает стремления и мысли только к любимому, лишь о том, чтобы сделать ему хорошо и избежать любого вреда. Она не нуждается в предварительных расчетах и не требует большого ума, потому что естественна, как любовь матери к сыну, вся забота которой только о благе ребенка, и которой не требуется никаких приготовлений и размышлений, чтобы любить его.

Ведь естественное чувство возникает само, и не требуется ум, чтобы обязать чувства. Все исходит непосредственно от самих чувств, которые сами по себе самоотверженно работают, как обязывает их природная любовь. Сила любви обязывает человека отдать всю жизнь для достижения цели, а без этого — жизнь не жизнь.

Поэтому ощущающий себя стоящим перед Царем, ощущает совершенство, то есть наличие веры. А до тех пор, пока не ощущает себя стоящим перед Творцом, чувствует наоборот.

А потому должен человек видеть, что главное — это достичь служения Творцу, и сожалеть о недостатке веры, понимая, что потребность в вере — это вся его основа. И обязан молиться, просить и прилагать усилия, чтобы ощутить недостаток веры. Ведь если не ощущает потребности в вере, то не обладает нужным желанием для получения наполнения. И нужно верить, что Творец слышит молитвы каждого и спасает, наделяя совершенной верой.

214. Известный в городских воротах

Услышано в праздник Шавуот (1939 г.), в Иерусалиме

«Я — Бог, Всесильный твой» (Шмот). А также сказано в Зоаре: «Известный в городских воротах».

Почему изменили мудрецы название праздника «Ацерет» (Прекращение), о котором говорится в Торе как о празднике «Бикурим» (Приношения), как сказано: «А в день приношения первых плодов...», и назвали его праздником Дарования Торы? Дело в том, что мудрецы не изменили ничего, а только раскрыли этим суть праздника «Бикурим» (Приношения).

Сказано: «Торжествуйте поля и все, что на них, пойте все деревья лесные» (Псалом 96). Отличие между полем и лесом в том, что поле дает плоды, тогда как лесные деревья не плодоносят. Поле означает Малхут, то есть принятие на себя власти Творца, что означает веру выше знания.

Но насколько велика должна быть вера? Она должна быть такой, чтобы заполняла человека, абсолютно заменяя ему знание. Такая Малхут называется «Поле, благословленное Творцом», рождающее плоды. И только так может человек достичь слияния с Творцом, потому что тогда над ним не властны никакие ограничения, ведь он во всем поднимается выше знания.

Знание же ограничивает, потому что его величиной определяется высота человека. И потому оно называется: «чужое бесплодное божество, которое не рождает плодов» — то есть «лес». Но хотя обе эти силы являются противоположными, должна быть между ними средняя: когда человек нуждается также в знании, но при условии, что не повредит своей вере выше знания.

Если же работает с помощью знания чуть лучше, чем с верой, немедленно теряет все. Поэтому обязаны быть для него вера и знание неразрывны, без всякого различия между ними. И тогда «торжествуют поля, и поют все деревья лесные», потому что этим исправляется даже «чужой бог», бывший диким, бесплодным лесом, и получает силу веры.

Потому написано про Авраама: «Предо Мною ходи и будь непорочен». Это значит, что Авраам не нуждался ни в какой поддержке. Про Ноаха же сказано: «Пред Всесильным ходил Ноах», то есть Ноах нуждался в поддержке, хотя и в поддержке Творца. Но хуже всего, когда человек нуждается в поддержке людей, в виде подарка или ссуды:

Подарок означает поддержку, которую получают от людей, не желая возвращать ее обратно, и хотят пользоваться ею всю жизнь.

А ссуда означает поддержку, которую берут на время, в нужный момент, когда нет собственных сил. Но надеются за счет своей чистой, духовной работы обрести собственные силы и вернуть одолженное. Но и в этом есть недостаток, ведь если не обретет свои силы, то упадет.

И возвращаясь к нашей теме, продолжим, что назван праздник Дарованием Торы, а не праздником получения Торы, потому что тогда удостоились ощутить Дающего Тору, как сказано: «Желаем сами видеть нашего Властителя!». То есть главное, что удостоились свойства Дающего Тору и обратились в «поле, благословенное Творцом», то есть приносящее плоды.

И в этом смысл праздника Бикурим, то есть дня приношения плодов первого урожая с поля. Это знак того, то удостоились связи с Дающим Тору и полного постижения. И потому сказано: «Арамейцем — скитальцем был отец мой» (Дварим), то есть прежде были у него падения и неискренность, а теперь обрел постоянную и вечную связь с Творцом. Потому назвали мудрецы праздник Бикурим — праздником Дарования Торы, когда удостаиваются Дающего Торы.

215. Суть веры

Вера — это чистая работа, потому что желание насладиться не помогает в этой работе, а наоборот, сопротивляется ей. Ведь природа желания насладиться заставляет его работать только там, где оно видит и знает, но не выше знания. Поэтому слияние с Творцом возможно только верой выше знания, ведь в этом есть соответствие свойств, то есть подлинная отдача.

Потому, если основа эта непоколебима в человеке, то, даже получая добро, он принимает это как «предостережение», что в гематрии равнозначно слову Тора (указание). И должен испытывать страх и смотреть, чтобы не получать помощи и поддержки от Торы, а только от веры. И даже когда кажется ему это совершенно излишним, поскольку получает только добро, словно на вожделенной земле, все равно должен верить, что такова истина. Как сказано: «И все верят, что Творец — Бог веры», ведь только верой можно удержать достигнутый уровень.

216. Правое и левое

Услышано 6 Тевета

Есть правая и левая стороны. В правую входит: Хохма, Хесед, Нецах, а в левую: Бина, Гвура, Ход. Правая линия означает личное управление, а левая — управление вознаграждением и наказанием.

Пока человек занимается правой стороной, он должен сказать, что находится под личным управлением, и поэтому сам ничего не делает. А потому не совершает никаких прегрешений. Но и добрые дела (заповеди), которые он делает, также не его, а подарок ему свыше. И потому он должен благодарить за них Творца, а также за добро, получаемое в этом мире.

И это называется Нецах, то есть он победил (ницах) нечистые силы (ситра ахра), от чего поднимается к уровню Хесед (милосердие), что означает любовь. А благодаря этому приходит к Хохма (мудрости), что называется «Рейша де-ло итьяда» (непознанная голова). И только после этого должен перейти к левой линии, к уровню Ход.

217. Если не я себе, кто поможет мне?

Услышано 27 Адара I

«Если не я себе, кто поможет мне? Но если я для себя — то кто я?» И это — взаимно отрицающее противоречие в работе человека.

Человек должен делать всю свою работу так, будто никто не может помочь ему, кроме него самого, и некому его спасти. Как сказано: "В устах твоих это слово и в сердце твоем, чтобы исполнять его" (Дварим). То есть нужно прилагать усилия как при управлении вознаграждением и наказанием. Но в себе должен знать: «Но если я для себя — то кто я?», то есть он полностью зависим от личного управления Творца, и никто не в силах изменить в этом ничего.

Но если все происходит только по управлению свыше, в чем смысл работы: «если не я себе, кто поможет мне?» Дело в том, что работая так, будто никто не может помочь ему, кроме него самого, человек постигает личное управление им и понимает, что все происходит для исправления. И это разделение между долгом и Торой, называемое «сыновья Творца», скрыто и раскрывается только после усилий «если не я себе, кто поможет мне?»

218. Тора и Творец — одно

«Тора и Творец — одно целое».

Конечно, в процессе исправления (работы) Тора и Творец — это два противоположных и даже отрицающих друг друга понятия.

Творец означает для нас — слияние подобием свойств и аннулирование своего «Я» в Нем. (Необходимо всегда представлять себе то состояние, какое бывало в прошлом, когда человеку удалось достичь хоть самого небольшого слияния с Творцом — насколько он тогда был полон жизни и наслаждения. И постоянно стремиться к такому состоянию слияния с Творцом, когда духовное неделимо. И поскольку духовное несет наполнение, он должен всегда ощущать себя в хорошем состоянии и представлять себе прошлое время слияния, ведь тело не впечатляется от отрицательного, а только от существующего, то есть от прошлых достигнутых состояний. И эти состояния тело может принять за образец).

Торой же называется свет, заключенный в ней, который ощущается во время учебы и дает желание отдавать Творцу, как сказано: «Знающий указы Творца, будет служить Ему». Поэтому ощущает свое «Я», желающее отдавать Творцу.

Но когда достигает уровня «Тора и Творец — одно», находит, что все едино, потому что ощущает в Торе Творца. И необходимо постоянно стремиться за исправляющим светом Торы, который можно найти в изучении Торы, но изучением Каббалы можно быстрее его найти.

А во время работы свет Торы и Творец выступают в виде противоположностей:
• либо человек стремится прилепиться к Творцу, и тогда не может учиться ради света Торы, а тянется к хасидским книгам,
• либо стремится к исправляющему свету Торы, то есть желает знать пути Творца, миры, их процессы и управление.

И это две противоположные точки, но в будущем сотрется их различие, как сказано: «И разгромит он пределы Моава» (Бемидбар), и обе они соединятся вместе.

219. Смысл самопожертвования

Преданность Творцу должна быть до полного рабства в трепете и любви.

Для любви не требуется самопожертвования, потому что любовь — это природное явление, и сильная любовь и так поглощает всю душу, как написано: «Сильна как смерть любовь» (Песня песней). Поэтому основное — это достичь самопожертвования в трепете, когда человек еще не ощущает вкус любви в рабстве, а рабство у него по принуждению.

Ощущения, которые испытывает тело, не поддаются принуждению, ведь оно сотворено для исправления. А исправление заключается в том, что рабство должно быть следствием любви, в чем цель слияния. «Если же в чем-то ощущается тягость, значит там скрыт эгоизм».

И в основном, безграничное рабство до полного самопожертвования необходимо в трепете, когда все тело не согласно с работой человека, потому что не ощущает никакого вкуса в рабстве. А на каждое действие тело делает расчет и доказывает, что его рабство не дает ощущения совершенства, а потому нет прока от такой работы. И поскольку не чувствует никакого смысла и вкуса в таком рабстве, то приложение усилий возможно только самопожертвованием. Ведь ощущает горечь от этого рабства, и каждое действие доставляет ему огромные страдания, потому что тело непривычно работать зря, а только, когда есть польза себе или другим.

А в малом состоянии (катнут), он не ощущает пользы себе, не чувствуя сейчас никакого наслаждения в рабстве, а также не верит, что будет от этого польза другим. Ведь если это не важно ему, как может быть это полезно другим? И велики его страдания. И чем больше прилагает усилий, тем больше увеличиваются его страдания, пока не накопятся страдания и усилия до определенной меры, так, что Творец сжалится над ним и даст ему ощутить вкус в рабстве, как сказано: «Пока не прольется на него свет свыше».

220. Смысл страданий

Тяжелые страдания являются следствием ощущения «отсутствия жизни». Но что может сделать человек? Ведь не в силах человека обрести жизненную силу, а потому впадает в апатию. И именно в это время обязан прилагать еще большие усилия, хотя и не может ничего изменить.

221. Общественное владение

Желание может освободиться от собственной власти, только если наполнится чем-то иным. Ведь пустым оно не может существовать. Поэтому, если оно во власти нечистых желаний, и конечно нужно вызволить его, то необходимо пытаться наполнить его иными желаниями. Поэтому обязаны наполнить его любовью. И тогда потянется за ней и освободится от любви к самому себе.

222. Часть, отдаваемая нечистой силе, чтобы оставила святость

Вначале Творец создал мир силой справедливости и суда, и увидел, что не может так мир существовать. Ведь свойство суда принадлежит Малхут, на которую было сокращение (Цимцум Алеф), и под ней находятся нечистые желания. Тогда как в девять первых сфирот (тет ришонот) можно без страха получать наслаждение.

Но невозможно миру так существовать, ведь тогда бхина далет никогда не сможет получить исправление, потому что это ее место и изменить его нельзя. То есть нельзя аннулировать желание насладиться, ведь это природа, а ее не изменишь. Природа — это высшая сила, и таково было желание Творца, чтобы желание насладиться достигло совершенства и невозможно было его отменить.

Также и человек в нашем мире не в состоянии изменить свою природу. Но дана свыше возможность соединить ее со свойством милосердия, желания отдавать: распространить ограничение, существующее в Малхут, на уровень Бины, то есть сделать так, будто есть там запрет получать. А потому уже есть место работы — получению ради отдачи, ведь там не место бхины далет и поэтому можно аннулировать ее.

Отсюда получается, что бхина далет исправляется тем, что опускается вниз, ведь обнаруживает, что это было не ее место. Это раскрывает человек своими усилиями в учебе и выполнении Заповедей. Он выясняет бхину далет в бхине бэт и видит, что ее место внизу. Тогда поднимается зивуг и свет распространяется вниз. И тогда Малхут поднимается в глаза и снова начинается рабство для исправления желания получать. И исправление это происходит в основном тем, что отдает часть нечистым желаниям.

Ранее нечистые желания могли урывать себе только от бхины далет, от ее ограничений, но не от Бины. Но теперь и Бина уменьшила себя и смешалась с силами ограничения и суда. Выходит, что увеличилась область, где действуют ограничения. Но благодаря этой части теперь появилось место работы, где можно оттолкнуть желания Малхут, ведь это не ее настоящее место. А затем, когда обучается человек отталкивать ее с того места, с которого в состоянии, рождается возможность оттолкнуть ее и с того места, с которого ранее был не в состоянии.

Поэтому сказано: «Поглотит силу и изрыгнет обратно» (Йов). Из-за того, что выросли границы ее владения и проглотила огромные силы, она сама приходит к тому, что они ее полностью исправляют. И в этом смысл жертвы «козла отпущения для нечистой силы», когда дают нечистоте часть, чтобы отделилась от святости, а затем исправляют ее на том месте, которое дали ей, а не на ее собственном месте.

223. Одеяние - дерюга - ложь - орех

«Не входят к царю одетым в дерюгу». Когда человек пробуждает себя, чтобы увидеть, как он далек от Творца и полон прегрешений, преступлений и провинностей, в это время ему невозможно слиться с Творцом и принять от Него спасение. Ведь он одет в дерюгу, и не к лицу появляться в таком виде перед дворцом Царя.

Поэтому обязан человек видеть свое истинное состояние таким, как оно есть, и не прятать его за всякими завесами. Тогда как весь смысл клипот, наоборот, в том, чтобы скрывать себя. Если же человек удостаивается свыше, то он может раскрыть и увидеть свое истинное состояние. Однако он должен понимать, что это не совершенство, а необходимость. И этот горький период называется «далет» (буква), а в сочетании с дерюгой (шин-куф) приобретает значение «орех» (шин-куф-далет) и ускоряет освобождение.

Но если сам создает горечь в работе, то есть может подвести итоги и доволен, что хотя бы видит правду, тогда считается, что делает это на уровне «рош», то есть считая само это низменное состояние важным. И тогда буква рейш в сочетании с дерюгой (шин-куф) обращается в «ложь» (шин-куф-рейш). Но, осознав, что его состояние лживое и он попал во власть нечистых желаний, должен тотчас же укрепиться в полной вере будущего исправления.

224. Женская основа и мужская основа

Подъем Малхут в эйнаим называется Есод дэ-нуква (женская основа). Нуква — это желание наполнения, и уменьшение считается для нее недостатком. Но поскольку поднимается в эйнаим, где есть Хохма, то все же называется первой стадией (бхиной алеф) из четырех стадий.

Но когда Малхут поднимается в Кетер, суть которого — желание отдавать, где невозможно уменьшение, ведь на желание отдавать не действуют никакие ограничения, то называется Есод дэ-дхура (мужская основа).

225. Поднять себя

Невозможно человеку поднять самого себя и вырваться из своего круга. Поэтому, желая приподняться, он обязан питаться от своего окружения и прилагать большие усилия на пути Торы.

И если человек выбирает себе хорошее окружение, то выигрывает во времени и в усилиях, потому что устремляется за своим хорошим окружением.

226. Письменная и устная Тора

Услышано в 3-й день недели Мишпатим (1943 г.), в Тель-Авиве

«Письменная Тора» вызвана возбуждением свыше, а «устная Тора» — возбуждением желания человека снизу, самим человеком. И обе вместе они называются: «Шесть лет работай, а на седьмой год выйди на свободу» (Шмот 21).

Основная работа происходит именно там, где есть сопротивление, и называется «мир» (альма) от слова алама (скрытие). Ведь там, где есть скрытие — есть сопротивление, а значит, есть место для работы.

Поэтому сказано: «Шесть тысячелетий существует мир, а в одно — будет разрушен», то есть разрушится скрытие, и потому исчезнет возможность работы. Но Творец создает для человека особое скрытие, которое называется «крылья», чтобы была у него возможность работать.

227. Вознаграждение за выполнение заповеди — сама заповедь

Человек должен стремиться удостоиться вознаграждения за выполнение заповеди. То есть, выполняя заповеди, он удостаивается слияния с Дающим их.

228. Рыба прежде мяса

Услышано 1 Адара (21 Февраля 1947 г.), в Тверии

Обычай сначала есть на трапезе рыбу, а затем мясо, происходит из того, что духовный уровень «рыба» человек получает без предварительной подготовки. Потому ее едят первой, ведь к этому не нужно готовиться. Как сказано: «Помним мы рыбу, которую ели в Египте даром» (Бемидбар). И объясняет Зоар: «даром» — значит без усилий по выполнению Заповедей, то есть без подготовки.

А не требует рыба подготовки, потому что есть в ней только голова, но нет ни рук, ни ног, как сказано о ней: «Хотел Йосеф рыбы и нашел в ее теле жемчужину» (Вавилонский Талмуд). «Жемчужина» (маргалит) означает свойство «разведывать» (мерагель), а «рыба» — отсутствие выяснения и переговоров, и потому нет у нее ни рук, ни ног («раглаим» от слова разведчики, «мераглим»).

У рыбы есть как бы половина тела, подобно парцуфу в Цимцум Бет, когда Малхут поднимается в Бину. И от этого каждая ступень разделяется на две половины, чем создается место для разведчиков (мераглим). А все переговоры идут только вокруг этих разведчиков, из чего исходит вся Тора. И в этом смысл жемчужины (маргалит), которая висела у него на шее, и каждый больной, взглянув на нее, немедленно исцелялся.

Тогда как за саму «рыбу» нет никакой платы, то есть она дается даром, как сказано, что Исраэль плакали в пустыне о рыбе, которую даром ели в Египте. Это «Зоркий глаз, который никогда не дремлет», а потому не нуждается в охране, потому что тело рыбы — это Хохма, получаемая прежде исправления, как Суббота, данная прежде Торы.

Тора — это свет, получаемый от «переговоров» (выявления, исправления и наполнения желания получать, АХАП). И сказано: «Ни руки, ни ноги своей не обнаружил я на месте учебы», то есть не вел выяснений и переговоров, а это называется «даром». А Тора называется «будущий мир», о котором сказано: «сидите и наслаждайтесь», и насыщение наслаждением не уменьшает наслаждение, потому что это — наслаждение души. Тогда как Суббота, данная прежде Торы — это свет Хохма, получаемый и ограниченный телом, а потому насыщение аннулирует наслаждение.

229. Карманы Амана

Услышано в ночь праздника Пурим после чтения Мегилы
(3 Марта 1950г.)

Существует обычай, в праздник Пурим есть печенья треугольной формы, называемые хамен-ташим, то есть «Карманы Амана». И сказано, что «должен человек опьянеть до такой степени, чтобы не различить между проклятым Аманом и благословенным Мордехаем». И потому едят «Карманы Амана», чтобы помнить, что Аман дал нам только «карманы» — келим, желания, но не наполнение. Ведь только величина желания насладиться находится во власти Амана и его-то мы и обязаны у него изъять.

Но наполнить эти желания наслаждением невозможно с келим Амана, а только с помощью келим «Мордехая», намерения отдавать. Тогда как на получающие келим действует цимцум (сокращение). И об этом говорится: «Сказал Аман в сердце своем: кому, кроме меня, захочет Царь оказать почет!» (Мегилат Эстер). Это называется настоящим желанием насладиться. Поэтому сказал он: «Пусть принесут одеяние царское, которое надевал Царь, и приведут коня, на котором ездил Царь!»

Но на самом деле, желания Амана, которые называются получающими келим, не могут ничего получить из-за действующего на них сокращения. Есть в нем только желание и потребность наполнения, то есть он знает, чего требует. И потому сказал Царь Аману: «Возьми скорее одеяние и коня и сделай то, что сказал ты, Мордехаю, иудею».

И это называется: «света Амана в келим Мордехая», то есть в намерениях отдачи.

230. Велик Творец, и только ничтожный узрит Его

Услышано в Шаббат Трума (5 Марта 1949 г.) в Тель-Авиве

«Велик Творец, и только ничтожный узрит Его» (Псалом 138). Как может быть подобие с Творцом, когда человек получает, а Творец дает? Об этом сказано: «Велик Творец, и только ничтожный узрит Его». Если человек аннулирует свое «Я», пропадает все его самостоятельное эгоистическое мнение и власть, которая отделяет его от Творца, и тогда он видит Творца, то есть удостаивается света хохма, света мудрости и познания.

Но гордый и заносчивый — далек от Творца. Тот, кто остается в своем эгоизме, в своем «Я», в своей власти, тот отдаляется от Творца из-за отсутствия подобия свойств.

Ничтожностью не называется то, что человек унижает себя перед другими. Это смирение, которое человек ощущает в работе как совершенство. А ничтожностью называется ощущение стыда и унижения, когда весь мир стыдит и унижает его. Потому-то в таком случае он не ощущает никакого совершенства. Ведь это закон природы — все, что думают окружающие, действует на человека. И тот, кого люди уважают, ощущает себя совершенным, а кого стыдят, ощущает себя ничтожным.

231. Исправление желания насладиться

Услышано в месяц Тевет (Январь 1928 г.), в Гиват Шауле (Иерусалим)

Необходимо остерегаться, чтобы при каждом наслаждении человек ощущал сожаление о том, что тело наслаждается, потому что, наслаждаясь, он удаляется от Творца. Ведь Творец — дающий наслаждение. А если человек получает наслаждение, то становится противоположным Творцу. Различие свойств определяет духовное удаление, и следовательно не может человек слиться с Творцом.

И как же выполнить завет: «Слейся с Ним»?

Если получая наслаждения, человек ощущает страдания от того, что делается получающим, то страдания аннулируют наслаждения. Подобно пораженному язвой на голове, который вынужден расчесывать больное место, и получает от этого наслаждение, хотя понимает, что увеличивает этим язву, и болезнь обостряется, вплоть до состояния, которое уже невозможно излечить. Выходит, что ощущая наслаждение, он по-настоящему им не наслаждается, хотя и не в состоянии удержать себя от его получения.

Точно так же он должен смотреть на получаемые наслаждения, чтобы наслаждение сопровождалось ощущением страдания от того, что, наслаждаясь, он отдаляется от Творца. Вплоть до ощущения, что не стоит получать наслаждение, ведь оно несравнимо с потерей от него. И такая работа называется работой сердца.

(Святость — все, что приближает человека к работе Творца, называется святостью.

Нечистота — все, что отдаляет человека от работы Творца, называется нечистотой.)

232. Завершение усилий

«Не верь утверждающему, что прилагал усилия, но не нашел желаемого». И что значит «нашел»? Что нужно найти? Найти нужно благоволение Творца.

«Не верь утверждающему, что нашел без всяких усилий». Но говорящий не лжет. Ведь говорится не о конкретном человеке, а об общем правиле для всех. И если он видит, что нашел благоволение в глазах Творца, то чему тут не верить?

Дело в том, что иногда человек удостаивается благоволения в глазах Творца молитвой, потому что есть в ней особая сила, которая может действовать подобно усилиям. (Так же как мы видим в нашем мире, что есть зарабатывающие своими усилиями, а есть молящиеся о заработке и обретающие его.)

Но в духовном, хотя и удостоился благоволения в глазах Творца, затем все равно обязан заплатить полную цену, то есть вложить ту же меру усилий, какую прикладывает каждый. А если не выдает ту же меру усилий, теряет кли. И поэтому говорит: «Не верь говорящему, что нашел без всяких усилий», потому что все теряет. Поэтому обязан затем отплатить полной мерой своих усилий.

233. Прощение, покаяние и искупление

Прощение — от слов «приобщить к добродетели». Иными словами, именно благодаря возвращению из любви, когда злоумышления превращаются в заслуги, человек «приобщает» их к добродетели, то есть к заслугам.

Покаяние — от слов «прогнать свой скот» (Шмот 22:4). Иными словами, человек прогоняет от себя преступные замыслы и решает, что с этого дня и далее он будет делать лишь то, что станет для него заслугами. Это считается возвращением из страха, когда злоумышления становятся для него оплошностями.

Искупление — от слов «И искупит жертвенник» (Ваикра 16:33), что означает, «должны получить искупление через того человека». Ведь когда знает человек о своей нечистоте, нет у него сил и наглости войти во дворец Царя. И потому трудно человеку, видя и вспоминая свои злые дела, противные желанию Царя заниматься Торой и заповедями, а тем более попросить у Царя позволения прилепиться к Нему и соединиться с Ним.

Поэтому необходимо искупление, чтобы не видел он своего жалкого состояния и полной ничтожности и не вспоминал о своем положении, а смог ощутить радость от того, что может заниматься Торой и духовной работой. Если же станет пребывать в радости, тогда будет у него возможность просить соединиться с Царем. Ведь Шхина воцаряется лишь там, где есть радость.

И потому прежде всего необходимо искупление. А затем, совершив возвращение из трепета и страха, удостаивается человек покаяния. А после него совершает возвращение из любви и удостаивается прощения.

Нужно верить, что все происходящее в нашем мире — это следствие высшего управления, и не существует никаких случайностей. А также необходимо знать, что все написанное нам в предостережение, то есть все проклятия, которые обрушатся на нас, «если не послушаемся» — это страшные страдания. А не так, как думают люди, некоторые из которых говорят, будто это — не проклятия, а благословения. И приводят в доказательство Магида из Козинец, который всегда совершал особую молитву «Восхождение к Торе», читая главу «Тохахот» (предупреждения). А он говорит, что это подлинные проклятия и несчастья.

И мы также видим сами, что проклятия эти существуют в реальности, то есть ощущаем в этом мире горечь ужасных и невыносимых страданий. Но мы должны верить, что все эти страдания нужно относить к действию высшего управления, и Творец определяет все. Праотец Моше взял эти проклятия и соединил их с Творцом, о чем сказано: «И не было пророка равного ему по всем тем страшным свершениям».

А когда человек верит в это, то также верит, что «Есть суд и есть Судья». Потому Магид совершал восхождение к Торе по главе, содержащей предупреждения, ведь только он мог объединить эти проклятия и страдания с Творцом, поскольку верил, что «Есть суд и есть Судья». Благодаря чему, из всех этих проклятий произрастали подлинные благословения, «Ведь сделал Творец так, чтобы трепетали пред Ним».

И в этом смысл сказанного: «От самого удара исцеляет повязка». То есть «По тому самому пути, где оступятся грешники – пройдут праведники». Ведь как только оказываются в таком месте, где нет поддержки, тут же прицепляется там нечистая сила (ситра ахра), и грешники оступаются. Грешник, который не способен идти верой выше знания, падает, оказавшись без всякой опоры. И тогда остается он между небом и землей, поскольку грешники могут действовать только внутри знания, имея «дурной глаз, высокомерный взгляд».

Тогда как праведники, которые «не смотрят свысока и не надменны сердцем», пройдут этим путем. Выходит, что обращается это благословением. Ведь благодаря тому, что человек объединяет все страдания с высшим управлением и принимает все верой выше знания, появляются у него келим, готовые принять благословение.

234. Тот, кто оставляет слова Торы и пускается в разговоры

Услышано в месяц Адар I (1940 г.) по дороге в Газу

«Тот, кто оставляет слова Торы и пускается в разговоры, кормится тлеющими углями» (Талмуд).

В то время, когда человек занимается Торой и не прекращает своих занятий, Тора становится для него пылающим огнем, сжигающим его эгоистическое начало. Благодаря чему он может продолжать свою работу. Но если прерывается в середине своей учебы, и даже если тут же возвращается к ней и снова начинает учиться, то обращается для него Тора в «тлеющие угли». То есть уже не в силах она сжечь его эгоистическое начало, и тогда портится для него вкус Торы, и вынужден он прекратить свою духовную работу. Поэтому, возвращаясь к учебе, должен человек остерегаться, как бы снова не прекратить свое учение на середине. И благодаря тому, что примет такое решение на будущее, снова разожжет пылающий огонь Торы.

235. Смотря в книгу заново

Когда человек видит написанное в каббалистической книге и запоминает наизусть, это знание входит в разум и тут же становится ущербным. Поэтому, смотря в книгу заново, он может извлечь из нее новый свет от того свечения, которое получает сейчас. И оно уже называется новым и не поврежденным.

236. Ненавистники проклинают меня весь день

Услышано 6 Тишрея (17 Сентября 1942 г.)

«Ибо ревностная забота о Храме Твоем грызет меня, и ненавистники проклинают меня весь день» (Псалом 69 и 42).

Проклятия и ругань могут выражаться по-разному:

1. Во время духовной работы, когда человек выполняет какую-то заповедь, тогда тело говорит ему: «Что ты получишь за это? Какую выгоду?» Поэтому, даже когда превозмогает себя и выполняет действие через силу — все равно эта заповедь становится для него бременем и тяжкой ношей. И тут возникает вопрос: «Если он действительно выполняет заповедь Царя и служит Ему, разве не должен быть в радости, как свойственно радоваться служащему Царю?» А тут получается наоборот. Он ощущает здесь проклятия и ругань, и это принуждение доказывает, что он не верит, будто служит Царю. И нет брани хуже этой.

2. Или же он видит, что не остается целый день в слиянии с Творцом, потому что не ощущает этого доподлинно, а к пустоте невозможно прилепиться. И поэтому его внимание отвлекается от Творца (тогда как подлинную вещь, в которой ощущается наслаждение, наоборот, трудно забыть. И если он хочет от нее

отвлечься, то ему необходимо прилагать большие усилия, чтобы выбросить ее из своих мыслей). И это означает, что «ненавистники проклинают меня весь день».

Эти состояния присущи каждому человеку, разница лишь в ощущении. Но даже если человек этого не чувствует — это потому, что ему не хватает внимания, чтобы увидеть свое истинное состояние. Подобно человеку с дырой в кармане, через которую деньги выпадают наружу, и теряющему все деньги. И не важно, знает он о том, что у него есть дыра, или нет. Разница лишь в том, что если ему известно о дыре, то он в состоянии ее починить. Но на саму потерю денег это знание никак не влияет. И поэтому, когда он чувствует, как тело, зовущееся его ненавистником, проклинает Творца, то говорит: «Ибо ревностная забота о Храме Твоем грызет меня», так как желает исправить это состояние.

237. Ведь не может человек увидеть Меня и остаться в живых

«Ведь не может человек увидеть Меня и остаться в живых» (Шмот). То есть, если увидит человек раскрытие Творца — большее, чем он способен вынести, то может прийти к эгоистическому получению, которое противоположно истинной жизни, и таким образом приходит к смерти. А потому обязан идти путем веры.

238. Счастлив человек, не забывающий Тебя и прилагающий усилия ради Тебя

Услышано 10 Элуля

«Счастлив человек, не забывающий Тебя и прилагающий усилия ради Тебя» (из молитвы). В то время, когда человек идет «в белом свете» (в раскрытии), он всегда должен помнить, что удостоился всего только благодаря тому, что согласился принять на себя состояние «черноты». И должен прикладывать свои усилия именно «ради Тебя», чтобы держаться за Творца, как сказано: «Все верят в то, что Он — Бог веры». И хотя человек не видит сейчас никакой необходимости работать в вере, так как все раскрыто перед ним — но все же обязан верить выше знания, что есть еще возможность укрепиться в вере.

И в этом смысл сказанного: «И увидел Исраэль силу великую... и уверовали они в Творца» (Шмот). То есть, несмотря на то, что удостоились «увидеть», получив «зрение», но все же была у них сила опираться на веру.

А для этого необходимо приложить особые усилия, чтобы не упасть со своей ступени, подобно «Ливни и Шими» (Шмот 6:17). Ведь иначе получится, что только во время какого-то просветления смогут они слушаться Торы и заповедей, словно это необходимое условие. Тогда как должны слушаться ее без всяких условий. Поэтому во время просветления человеку нужно позаботиться о том, чтобы не повредить своей готовности идти в темноте. И достаточно тому, кто понимает.

239. Различие между светом праздника Шавуот и Субботней дневной молитвы

Есть различие между праздником Шавуот, в который происходит подъем Зеир Анпина к Арих Анпину, до его «бороды» (дикна) — и Субботой во время дневной молитвы, когда также происходит подъем к Арих Анпину.

Шавуот означает свет Мохин дэ-Хохма на ступени ИШСУТ, то есть на уровне Бины, которая возвращается к тому, чтобы стать Хохма. Тогда как, Суббота — это свет ГАР дэ-Бина, относящийся к самой Хохма и считающийся еще не вышедшим из Рош (головы), внутри которого облачается Моха Стима (скрытый разум), принадлежащий к ГАР дэ-Хохма, а не к уровню ВАК. И поскольку относится к ГАР, не может... а лишь снизу вверх, без всякого распространения света вниз. И потому считается женским светом (Ор Некева), ведь никак не распространяется вниз. Поэтому Суббота относится к Нукве (к женским качествам).

Но не так происходит с праздничным днем, который принадлежит к ЗАТ дэ-Бина, относящемуся к уровню ВАК – его свет распространяется вниз. Поэтому даже после всех подъемов, существующих в реальности, все же не изменяется порядок духовных ступеней.

И поэтому народы мира почитают праздники больше, чем Субботу, хотя Суббота и выше по ступени. Причина же в том, что праздничный день относится к ЗАТ дэ-Бина, при котором происходит раскрытие света вниз. Тогда как Суббота относится к ГАР дэ-Бина, который не раскрывается вниз. И разумеется, Суббота несравнимо выше по высоте, чем праздничный день.

240. Призови ищущих Тебя, требующих раскрытия Твоего лика

Услышано в 1-й день Слихот (из воспоминаний о моем отце и Учителе)

«Призови ищущих Тебя, требующих раскрытия Твоего лика, ответь им со Своих небесных высей, не сокрой ухо Свое от их жалостных воплей» (Молитва «Прощения» для первого дня).

Итак... Целью творения было насладить сотворенных. Однако для того чтобы исправление было абсолютно полным, необходимо подсластить меру суда милосердием. Ведь суд относится к большому, взрослому состоянию (гадлут), но чтобы не пришел человек таким путем к свойствам, обратным Творцу, необходим некоторый компромисс. Согласно суду он получил бы больше, однако встал бы на опасный путь и мог бы прийти к свойствам, противным духовному. Если же примешивается к нему мера милосердия, то он не принимает свет большого состояния и тогда может достичь подобия духовному. А исправление состоит в том, что получающее кли обращается в «получающее ради отдачи».

Поэтому, когда человек начинает требовать раскрытия Творца, он пока еще думает только о получении. А стремящийся к получению — ощущает невосполненность и потому называется проклятым. И «не может проклятый прилепиться к Благословенному». Но тот, кто получает ради отдачи, называется благословенным, поскольку не испытывает недостатка ни в чем, ведь не нуждается ни в каком получении ради себя. Выходит, что вся проблема в том, чтобы стать благословенным, и только с помощью Торы и заповедей возможно обратить кли получения в кли отдачи. И об этом мы молимся: «Призови ищущих Тебя».

Есть два вида ищущих Творца. Одни ищут Творца только ради раскрытия Его лика и желают лишь отдачи. Поэтому, если они просят Творца о спасении, то только ради Него Самого. И об этом сказано: «Требующих раскрытия Твоего лика», ведь уже не нанесут они вреда наверху, потому что очистились от эгоистического получения. А «жалостные вопли» издают те, чьи молитвы и просьбы еще ради собственной выгоды, и именно для этого они хотят приблизиться к Творцу, то есть еще не очистились от эгоизма.

И потому есть два вида работы Творца. Есть человек, который хочет раскрытия Творца в мире, чтобы все узнали, что в мире есть Высшая сила. И тогда в этой работе нет его собственного интереса, а есть только его простое, бескорыстное желание. И в таком случае нельзя сказать, что он что-то получает, ведь он не просит приблизить его к Творцу — а хочет только, чтобы раскрылась Его слава в мире.

А есть человек, который молится, чтобы самому приблизиться к Творцу. И тогда уже появляется в центре его собственный интерес, потому что он желает получить свет, приблизившись к Творцу. И это называется «жалостью» и «воплями», и от этого — «не сокрой ухо Свое». И те, кто пока нуждаются в жалости, то есть просят приблизить их — могут кричать, и это «не сокрой ухо Свое».

Ведь кричит только тот, кто ощущает недостаток. Но потом не будет воплей, а будет только требование, как доброе пожелание, «пожелание мира». И потому при раскрытии Творца может быть только требование.

«Со Своих небесных высей» – означает «глаза», то есть свет Хохма. И тогда наполняются они самим светом изобилия, так как их келим уже исправлены на получение ради отдачи. Однако для тех, кто просит жалости, «не сокрой ухо Свое». «Ухо» – это Бина. И должны они притянуть силу, которая даст им свойство отдачи... на основе света Хасадим.

241. Призывайте Его, пока Он близко

«Призывайте Его, пока Он близко» (Исайя). И как понять: «пока Он близко» – ведь сказано, что «Вся земля полнится Его славой»? Выходит, что Он всегда рядом, и что же тогда означает «пока», будто бывает время, когда Он далеко?

Но дело в том, что любые состояния всегда оцениваются относительно человека, постигающего и чувствующего. И если человек не чувствует, что Творец близок к нему, то не получается между ними никакой близости. Ведь все определяется ощущением человека. И может быть так, что один человек ощущает мир полным добра, а другой не чувствует, что этот мир добрый. И тогда он не может сказать, что существует добрый мир, а судит согласно своему ощущению, то есть видит мир полный страданий.

И об этом предупреждает Пророк: «Призывайте Его, пока Он близко!» Приходит он и говорит: «Знайте, что если Творец зовет вас – значит Он близко. То есть сейчас вам дана возможность: если будете чутки сердцем, то почувствуете, что Творец близок к вам. И это знак приближения Творца, и свидетельство тому. Ведь известно, что согласно своей природе, человек не способен на слияние с Творцом. Это против его природы, так как сотворен он с единственным желанием – получать наслаждение, а слияние – только в отдаче. Но благодаря тому, что Творец зовет человека, зарождается в нем другая природа, и он желает аннулировать свою прежнюю природу и прилепиться к Творцу.

А потому следует человеку знать, что если он произносит слова Торы и молитвы — то только благодаря Творцу. И пусть не придет ему в голову сказать, что помогает ему «собственная сила и крепость его руки» (Дварим), поскольку это поистине против его сил. И похоже это на человека, который заблудился в глухом лесу и не видит никакого способа выйти оттуда и дойти до человеческого жилья. И тогда теряет он всякую надежду и никогда больше не вспоминает о возвращении домой. А в тот час, когда видит вдали какого-то человека или слышит человеческий голос, тут же пробуждается в нем страстное желание вернуться в родные места, и начинает он кричать и просить, чтобы кто-нибудь пришел и спас его.

И так же, если сбивается человек с доброго пути и попадает в нехорошее место, и уже приучил себя жить среди диких и хищных зверей, то, в силу своего эгоизма, он никогда не задумается, что нужно вернуться туда, где поселился разум и святость. Но когда слышит он зовущий его голос, то пробуждается в нем раскаяние. И зовет его голос Творца, а не его собственный голос. Однако если еще не закончил он свою работу на пути исправления, то не способен почувствовать и поверить, что это голос Творца — а думает, что всем обязан лишь собственной силе и крепости своей руки. И потому предостерегает Пророк, что должен человек преодолеть собственное мнение и мысли, и полностью поверить, что это — голос Творца.

Поэтому, если хочет Творец вывести человека из дремучего леса, то показывает ему какой-то свет вдали, и человек собирает весь остаток своих сил и бросается туда, куда указывает ему свет, чтобы достичь его. Но если он не связывает этот свет с Творцом и не говорит, что это Творец зовет его, то пропадает для него этот свет и снова остается он стоять посреди глухого леса. Выходит, что он потерял сейчас возможность открыть все свое сердце Творцу, чтобы Тот пришел и спас его из гиблого места, то есть из его эгоизма, и привел на место обитания разума, которое предназначено для людей (сыновей Адама), что означает «подобный Высшему» (эдомэ) — то есть к желанию отдачи и к слиянию с Творцом. И значит, не использует он свой шанс и снова остается, как и был прежде.

242. Порадовать нищего в праздничный день

Услышано в 3-й полупраздничный день Суккота

Сказано в Зоар: «Порадовать нищего — это значит поделиться с Творцом». И объяснил Бааль Сулам: когда видит Творец, что работа в ло лишма (ради себя) не приводит к лишма (ради Творца), то поднимается ввысь, чтобы разрушить мир — дабы иссяк для него поток света» (Предисловие книги Зоар).

И можно сказать о том времени, когда приходит к человеку свечение свыше, что даже если он еще не очистился от эгоизма, но, тем не менее, использует это свечение для того, чтобы подняться из своей низости и с его помощью приблизиться к свойству отдачи, то значит ло лишма приводит его к лишма. То есть идет он путем Торы.

И это называется «Тот, кто радуется в праздники». Праздник — это хороший день. И понятно, что не бывает для человека большего праздника, чем то время, когда светит ему какое-то свечение свыше, приближающее его к Творцу.

243. Почему проверяют тень в ночь Ошана Раба

Услышано 24 Адара (1 Марта 1943 г.), в Тель-Авиве

Существует обычай каждому человеку проверять свою тень в ночь Ошана Раба (Седьмой день праздника Суккот). И если есть у него тень, то он уверен, что все с ним будет хорошо (Шаар а-Каванот, Комментарии о законах Суккота).

Тень означает одеяние, в которое облачается свет. А без одеяния — нет света, потому что нет света без кли. И согласно величине одеяний раскрывается и умножается свет. А как только человек теряет одеяние, в той же мере исчезает из него и свет, относящийся к этому одеянию.

И в этом суть истины и веры. Истиной называется свет, а верой — кли, что означает Творца и Его Шхину. И потому сказано: «Создадим человека по образу Нашему» (Берешит) и «подобно тени ходит человек» (Псалом 39). Это означает, что движение человека зависит от его образа, то есть веры. И поэтому в ночь Ошана Раба человек должен посмотреть совершенна ли его вера.

Мы говорим, что «образ» находится в высших мирах, но ведь наверху у веры нет никакого веса, а то, что нам представляется сушей — наверху океан света. Однако мы даем это название тому, что находится наверху, поскольку так оно раскрывается нам в виде тени, и по воплощению внизу — мы называем его источник наверху.

Бина называется верой, что означает свет Озен (ухо), способность слышать. Хохма называется зрением, которое раскрывается благодаря свету, приходящему в получающие келим, и означает Эйнаим (глаза).

Приложение

Лурианская каббала

В течение тысячелетий существования нашего мира, каждое новое поколение отличается от предыдущего все более эгоистическим характером душ. Поскольку процесс роста эгоизма происходит в самой душе, то ее качественные изменения должны повлечь за собой и смену методики, необходимой каждому поколению для постижения духовных миров.

Отсюда и предназначение каббалистов, живущих в том или ином поколении, — адаптировать методику постижения Творца, каббалу, к характеру душ своих современников. Авраам, Моше, РАШБИ — каждый из них на своем этапе совершенствовал методику каббалы, приводя ее в соответствие потребностям развивающегося человечества. Необходимость в обновленном изложении методики возникла лишь в XVI в. Каббалистические книги, написанные после РАШБИ, были непростыми для восприятия. В них отсутствует последовательность изложения и единство языка. Каждый каббалист писал в собственной манере, используя самые разные способы письма и скрывая истинный смысл. Так продолжалось до времен РАМАКа[29], который попытался навести определенный порядок, но все-же не смог дать ясных и точных объяснений. Состояние запутанности в передаче каббалистического знания длилось до появления АРИ. Он основал новый метод духовного постижения для типа душ своего поколения.

АРИ (полное имя Ицхак Лурия Ашкенази, 1534—1572 гг.) родился в Иерусалиме, в раннем возрасте потерял отца, вместе с матерью перебрался в Египет, где воспитывался у

---

29 РАМАК — акроним имени рабби Моисея Кордоверо (1522—1570), каббалист из Цфата (Израиль).

дяди. В 35 лет приехал в Цфат (город на севере Израиля) и в течение полутора лет преподавал организованной им группе учеников. Его первый ученик, тогда еще совсем молодой, 28-летний Хаим Виталь[30], записал все, что услышал от АРИ за полтора года обучения. На основе его записей впоследствии было издано около 20 томов сочинений АРИ, умершего в возрасте 38 лет. Основной труд АРИ — книга «Эц Хаим» («Древо Жизни»). Кроме нее, наиболее изучаемыми являются: «Шмоне Шеарим» («Восемь врат») и «Шаар Каванот» («Врата намерений»).

АРИ был первым каббалистом, который, благодаря особенности своей души, начал по-иному излагать методику каббалы. Он обладал поистине уникальными способностями, так как его душа относилась уже к периоду окончательного развития душ. Обладая глубочайшими постижениями, он смог точно выразить и описать это знание. АРИ создал язык каббалы, он определил подход и порядок ее изучения. По сути, именно он изложил каббалу как науку.

Всё, что создавали каббалисты предыдущих поколений, предназначалось для тех, кто уже обладает духовным постижением. Форма изложения, разработанная АРИ, позволила изучать каббалу любому человеку, при этом он получает из самих текстов АРИ исправляющий высший свет, поднимающий человека до уровня познания и ощущения духовной реальности, в этом исключительная сила его сочинений. Метод постижения устройства высшего мира, предложенный АРИ, стал называться лурианским[31] и повсеместно распространился среди каббалистов.

Из поколения в поколение одни и те же души облачаются в новые тела. Нисходящие души сохраняют опыт предыдущих жизней — именно поэтому каждое следующее поколение оказывается мудрее предыдущего и устремляется в своих поисках ко все более возвышенным целям. Во времена АРИ общее развитие душ достигло уровня, когда они начали желать духовного подъема. Этим объясняется, в

---

30 Рав Хаим Виталь (сокращенно РАХУ, МАРХУ) (1542—1620 гг.) — ученик АРИ.
31 По его имени — Ицхак Лурия Ашкенази.

частности, начало эпохи Возрождения, периода реформ в религии, культуре и научном мировоззрении. В духовной сфере это выразилось в стремлении найти ответ на вопрос: «Для чего я живу?». Начиная созревать в душах, этот вопрос заставляет человека заниматься поиском источника жизни и приводит к исследованию высшего мира.

Методика АРИ предназначена не только для духовного подъема особых душ, но и для масс. В своих текстах он открыто заявляет, что, начиная с этого времени, каждый желающий, независимо от возраста, пола и происхождения, может заниматься каббалой и с помощью этой науки достичь цели творения[32].

Однако какой бы ясной ни была форма этого метода, известно, что АРИ перед смертью сказал своим ученикам, что будь они способны на большее, он бы не уходил из этого мира, а продолжил раскрытие истины. Все же следует сказать: как подошло его время, вызванное необходимостью раскрытия каббалы, так оно и закончилось — АРИ покинул этот мир.

Его произведениям предстояли такие же злоключения, какие некогда выпали на долю «Книги Зоар». Они тоже утаивались в течение многих лет, пока их не начали понемногу извлекать на свет. Часть достали из могилы АРИ, часть — из сундука, передававшегося из поколения в поколение среди родственников Хаима Виталя. Находки собирали воедино и издавали в виде книг.

---

[32] Аналогичные высказывания встречаются во многих каббалистических текстах XVI в. Например: Авраам Азулай, Предисловие к книге «Ор а-Хама», ч. 1, с. 72: «И нашел я запись, где говорится, что постановление свыше о запрете открытого изучения каббалы действительно только в определенный период времени — до конца 5250 г. по иудейскому летоисчислению (что соответствует 1490 г.), и с этого времени отменяется это постановление и разрешается открыто заниматься ее изучением». А также в «Книге Зоар», статья «Рейя Меемна», указано, что, начиная с 5300 г., занятия этой мудростью считаются высшим предназначением и ею должны заниматься как взрослые, так и дети.

Современный подход к изучению каббалы

Бааль Сулам

Обновленный подход в изложении и изучении каббалы начал формироваться в XX веке. Методику духовного постижения, соответствующую нашему времени, смог создать великий каббалист, рав Йегуда Ашлаг, получивший имя Бааль Сулам по названию своего комментария «Сулам» на «Книгу Зоар».

Его труды отличает глубочайший духовный опыт, глобальный охват и широта обсуждаемых тем, приведение целого ряда впечатляющих научных фактов о строении мироздания. При этом Бааль Сулам сосредоточивает внимание исключительно на роли и предназначении человека. Будучи создателем нового подхода к трактовке работ АРИ, Бааль Сулам считается основоположником современной каббалистической науки. Им создано более десятка крупных произведений.

Йегуда Ашлаг родился в Варшаве в 1884 г. и уже с ранних лет был отмечен учителями как человек, непрестанно стремящийся к раскрытию тайн мироздания. Он поражал своих наставников блестящим знанием основополагающих сочинений иудаизма, а также тем, что освоил труды выдающихся западных философов, в том числе Канта, Гегеля, Шопенгауэра, Ницше и Маркса. Впоследствии в своих статьях он сравнит их идеи с позицией каббалы. Еще в Польше Бааль Сулам стал известен как великий знаток каббалы, ученик мудрейших каббалистов, продолжавших цепочку передачи каббалистических знаний после Бааль Шем Това.

В 1921 году, после Первой мировой войны, Бааль Сулам покидает Польшу и перевозит свою семью в Палестину. Сразу по прибытии в Иерусалим он отправляется в каббалистическую школу «Бейт Эль», в течение 200 лет служившую центром изучения этой системы знаний. Однако Бааль Сулам быстро разочаровывается в иерусалимских каббалистах, уровне их образования и самом подходе к изучению и преподаванию этой науки.

Оценив сложившуюся ситуацию и видя духовное падение масс, он пытается изменить ход исторического развития, который не предвещает, по его мнению, ничего, кроме наступления новой катастрофы и еще более страшного периода страданий и лишений. Бааль Сулам собирает группу учеников и начинает писать книги, где ставит целью обучение методике правильного восприятия реальности и разумного существования.

В 1926 году Бааль Сулам отправляется в Лондон, где на протяжении двух лет работает над созданием комментария на книгу АРИ «Эц хаим», который называется «Паним меирот у-масбирот». Весь этот период он ведет оживленную переписку со своими учениками, объясняя им в письмах основные принципы духовной работы человека[33].

Вернувшись в Иерусалим в 1928 году, Бааль Сулам продолжает преподавать каббалу и пишет свой монументальный труд «Учение десяти сфирот», а спустя несколько лет публикует его. Десять сфирот — это внутренняя структура мироздания, включающая в себя духовный мир, наш мир и души, населяющие миры. Монография состоит из шести томов (в общей сложности свыше 2000 страниц) и включает в себя все, что было создано каббалистами на протяжении всей истории существования этой науки. В отличие от своих предшественников, Бааль Сулам составил свой труд, строго придерживаясь всех канонов академического учебника: там есть список контрольных вопросов и ответов для самопроверки, словарь определений, терминов и основных понятий, алфавитный указатель и ссылки на письменные источники.

В первой части книги Бааль Сулам излагает суть поставленной им перед собой задачи: «**И это то, о чем я заботился в этом своем разъяснении — объяснить десять сфирот согласно переданному нам божественным мудрецом АРИ, в их духовной**

---

[33] Старший сын Бааль Сулама, рав Барух Ашлаг (РАБАШ), издал эти письма в сборнике «Плоды Мудрости. Письма», в 1985 г.

чистоте, когда они абстрагированы от всех чувственных представлений, так чтобы любой начинающий мог подступиться к этой науке и не впасть ни в какую материализацию и заблуждение. А с пониманием этих десяти сфирот раскроется возможность также всмотреться и узнать, как разобраться в остальных вопросах этой науки»[34].

В своих работах Бааль Сулам неизменно стремился выразить внутреннюю суть каббалы, очистить ее от примитивных средневековых представлений, как о мистике и магии, полной чудес и абсурдных фантасмагорий. Он видел в этой науке мощное орудие, способное изменить человека и послужить его совершенствованию.

В 1940 году Бааль Сулам приступает к созданию своего комментария «Перуш Сулам» на «Книгу Зоар». Несмотря на ухудшение состояния здоровья, он в течение тринадцати лет работает по восемнадцать часов в сутки. О цели этой работы Бааль Сулам пишет в «Предисловии к Книге Зоар»:

«Из вышесказанного можно понять причину духовной тьмы и незнания, обнаруживаемых в нашем поколении: это произошло потому, что люди перестали изучать науку каббала...

Я знаю, что причина состоит в том, что упала вера, особенно вера в великих мудрецов поколений, а книги каббалы и «Книга Зоар» полны примеров, взятых из нашего мира. Поэтому возникает страх, что вреда будет больше, чем пользы, поскольку легко можно начать представлять себе овеществленные образы.

Это обязало меня сделать подробные комментарии на сочинения великого АРИ, а теперь и на «Зоар», и этим я полностью ликвидировал страх, потому как прояснил все духовные понятия, отделив их от какого бы то ни было материального представления, выведя их за рамки времени и пространства (как убедятся изучающие), дабы позволить любому простому человеку изучать «Книгу Зоар» и получать тепло ее света.

Я назвал этот комментарий «Сулам» (лестница), поскольку у него такое же предназначение, как у лестницы: если перед тобой прекрасная вершина, то, чтобы подняться к ней и

---

[34] См. ТЭС, ч.1, раздел «Внутреннее созерцание», вступление.

обрести все сокровища мира, не хватает лишь лестницы. Однако сама лестница не является целью, потому что, если остановишься на ее ступенях и не будешь подниматься дальше, то не выполнишь задуманное.

Так и с моим комментарием к Зоар: объяснить всю глубину сказанного там невозможно. Я хотел лишь указать путь и сделать из этого комментария руководство к действию для каждого человека, чтобы он смог с его помощью подняться, вникнуть в глубину и увидеть суть «Книги Зоар». Только в этом заключается цель моего комментария»[35].

После выхода в свет комментария на «Книгу Зоар» «Перуш Сулам» Й. Ашлаг получил имя «Бааль Сулам» (букв. «владеющий лестницей» в духовный мир). Так принято среди мудрецов каббалы - называть человека не по имени собственному, а по его наивысшему достижению.

Посвятив всю свою жизнь распространению каббалы и оставив после себя бесценный материал, в котором изложена вся современная каббалистическая методика, величайший каббалист XX века Бааль Сулам скончался в 1954 году. Он обработал, изложил и преподнес нам все каббалистические источники в виде, подходящем именно нам, его современникам.

Несмотря на то, что Бааль Сулам жил в наше время, с его творческим наследием происходило совершенно то же самое, что с «Книгой Зоар» и с трудами АРИ. Часть рукописей была собрана, часть спрятана в подвалах, часть сожжена, однако они до сих пор продолжают «всплывать» и публиковаться. По сей день остается много неизданных рукописей Бааль Сулама, которые в настоящее время готовятся к публикации.

Бааль Сулам является последним звеном в цепочке великих каббалистов всех времен, стоящим на стыке прошлого и будущего поколений.

---

35 Ashlag Y. Hakdama le-Sefer ha-Zohar // Sefer ha-Zohar im Perush ha-Sulam. Jerusalem, S. a. Vol. 1. P. 16 (иврит). Рус. пер.: Лайтман М. Книга Зоар. М., 2003. С. 135—138.

РАБАШ

Дело отца продолжил его старший сын, Барух Шалом Ашлаг (РАБАШ, 1907—1991). Еще подростком он, вместе с отцом, переехал из Польши в Иерусалим. Всю свою жизнь он учился у него. После смерти Бааль Сулама РАБАШ издал полный комментарий «Сулам» и остальные рукописи отца, а затем сам начал писать статьи по методике внутренней работы для тех, кто стремится постичь истинную реальность. До него ни один каббалист этого не делал. В своих работах РАБАШ дал подробное описание этапов духовного пути человека. Впоследствии из его статей был составлен пятитомник «Шлавей Сулам». Кроме того, РАБАШ записал уникальнейшие объяснения духовных состояний, услышанные им от отца. Эти записи он так и назвал — «Шамати» (Услышанное). Наряду с трудами Бааль Сулама, его работы являются необходимым для человека источником изучения каббалы, который раскрывает ему истинную картину окружающей действительности и выводит его на качественно новый уровень разумного существования, в гармонии с природой, помогая ему реализовать свое высшее предназначение — постижение замысла творения.

Михаэль Лайтман

Михаэль Лайтман (философия PhD, биокибернетика MSc) — профессор онтологии и теории познания, всемирно известный ученый-исследователь в области классической каббалы, основатель и руководитель Международной академии каббалы.

М. Лайтман родился в 1946 г., в г. Витебск (Беларусь). В 1970 году окончил Ленинградский политехнический институт, по специальности «Биологическая и медицинская кибернетика». В рамках обучения проводил учебную исследовательскую работу в Институте исследования крови, специализировался по электромагнитному регулированию кровоснабжения сердца и мозга. С 1973 г. живет в Израиле, женат, имеет троих детей.

В 1978 г. научные исследования привели М. Лайтмана к изучению древней науки каббала. Он стал учеником каббалиста Б.Ашлага (1907—1991), сына и последователя величайшего каббалиста XX в. Й.Ашлага (1884—1954), автора комментария «Сулам» (Лестница) на книгу «Зоар» (по названию этого труда он получил имя — Бааль Сулам).

Михаэль Лайтман — автор более 40 книг, изданных на шестнадцати языках, член Всемирного Совета Мудрости — собрания ведущих ученых и общественных деятелей, занимающихся решением глобальных проблем современной цивилизации.

МЕЖДУНАРОДНАЯ АКАДЕМИЯ КАББАЛЫ

Международная академия каббалы (МАК) основана в 2001 году профессором Михаэлем Лайтманом с целью распространения каббалистических знаний во всем мире для повышения духовного уровня человечества. Основная цель организации: изучение и раскрытие законов мироздания, постижение которых приведет к решению как личных проблем каждого человека, так и глобальных проблем всего общества. Филиалы Академии открыты в 52 странах мира.

Основные виды деятельности МАК

Выпуск учебной и научной литературы

Силами издательского отделения Академии выпущено в свет более 40 учебных и научно-популярных изданий, которые переводятся и издаются крупнейшими издательствами Северной и Южной Америки, Европы и Азии.

Книжный интернет-магазин:
в Израиле: www.kbooks.co.il/ru
в России и странах СНГ: www.kbooks.ru
в Америке: www.kabbalahbooks.info

Интернет-газета «Каббала миру»: www.kabmir.com
Ежедневно обновляемая в режиме онлайн, газета знакомит читателей со всем, что происходит в мире каббалы. На страницах газеты читатели найдут аналитические статьи, отражающие взгляд каббалы на актуальные темы, комментарии каббалиста, интервью с гостями, телемосты, видеофильмы, каббалистическую музыку и многое другое. Постоянные авторы газеты ведут свои колонки на блоге, а на форуме клуба читателей можно принять участие в острых дискуссиях по самым разным темам.

Телеканал в интернете — «Каббала ТВ»
Ежедневная прямая трансляция уроков профессора Михаэля Лайтмана с синхронным переводом на 7 языков, демонстрацией чертежей, возможностью задавать вопросы и получать ответы в реальном времени: www.kab.tv/rus.

Онлайн курс: уроки на русском языке для начинающих, в прямом эфире по воскресеньям с 16:00 до 17:00 (время иерусалимское).

Телеканал «Каббала ТВ» предоставляет Вашему вниманию фильмы, видеоклипы, телемосты и тематические беседы с ведущими учеными, журналистами и деятелями искусства.

Сайт Международной академии каббалы
Сайт академии каббалы www.kab.info отмечен энциклопедией «Британика» как один из крупнейших учебно-образовательных интернет-ресурсов по числу посетителей, количеству и информативности материала.

Он доступен пользователям на 30 языках и насчитывает 4.5 миллиона посетителей в месяц, которым предоставляется бесплатный и неограниченный доступ ко всем опубликованным материалам.

Медиаархив сайта содержит более 8000 уникальных видеозаписей лекций, продублированных также в аудио- и текстовом форматах.

Курсы дистанционного обучения
www.kabacademy.com

Международная академия каббалы предоставляет возможность бесплатного, углубленного и интерактивного изучения науки каббала на курсах дистанционного обучения. В программе курсов дается сравнительный анализ науки каббала и других наук, излагаются взгляды каббалистов на возникновение и эволюцию Вселенной, рассматриваются основные методы взаимодействия человека с обществом и природой. Все материалы сайта находятся в открытом доступе, предусмотрено подключение к лекциям в режиме онлайн и прямое взаимодействие с преподавателем. По окончании обучения студент получает диплом и возможность участия в конгрессах, проводимых академией в разных странах мира.

Очные курсы для начинающих

Цель курса:
— ознакомить с основами науки каббала, каббалистическим методом восприятия и познания действительности;
— дать представление о происхождении и развитии мира, о причине и цели существования человека;
— научить ориентироваться в многочисленных книгах и материалах по каббале, практически применять полученные знания в решении проблем воспитания молодежи.

Занятия проводят преподаватели Международной академии каббалы, ученики проф. Михаэля Лайтмана.

Предварительная запись по телефону:
+972-3-921-7172 или +972-545-606-810

АННОТАЦИЯ К КНИГАМ М. ЛАЙТМАНА

Каббала для начинающих Том 1, 2

Предлагаем вашему вниманию новое учебное пособие, при создании которого была предпринята попытка системного изложения основных разделов классической каббалы современным научным языком. Книга составлена на основе лекций проф. М. Лайтмана и снабжена чертежами, справочной информацией, ссылками на аудио- и видеоматериалы и печатные классические каббалистические источники.

Использование изложенного здесь научного материала рекомендуется как для самостоятельных занятий, так и в качестве учебного пособия для студентов Международной академии каббалы, и открывает возможность для более углубленного изучения оригинальных трудов великих каббалистов, таких как «Книга Зоар», «Учение Десяти Сфирот» и других.

Шесть пристрастных интервью с каббалистом

Говорят, что каббалисты знают все тайны бытия. Тем интереснее «пощупать» и попытаться «расколоть» живого каббалиста XXI века. А вдруг он действительно знает нечто такое, что сделает нас всех счастливыми? Пять совершенно разных людей - от иронического скептика А.Никонова до доброжелательнейшего Л.Новоженова - пытаются докопаться до истины: что может вынести из этого древнего учения сегодняшний россиянин? А для каббалиста М.Лайтмана не существует запретных тем. Просто и откровенно он готов поделиться с нами всем: от секретов Творца и его творения до внутренней подоплеки отношений между полами и подробностей своей биографии. В качестве бонуса читатель получит увлекательную и драматическую беседу двух современных мудрецов, каббалиста М.Лайтмана и актера А.Джигарханяна. Каббала и театр, что может быть у них общего?

В поисках счастья

Летом 1940 года, когда европейская бойня уже разгоралась, в Иерусалиме произошло событие, значение которого тогда некому было оценить. Впервые каббалист обратился к людям через газету с ясным посланием. Это был Бааль Сулам — величайший каббалист нашего времени. Потребовалось целых 67 лет, чтобы его газета «Народ» была продолжена. Сегодня она выходит под разными названиями во многих странах и на разных языках.

По следам ее публикаций написана эта книга. Она несет послание каббалы и рассказывает о том, без чего миру сегодня не обойтись: об истории, о современности, о будущем, о вечности и совершенстве, и конечно, о счастье.

Путешествие в душу человека

Представьте, что вы в особой капсуле въезжаете внутрь ощущений человека. Перед вами необъятные просторы человеческих желаний. Повсюду броские витрины с заманчивыми предложениями получить удовольствие от всего, что есть на свете. Вас приглашают насладиться изысканной едой и питьем, прокатиться на крутой машине по опасным дорогам какой-нибудь далекой экзотической страны, погрузиться в бездонные глубины океана, побороздить космическое пространство...Но давайте задумаемся, стоит ли продолжать бесконечно удовлетворять свои желания, если вкус наслаждения проходит в мгновение ока, сменяясь новым еще более острым ощущением пустоты? Может быть, есть какое-то другое решение, как почувствовать себя в этой жизни наполненным, счастливым и совершенным?

Перед вами книга, которая приглашает вас в путешествие в глубинные лабиринты души человека. Желаем вам найти ответы на сокровенные вопросы, которые мы обычно откладываем до лучших времен. Может быть, это время уже пришло?

Каббала — это очень просто!

Книга «Каббала — это очень просто!» является попыткой в краткой и ясной форме донести до людей идею учения, зародившегося в древнем Вавилоне около четырех тысяч лет назад. Из этой книги вы узнаете, как развивалась эта древняя наука, какие взлеты и падения она переживала в процессе своего распространения в мире. Книга объясняет, каким должен быть подход к изучению каббалистических текстов, повествует о всевозможных мифах и заблуждениях, сопровождавших каббалу на протяжении веков. Но самое главное — она рассказывает о смысле и цели нашего существования, о законах взаимосвязи всех людей как единого организма, и поэтому является очень близкой всем нам.

Услышанное (Шамати)

Эта книга предназначена не для того, чтобы дать готовые ответы на все возникающие у читателя вопросы. Ведь по каждой статье из книги «Шамати» можно задавать вопросы, находясь на каждой из всех 125 ступеней, которые предстоит пройти человеку на пути его духовного восхождения. Книга «Шамати» подобна свету без сосудов, а сосуды для ощущения света создает сам человек, читая ее. Поэтому бесконечные вопросы будут возникать и не прекратятся ни через минуту, ни через день, ни через десять лет. И человек должен сам найти на них ответы.

Цель этой книги — лишь чуть приоткрыть и немного пояснить вам статьи «Шамати», чтобы вы, каждый раз в соответствии с возникающими у вас новыми вопросами, смогли заново раскрыть для себя эти статьи и самостоятельно обновить и расширить свое восприятие. Ведь эти статьи развивают и наполняют светом душу человека.

Книга дает вам не только знания, накопленные поколениями каббалистов на протяжении тысячелетий, а прежде всего, подход к изучению каббалистического текста.

Каббала в прямом эфире

Книга, которую вы держите в руках, приглашает вас принять участие в увлекательных беседах Дмитрия Диброва, Ксении Стриж, Валерия Тодоровского, Владимира Молчанова, Юлии Рутберг и Владимира Мирзоева с нашим современником, каббалистом и ученым Михаэлем Лайтманом. Каждый из шести собеседников М. Лайтмана — человек известный в своей области. Все они состоялись как художники и мастера своего дела, у каждого — свои взгляды, мировоззрение и мироощущение. Но у каждого из них есть свои наболевшие вопросы — от глобальных, касающихся человечества и мироздания, до самых интимных, личных, тревожащих каждого человека.

Книга предлагает взгляд каббалы на эти вопросы. Диапазон затронутых тем позволит читателю найти волнующие его вопросы и вместе с собеседниками окунуться в чарующий мир каббалы, несущей в себе свет высокой любви, добра и знания.

Вавилонская башня – последний ярус

Тысячи лет пройденного пути не сделали нас счастливее, и именно теперь, когда весь мир оказался в хаотичном и угрожающем состоянии, наука каббала раскрывается человечеству, предлагая свое решение глобальных проблем.

В этой книге, наряду с результатами последних исследований в разных областях современной науки, вашему вниманию представлены фундаментальные законы развития природы с точки зрения науки каббала. Ознакомившись с ними, вы увидите, как можно грамотно их реализовать с тем, чтобы достичь счастливого финала.

Каббала в контексте истории и современности

Впервые в истории российской философской мысли ученый-каббалист М. Лайтман и философ-культуролог В. Розин выходят на открытый диспут о каббале. Авторы рассматривают глубинные проблемы духовного мира человека в широком спектре истории и философии.

Книга полна ярких описаний духовного опыта выдающихся людей, посвятивших свою жизнь разгадке формулы «Замысла творения». Каббала, практически, не была представлена в российской научно-философской литературе. В данной работе впервые сделана попытка открыть для русскоязычного читателя богатейший, неизведанный мир и предоставить все инструменты для его свободного, самостоятельного постижения.

Суть науки каббала. Том 1

Михаэль Лайтман, крупнейший ученый-каббалист, биокибернетик, профессор онтологии и теории познания, говорит просто: каббала — это наука — наука о человеке, об окружающем его мире, о цели нашего существования. И нет науки более необходимой человеку сегодня, чем каббала, поскольку дальнейшее существование без познания общих законов мироздания, влияющих на нас и наш мир, становится невозможным.

Эта книга — начало нашего проникновения в глубины познания истинной реальности.

Суть науки каббала. Том 2

Во втором томе сборника «Суть науки каббала» раскрываются важнейшие аспекты глобальной картины мироздания. Все лекции и беседы, представленные в сборнике, базируются на оригинальных каббалистических источниках — трудах великого каббалиста современности Йегуды Ашлага (известного под именем Бааль Сулам, 1884—1954).

Изложение каббалистической информации на языке, близком современной науке, позволяет в доступной форме объяснить причины тысячелетних страданий человечества и раскрыть метод их преодоления. Картина мироздания, открывающаяся в этой книге, сама ведет читателя к правильному анализу окружающей действительности и его роли в ней.

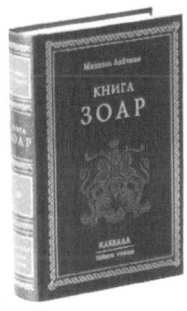

Книга «Зоар»

Древнейший источник знания, основа каббалистической литературы — книга «Зоар», написанная метафорическим языком, — была покрыта тайной все 2000 лет своего существования. Истинный смысл скрытого за метафорами текста и ключ к его пониманию веками передавался только от учителя к ученику. Расшифровать тексты книги «Зоар» пытались мудрецы и мыслители всех времен и народов. Эти попытки не оставляют и современные ученые.

В предлагаемое издание включены фрагменты оригинальных текстов с переводом и пояснениями М. Лайтмана, основанными на исследованиях выдающихся каббалистов и на собственном опыте. Автор раскрывает широкому кругу читателей тайный код, с помощью которого вы можете сами прикоснуться к информации, зашифрованной древними каббалистами.

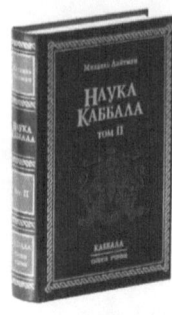

Наука каббала. Том 1, 2

Эта книга — базовый курс для начинающих изучать науку каббала. Великий каббалист XX века Бааль Сулам изложил тексты основных каббалистических источников современным языком.

Главная часть книги — статья «Введение в науку каббала» — приводится с комментариями последователя и наследника школы Бааль Сулама, современного каббалиста Михаэля Лайтмана. Учебный курс включает альбом графиков и чертежей духовных миров, контрольные вопросы и ответы, словарь каббалистических терминов.

Во втором томе приведен текст Бааль Сулама на иврите и словарь. После освоения статьи на языке оригинала читателю станут доступны практически все основные каббалистические источники.

Богоизбранность

Настоящая книга объясняет существование общего закона развития природы, задача которого — привести человечество к совершенному состоянию. Исследованием этого закона развития занимается наука каббала. Основы науки каббала заложил около 4000 лет назад Авраам, житель Междуречья (Месопотамии), который основал первую каббалистическую школу. Его последователи и стали называть себя «народом Израиля».

Освобождение

Великие каббалисты прошлого предсказывали, что с конца XX века в самых разных уголках Земли начнется духовное пробуждение человечества.

Этому был посвящен каббалистический конгресс весной 2002 года, на который съехались сотни учеников Михаэля Лайтмана со всего мира. Десятки лекций, бесед и уроков, проведенных им на конгрессе и собранных в эту книгу, дадут читателю возможность понять смысл духовного освобождения от эгоистической природы и ощутить Высший свет, дарующий всему творению вечность и совершенство.

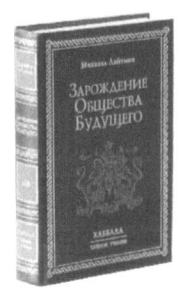

Зарождение общества будущего

Все человечество достигнет, по замыслу Творения, счастья, совершенства и вечности. Это не очередная философская или социальная утопия — это наше реальное будущее, которое делаем мы сами. Книга «Зарождение общества будущего» показывает начало этого процесса и пути его развития.

Введение в науку каббала

Согласно науке каббала, существует духовный мир. Этот мир информации, мыслей и чувств, воздействуя на нас посредством законов материальной (ощущаемой) природы и случая ставит нас в определенные условия, в соответствии с которыми мы вынуждены функционировать. Мы — рабы окружающего нас мира, мир определяет и наши поступки, и их последствия.

Так кто же мы, в чем же наша свобода воли?

Откройте эту книгу...

Центры изучения каббалы
(обучение бесплатное)

США (Восточное побережье) . . . . . +1 (800) 540-3234
США (Западное побережье). . . . . . +1 (650) 533-1629
Канада . . . . +1-866 LAITMAN
Израиль . . . . +972 (545) 606-810
Россия . . . . +7(495) 979-01-31

Заказ книг

Россия и страны СНГ . . . . .www.kabbalahbooks.ru
+7(495) 649-62-10

Америка . . . . www.kabbalahbooks.info
+1 (646) 435-0121

Канада . . . . www.kabbalahbooks.info
+1-866 LAITMAN

Израиль . . . . .www.kabbalahbooks.co.il/ru
+972 (3) 921-7172
+972 (545) 606-810

Австрия . . . .+43 (676) 844-132-200

Заказ книг и учебных материалов на английском языке
+1-866 LAITMAN

Сайт Академии каббалы — **www.kabbalah.info/rus**
Прямая трансляция занятий — **www.kab.tv/rus**
Курсы дистанционного обучения — **www.kabacademy.com**
Архив учебных материалов — **www.kabbalahmedia.info**
Подписка на электронную версию
газеты «Каббала сегодня» — **www.kab.co.il/rus**
Интернет-газета «Каббала миру» — **www.kabmir.com**

Почтовый адрес:

Bnei Baruch P.O.B. 3228 Petah Tikva 49513 Israel
russian@kabbalah.info

www.ingramcontent.com/pod-product-compliance
Lightning Source LLC
LaVergne TN
LVHW042247070526
838201LV00089B/53